Kampfkunst als Lebensweg

KAMPFKUNST ALS LEBENSWEG

HERAUSGEGEBEN VON

USCHI SCHLOSSER-NATHUSIUS
UND
FLORIAN MARKOWETZ

道

WERNER KRISTKEITZ VERLAG

Druck: Beltz, Hemsbach

ISBN 3-932337-14-X

Internet: www.kristkeitz.de

Inhalt

Scheuklappen absetzen

Florian Markowetz und Uschi Schlosser-Nathusius

Japaner oder Chinesen wundern sich vielleicht, dass wir an Ostern die Wiederauferstehung eines Toten feiern – für uns ein gängiges Ritual. Wir wiederum staunen, wenn Japan die in einem alten Mythos erzählte Staatsgründung wie ein tatsächliches Datum feiert. Unsere eigenen kulturellen Muster sind uns vertraut. Wir hinterfragen sie nicht, auch wenn sie gegen jegliche Vernunft verstoßen. Fremde kulturelle oder religiöse Handlungen bleiben unverständlich, wenn wir die eigene Kultur zum Maßstab nehmen.

In den Kampfkünsten generalisieren wir gerne und sprechen von »asiatischen Werten«, egal ob wir das moderne Japan oder das antike China meinen. Kulturelle Wertvorstellungen sind nicht immun gegen Wandel, sie sind an eine bestimmte Zeit und einen bestimmten Ort gebunden. Es gibt keinen »asiatischen Geist«, der über alle Jahrhunderte unverändert existiert. Trotzdem lassen sich Gemeinsamkeiten finden und Traditionslinien, die über die Zeit Bestand haben. Die chinesische Kultur hat alle ihre Nachbarn stark beeinflusst. Wer den fernen Osten verstehen will, muss China verstehen und vor allem eins: seine Scheuklappen absetzen.

Werte im Westen sind vom Christentum geprägt. Wenn wir untereinander über Kultur oder Gesellschaft sprechen, müssen wir nicht jedes Mal die Grundlagen unserer Zivilisation neu definieren, um uns zu verstehen. Doch wie christlich sind wir wirklich? Die meisten europäischen Staaten sind weltlich, die breite Bevölkerung ist nicht religiös. Sie hat im vergangenen Jahrhundert viele alte Werte über Bord geworfen. Gleichzeitig haben die Menschen im Westen mit der Sinnsuche in fremden Kulturen begonnen, vornehmlich in Indien und im Fernen Osten. Spirituelle Einflüsse, die als gesundheitsfördernd gelten, werden gerne übernommen. So wurden Yoga, Zen oder Qigong breiten Gesellschaftsschichten zum Begriff.

Auch die meisten Kampfkünste kommen aus Asien. Den Menschen dort sind durch ihre Weltsicht grundlegende Techniken vertraut, die wir erst lernen müssen, zum Beispiel das

Atmen in die Körpermitte (japanisch *hara*, chinesisch *dantian*). Sie wissen auch, was »Einheit von Körper und Geist« bedeuten soll. Nicht dass Asiaten schlauere Menschen wären, aber sie leben in der Tradition, aus der die Kampfkünste stammen. Japaner verstehen deshalb, was mit *ki* gemeint ist; ebenso die Chinesen, sie sagen allerdings *qi*.

Chinesen müssen nicht viel über Daoismus wissen und haben doch die Grundideen verinnerlicht. Der Daoismus ist in China allgegenwärtig. Das für den Daoismus so wichtige Naturempfinden hat tiefe Spuren in Malerei, Kalligraphie oder in Filmen hinterlassen. Daoisten strebten nach dem ewigen Leben, die Strategien dazu prägen noch heute Heilkunst und Gesundheitsvorsorge durch Qigong oder Taijiquan. Doch geschieht dies nicht immer im vollen Bewusstsein des Ursprungs. Das kennen wir: Wer bei uns einen Krankenwagen ruft, denkt kaum daran, dass die Hilfsorganisation auf den Grundsätzen christlicher Nächstenliebe gründet. So ist auch nicht jeder Japaner ein vergeistigter Zen-Anhänger. Die Werte dieser Weltanschauung sind den Japanern im Alltag dennoch vertraut. Das schließt nicht aus, dass ein Europäer, der sich mit Zen beschäftigt und Zen praktiziert, einem Japaner, der sich nicht dafür interessiert, im Wissen weit voraus ist. In ähnlicher Weise haben Japaner die Werte des *bushidō* verinnerlicht. Diesen Ehrenkodex der Samurai betrachten viele zwar als historisch und überholt, dennoch ist die absolute Treue der Samurai ihrem Herrn gegenüber noch heute im Verhältnis von Mitarbeitern zu ihrem Chef zu finden.

In China hat sich durch Kommunismus und neuerdings Kapitalismus so vieles geändert, dass auch die Kampfkünste nicht unberührt bleiben konnten. Taijiquan zum Beispiel hat bei vielen Chinesen einen ähnlichen Ruf wie bei uns das Seniorenturnen. Dass es ein reduziertes, von den Kommunisten gestutztes Taijiquan ist, wissen sie nicht. Abmühen müssen sich vor allem die jungen Chinesen mit den tatsächlich überkommenen Werten des Konfuzianismus, dessen Ideologie die Familienbeziehungen durchdringt. Der ewige Gehorsam gegenüber Eltern und anderen Älteren macht der Jugend zu schaffen. So erzählt die Autorin eines Reisebuches, dass sie auf einer Chinareise erlebt hat, dass sogar bei reiferen Ehepaaren abends Mutter oder Schwiegermutter an die Tür klopft, um ihnen zu sagen, dass sie nun das Licht zu löschen hätten.

Weltanschauungen bleiben nicht nur in der Welt, in der sie entstanden sind, sondern wirken weit darüber hinaus, wenn sie für Menschen allgemein von Interesse sind. Dazu zählen viele Gebräuche und Ideen des Daoismus und des Buddhismus, deren ausgleichender Einfluss auf Körper und Seele von Menschen des Westens als heilsam empfunden wird. Der Buddhismus mit seinem Streben nach Erleuchtung beschäftigt schon seit Nietzsche die Geisteswelt Europas und in den 1960er-Jahren schwappte aus den USA eine Zen-Welle zu uns. Heute ist der Dalai Lama anerkannt als Inkarnation der Friedfertigkeit und als Sinn-Vermittler. Er bedauert, dass vor allem das westliche Denken geneigt ist, die Wissenschaft zu einer neuen Religion zu erheben, weil wir alte, meist religiöse Werte über Bord werfen und keine neuen ethischen Normen finden. Ähnlich analysiert der Zen-Philosoph Ikeda Daisaku, dass gewöhnlich die Denkweise, »die sich hinter schönen Phrasen über Wissenschaft und Rationalismus verbirgt, den modernen Menschen zur Abstumpfung der Gefühle, zum Verlust seiner Phantasie und zur Verarmung seines Geistes geführt hat.« Das Unbehagen asiatischer Philosophen ist in der Regel keine intellektuellenfeindliche Esoterik. Denker wie Ikeda oder der Dalai Lama sind einfach stark verankert in ihrer Kultur- und Geistesgeschichte, die sich nicht so sehr an Logik und abstraktem Denken orientiert, wie es der Westen heute gewöhnt ist.

Gleichwohl: Wer im Westen traditionelle Kampfkünste lernt und lehrt, betont meist die spirituellen Einflüsse ihrer Heimat. Dies hilft, Kampfkunst neben der körperlichen auch als geistige Bereicherung zu erleben – wie es die Aufsätze und Interviews in diesem Buch lebhaft beschreiben. Grundsätzlich kann Vorsicht beim Übernehmen fremder Sitten aber nicht schaden. Mit Begriffen aus dem fernöstlichen Geistesleben wird viel Schindluder getrieben, um Mitglieder für Kampfkunstvereinigungen zu werben und damit Geld zu machen. Oft müssen Schüler nach einer Weile erkennen, dass ihre Lehrer nur Halbwissen haben und dies als Wissenschaft ausgeben oder dass sie noch nie im Leben länger als drei Minuten meditiert, geschweige denn eine Ausbildung in Meditationsmethoden oder

Qi-Arbeit auf sich genommen haben. Begriffe wie Zen, Dao oder Qi sind gern verwendete Etiketten, die Kundschaft anlocken sollen. Ähnliches gilt für die mancherorts gepflegte Samurai-Romantik. Ein ernsthafter Kampfkünstler muss nicht westliche Werte unkritisch durch asiatische ersetzen, um so ein besserer Mensch zu werden. Hier hilft nur: genau hinschauen und viel fragen. Auch bei uns gibt es wahrhaft wunderbare Qigong-Lehrer, Kampfkunst- und Zen-Meister. Um die Unterschiede beurteilen zu können, ist es unerlässlich, sich mit den Grundzügen chinesischer und japanischer Geisteskultur zu beschäftigen, auch wenn sie nicht gleich auf den ersten Blick erkennbar mit Kampfkunst zusammenhängen.

Dōjōkun – Das Edle bewahren

Interview mit Fritz Nöpel

Fritz Nöpel zu treffen, ist ein Ereignis. Wer sein Training besucht, spürt schnell, er lebt seine Vision. Und die heißt nicht einfach Karate, sondern sie heißt karatedō. Dō, *die Wegschule, die Charakterschule, sie macht den Menschen erst zum Menschen. So lebt er es vor. Er ist kein abgehobener Großmeister mit dem achten Dan, zu dem die Schüler nur mit Ehrfurcht aufblicken, keine Großspurigkeit, nur das nahezu bedingungslose Aufgehen in der Sache: Körperlich, geistig, mit allen Sinnen. So steht er in der Halle, vollkommen geerdet. Und mit so viel Wissen und Erfahrung, dass ihm in Deutschland kein anderer Karatemeister das Wasser reichen kann. Der Mann aus dem Ruhrpott lächelt manchmal verschmitzt, dann wieder erzählt er sehr ernsthaft, was er in all den Jahren in Japan und bei seinem japanischen Meister gelernt hat.*

»Das Kanji (Schriftzeichen) für *dō* ist in Japan Teil vieler Kampfkunstnamen. Also wenn wir sagen Kara-te-dō, dann heißt *kara* ›leer‹, *te* heißt ›Hand‹ und *dō* ist der *Weg* so wie in Jū-dō, was nichts anderes ist als ›der sanfte Weg‹. Ken-dō ist der ›Weg des Schwertes‹ und so weiter. Karate kam von China über Okinawa ohne das *dō* nach Japan, in China war es nicht nötig gewesen. Die Chinesen haben *dō* oder *dao* nicht den Kampfkunstnamen hinzugefügt, weil für sie die geistige Entwicklung immer völlig klar war und auch heute nicht betont werden muss. Wenn man Kampfkunst studiert, kann dies nicht nur ein technischer, körperlicher Teil sein, sondern ist auch ein geistiger, eine geistige Herausforderung. Dieser geistige Weg ist in dem japanischen *dō* vielleicht nicht so sehr betont wie in dem chinesischen *dao*. Heutzutage müssen wir *betonen*, dass wir traditionelles Karate machen. Das liegt daran, dass es Sportkarate gibt. Es hat sich nach dem zweiten Weltkrieg entwickelt. Zwischen den beiden existiert natürlich ein großer Unterschied. Im Sportkarate werden viel weniger Techniken benutzt, weil man sich ja nicht verletzen soll. Deshalb hat man gefährliche Techniken rausgenommen: Fingerstöße, Griffe in die Gelenke oder in den Körper, auch gefährliche Würfe oder Schläge mit den Füßen. Grundsätzlich darf man auch nicht berühren, man geht nur so nah ran wie möglich. Das ist eine Richtung, die nur einen ganz kleinen Teil der Karate-Vielfalt anspricht. Wenn ich in einen Verein gehe, dann sollte ich mich erkundigen: Was wird hier angeboten? Sportliches Karate oder ein an der Tradition orientiertes Karate? Tradition heißt das Alte weiterführen, so, wie es von China über Okinawa nach Japan gekommen ist. Die Tradition kann man in erster Linie daran sehen, dass es die feste Form der Kata gibt, die nicht oder nur geringfügig verändert wird. Wer betont: ›Ja, ich mache traditionelles Karate!‹, geht nach den alten Regeln der überlieferten Kunst damit um. Dort wird in erster Linie das Miteinander gepflegt, die *dōjōkun*. Da gelten Vorsicht, Höflichkeit und Freundlichkeit. Wir lernen ja schließlich auch die gefährlichen Techniken. Tradition heißt ebenfalls, dass kleine Veränderungen im Laufe der Zeit mit eingebunden werden. Wir verstehen die Welt heute ja anders als vor tausend Jahren. Damals waren so viele Dinge ein Rätsel, gerade wenn es ums Leben ging. Der Mensch hat vieles davon gelöst. Und so passt sich auch Karate an, trotzdem bleibt es Tradition.

Für Karate gab es zahlreiche Bezeichnungen. Zunächst entsprechend der Städte auf Okinawa, wo sich unterschiedliche Karate-Stile entwickelt haben: Zum Beispiel *nahate* nach der okinawanischen Stadt Naha. Dann gab es noch *tomarite* oder *shurite*, also immer mit dem Begriff *te* für ›Hand‹ verbunden. Übergreifend wurde es auch bezeichnet als ›Okinawa-Hand‹, also *okinawate*, oder auch als *chungwote* für ›China-Hand‹. In Japan musste Karate erst mal als Kampfkunst akzeptiert werden. Für die patriotischen Japaner wurde kurz vor dem zweiten Weltkrieg als erstes die Bedeutung von *kara* umdefiniert. Statt ›chinesische‹ hieß es ab ca. 1936 ›leere Hand‹. 1938 wurde ein *budōkai*, eine Versammlung aller Kampfkünste Japans, abgehalten. Das Innenministerium hatte gefordert, dass Karate in Japan dazugehören sollte. Da Okinawa ja nun mehr oder weniger zu Japan gehörte, konnte man einen japanischen Ursprung ableiten. Jetzt musste noch – wie bei allen japanischen Kampfkünsten – das *dō* dazu. Von da an hieß es *karatedō*, frei nach dem Motto: ›Wenn wir Karate machen, dann muss es japanisch sein.‹ Damit waren aber viele nicht einverstanden, draußen in ihren Dōjō. Im Kendō oder Jūdō, Naginatadō und Kyūdō haben sie gesagt: ›Karate ist nicht rein japanisch.‹ Dann ist der Krieg dazwischen gekommen. Nach dem Krieg hat US-General McArthur die bekannten Kampfkünste verboten. Mit *karatedō* aber konnten die Amerikaner nichts anfangen, weil es kaum Dōjō gab. Die paar Dōjō von vor dem Krieg konnte man an einer Hand abzählen. Wenn eine Kontrolle kam und fragte: ›Was macht ihr da?‹ – ›Wir machen Karate.‹ Dann hat der Soldat auf der Liste geguckt: ›Karate? Karate? Nichts, dann dürft ihr weitermachen.‹ Deshalb sind viele Jūdō- und Kendō-Anhänger zum Karate gegangen. Das ist sicherlich einer der wichtigsten Aspekte, weshalb sich Karate nach dem Krieg so toll entwickelt hat. Die Japaner haben aus der Not heraus den Amerikanern schließlich Karate vermittelt, was sie gar nicht so von Herzen wollten. Sie haben es trotzdem getan, weil sie damit Geld verdienen konnten. Und plötzlich war Karate ganz oben. Die Amerikaner haben es in die USA gebracht, zehn Jahre bevor es zu uns kam, und dort ist es aufgeblüht. Aber die Amerikaner – wahrscheinlich aufgrund ihrer Mentalität – haben nur gefragt: ›Meister, wie schnell kann ich lernen, einen Tsuki zu schlagen? Wie soll ich einen Fußtritt setzen?‹ Denen ging es nur um das Technische, nicht um den wichtigen Teil, den wir *dō* nennen. Viele Amerikaner haben Dōjō aufgebaut, aber ohne das Dō-Prinzip und ohne jegliche Etikette. *Dō* ist der einzige *Weg*, der zählt. Wenn man Kinder zu Karate führt, müssen sie die Dōjō-Etikette begreifen und akzeptieren. Sie müssen pünktlich sein, sauber, höflich und sie müssen freundschaftlich miteinander umgehen. Doch es geht noch weiter: Freundlichsein nicht nur in der Halle, auch draußen zu älteren Menschen und Leuten, die Hilfe brauchen. Das ist sehr wichtig. Wir vermitteln ja sehr aggressive Techniken. Die müssen sie richtig einordnen und in die richtigen Bahnen lenken können. Sonst mache ich ja sofort aus jedem Kleinen einen Schläger. Aber man muss sie auch neugierig machen, lernbegierig. Man muss ihnen Geschichten erzählen, sie interessieren sich für andere Kulturen. Deswegen führen wir auch die Mondō (Gespräche). Wir weisen immer wieder darauf hin, wie wichtig der Umgang miteinander ist. Wenn ich mich umdrehe und hinter meinem Rücken wird rumgehampelt, geht das nicht.

Mit kleinen Kindern kann man deshalb nicht so ernsthaft Karate machen. Am besten ab 14 Jahren, sonst verstehen die Kinder den Hintergrund nicht, sie können es nicht aufnehmen und begreifen es auch nicht.

Dō – man kann es auch philosophisch sehen, aber es muss verständlich bleiben. Eins ist klar, wer Karatedō verstehen will – die Kampfkunst, die aus China kommt –, bei dem muss es eine Entwicklung geben und ein Ziel. Mein Ziel ist immer: Mensch werden. Ich bin noch lange nicht so weit, dass ich charakterlich so gefestigt wäre, dass ich allem widerstehen würde. Ich muss mich immer wieder orientieren, immer mehr, immer weiter. Es ist eine Lebensphilosophie. Ich habe das selbst gespürt. An meinem Arbeitsplatz wussten alle, dass ich Karatemeister bin. Sie haben mir mitgeteilt, dass mein Verhalten anders war, das haben sie so noch nie bei jemand anderem gespürt: die Art, wie ich mich gegeben habe, wie ich denen begegnet bin, die ich angeführt habe und auch denen, die mich angeführt haben, der Umgang mit mir, immer höflich. Ich habe mich nie gestritten. Trotzdem bin ich bei manchen Sachen hart geblieben, ich habe mir ja nicht alles gefallen lassen. Wenn ich merkte, ich bin im Recht, dann war ich auch im Recht. Das konnte ich dann so klar darstellen, dass es akzeptiert wurde. Mich hat Karate im positiven Sinn geprägt. Ich bin nicht arrogant deswegen. Natürlich habe ich auch meine Schwächen und kämpfe auch immer dagegen an, muss ich ehrlich sagen.«

»Das ist doch kein Karate mehr!«

So hört man Fritz Nöpel oft sagen. Obwohl er den Deutschen Karateverband mitgegründet hat, sieht er sich nicht als Funktionär. Im Gegenteil, er übt Kritik an der Vereinsmeierei. Sie bringt ihm zu viel Sport und Kommerz ins Karate. Wer Karatelehrer ist oder gar ein Dōjō gründen möchte, kann viel von ihm lernen, zum Beispiel, dass die Größe des Vereins noch lange nicht gleichbedeutend ist mit Qualität.

»Ein Zuviel an Schülern könnte verhindern, dass ich den *Weg*, also *dō*, verfolge. Wenn ich fünf Klassen habe, bin ich an meiner Grenze. Entweder ich muss den Weg ganz langsam beschreiten oder Nachteile in Kauf nehmen. Ich will das nicht machen. In unserem Verein machen wir keine Reklame. Wir sind nicht so groß, haben aber sehr viele Dan-Träger. Wir könnten alle Gruppen mehrfach betreuen. Unsere Dan-Träger bilden sich ständig weiter. Solche Dōjō mit vielen Dan-Trägern und wenigen Anfängern gibt es im Gōjū-ryū mehr als im Shōtōkan. Das ist ein großes Plus. Man sollte sich genau überlegen: ›Wie viele Schüler nehme ich?‹ Ein Lehrgang ist dann wieder etwas anderes. Aber auch da verlange ich von allen, dass sie sich an die Regeln halten. Das sind ja meistens Fortgeschrittene, die lernen wollen. Wenn aber manche Dōjō-Leiter stolz auf Zahlen sind, nach dem Motto: ›Wir haben 400 Mitglieder‹, na ja, da freut sich allenfalls der Karateverband, denn er bekommt viele Mitgliedsbeiträge. Das ist nicht normal und nicht richtig. Die optimale Zahl ist: vierzig Schüler im Verein, zwanzig im Dōjō. Es können auch mal sechzig sein. Aber ich möchte kein eigenes kommerzielles Dōjō haben, so dass ich mich anbiedern müsste, etwa so: ›Herr Meier oder Frau Meier, das haben Sie aber gut gemacht‹, damit sie nächste Woche wieder kommen. So was mache ich nicht. Ich müsste denen immer weiter entgegenkommen, ihnen vielleicht noch einen Dan schenken, damit sie irgendwann auch die Kinder mitbringen. Da kann ich Karatedō sich nicht so entfalten lassen, wie es sein muss. Das geht doch gar nicht. Die *dōjōkun*, die Verhaltensregeln, gelten dann nicht. Ich habe immer wieder so Fälle gerade bei Kindern. Nehmen wir an, zwei Mädchen machen Gelbgurt oder Orangegurt, eines kommt nicht regelmäßig, das andere aber schon. Jetzt stehen sie zum Grüngurt an. Da sage ich zu der einen: ›Hör mal, du kannst nicht teilnehmen an der Prüfung. Die andere schon, aber du nicht. Du warst zu selten da.‹ Wir führen Buch darüber, wer am Training teilnimmt. Dann kommt: ›Ja, aber meine Freundin…‹ Zack, kommen die Eltern und sagen, die beiden wären immer zusammen gekommen. Tut mir leid, das bestimmen die nicht. Sie bringen ihre Kinder zu uns, weil sie denken, dass wir gute Trainer sind, dann müssen sie uns auch führen lassen. Wir machen schließlich auch Charakterschule. Sie kann an der Prüfung nicht teilnehmen, weil sie zu wenig im Training war. ›Dann treten wir aus dem Verein aus.‹ Da sag ich nur: ›Das können Sie gerne machen!‹ Wenn ich aber sage: ›O.k., ich lass das Mädchen Prüfung machen‹, hört das ja nicht mehr auf. Ich bin dann ein Betrüger. Ich betrüge auch das Mädchen. Ich lasse sie in dem Glauben, dass sie irgendwann auch den Blaugurt verdient. Das verstößt gegen *dō*. Ich führe Kinder so zu ihren Prüfungen, dass sie denken, das habe ich mir verdient, und nicht, das habe ich geschenkt bekommen. Wenn ich beim Gelbgurt großzügig bin, hat das andere Ursachen. Ursprünglich gab es diese farbigen Gurte nicht. Das Gürtelsystem gefällt natürlich dem Deutschen Karateverband, weil jede Prüfung Geld bringt. Ich halte nicht viel davon, aber ich streite mich deswegen nicht rum, ich bin ja Mitglied im DKV (Deutscher Karateverband). Aber sonst versuche ich schon, die Kinder dahin zu führen, dass sie von sich überzeugt sind, dass sie ihr Selbstvertrauen spüren. Den Anfängern erzähle ich von den *dōjōkun*. Ich erkläre, was ein Dōjō ist, welche Eigenschaften hervorgehoben, gepflegt und gefördert werden müssen, welche Rechte und Pflichten wir haben, sowohl Lehrer als auch Schüler. Die großen Dōjō – was ist das? Qualität kann nicht vermittelt werden. Einige Schüler machen vielleicht Sportkarate und, wenn sie sehen, es klappt nicht mehr, dann hauen sie ab. Wenn dieser Verein ›Oldies‹ dabei hat, schleppen sie sich oft dahin und kommen keinen Schritt weiter. Die Fluktuation ist sehr hoch und in solchen Vereinen machen wenige die Danprüfung. Die Trainer können ja auch nicht so viel vermitteln, denn die Masse macht es nicht. Auch wenn man mit vielen Leuten wunderbare Feten machen kann, na wunderbar, Disziplin wird dann eher so wie in der Schule gehandhabt, durch Zwang, aber richtige Dōjōkun sind das nicht. Ich verhänge bei uns oft einen Aufnahmestopp. Das nehme ich sehr ernst, ich will den Leuten wirklich etwas vermitteln, da gebe ich mir auch ganz große Mühe. Aber mit einer großen Masse geht das nicht.«

Beim Sportkarate bleiben die Dōjōkun auf der Strecke

»Sportkarate geht ganz krass weg vom traditionellen *Weg* des Karatedō. Es ist etwas für junge Menschen und geht vorüber. Da sind besonders gute Lehrer notwendig. Viele Sportkarateka verstehen manches falsch, werden übermütig, auch großkotzig oder unhöflich. Es heißt immer: Gewinnen mit allen Mitteln.

Oft sind die Trainer richtige Einpeitscher: ›Hau ihn um, schlag ihn weg!‹ Bei verantwortungsvollen Lehrern kann auch das Sportkarate zwar von Nutzen sein, aber es ist kein traditionelles Karate mit Charakterschule. Bei uns ist die Kunst noch dabei. Wir machen Kampfkunst. Karatesportler, die ja die Charakterschulung nicht so mitbekommen, sind lange nicht so aufmerksam geprägt in ihrem Charakter. Da habe ich mit meinen Jungs auch schon Probleme gehabt, so dass ich sie mal hart anpacken musste. Die sind überheblich, arrogant. Die haben diese Art: ›Ich bin der Größte, ich kann alles.‹ Dann muss man sie wieder auf den Boden der Tatsachen zurückholen. Viele erkennen auch, dass Sportkarate nur ein Seitenweg ist. Sport hat andere Gesetze. Warum soll ich im Sport Dōjōkun haben? Brauch ich gar nicht. Es zählt nur der Erfolg, und wie ich zu ihm komme, ist egal. Das Edle, die Dōjōkun, zählt nicht. Wenn ich durch Betrug zum Meister werde, wenn ich gewinne, weil der Kampfrichter blind ist, das ist nicht mein Problem. Wenn ich untertauche, mal ein bisschen ›Ich bin verletzt‹ markiere, dann wird der andere disqualifiziert. Das ist doch keine edle Form, und die Dōjōkun bleiben auf der Strecke. Wollt ihr das einstufen in das ernsthafte Karate? Das wollt ihr doch wohl nicht! Sportkarate ist ja relativ neu. Die Japaner gehen damit etwas anders um. Von ihrer Mentalität her sind sie etwas schlichter, geduldiger, so dass sie auch den Wettkampf in die richtigen Wege leiten können. Aber bei uns oder gar den Amerikanern und besonders auch in den heißblütigen Ländern, legen die sich sofort mit dem Kampfrichter an, wenn sie ihre Punkte nicht kriegen. Aber es sind junge Menschen, deshalb darf man nicht zu hart mit ihnen umgehen. Jeder verdient eine zweite Chance. Wettkampf ist mehr eine Unterhaltung, die allerdings bei manchem einen hohen Stellenwert hat. Frage mal: ›Wann ist einer Karate-Meister?‹ Antwort: ›Wenn er deutscher Meister wird.‹ Deutscher Meister, das klingt bedeutend. So stellen Laien sich das vor. Bei mir fragen die eher: ›Wer ist denn der Alte, der da steht?‹ Dass ich aber der Meister bin mit meinem Können, das verstehen die nicht. Hier gilt nur: Der andere ist deutscher Meister, der mit einer Urkunde und einem Geschenk. Das passt auch so in unsere Zeit. Bei mir sagen die eher: ›Wer bist du denn da? Kannst du auch Karate?‹

Mal ein Beispiel: Alle meine fünf Kinder sind deutsche Karatemeister im Gōjū-ryū geworden, bei Jugend-, Schüler- und Erwachsenen-Wettkämpfen. Alle fünf sind von der Stadt Kamen geehrt worden mit ganz großen Geschenken und Plaketten. Da kannst du Wände mit tapezieren. Und trotzdem können sie kein Karate. Sagt dir das was? Das ist Sport-Karate. Aber wehe, solche Leute kommen in die falschen Finger, zum falschen Trainer, dann kann das katastrophal enden. Wenn er die Jugendlichen, die Kinder anstachelt: ›Baller ihn um!‹, die nehmen das auf. Es ist keine echte Charakterschule möglich. Da wird alles in andere Bahnen gelenkt. Die werden zusammengestaucht, wenn sie nach Hause kommen. Die suchen immer die Schuld bei anderen. Wenn sie in ihr Dōjō kommen und gefragt werden, warum sie nicht gewonnen haben, dann kommt so was: ›Die Fläche war viel zu glatt, die Kampfrichter haben gepennt und da war plötzlich so ein helles Licht.‹ Die suchen den Fehler nur bei anderen, nicht bei sich. Aber ich muss bei mir suchen. Ich war an dem Tag nicht fit genug oder das hat gefehlt oder ich war nicht wach. Das ist der erste Weg zur Erkenntnis – in der Charakterschule.

Aber man muss auch sehen, dass der Karate-Sport vielleicht gar nicht so eine Bedeutung bekommen hätte, wenn nicht die Amerikaner ihn für sich entdeckt hätten. Die waren ja zehn Jahre vor Europa dran. Die Meisterschaften in Amerika haben sich sehr schnell zu einer Farce entwickelt. Die hatten gerade mal drei Dōjō und schon haben sie amerikanische Meisterschaften ausgetragen – drei kleine Vereine, aber riesige Pokale. Völlig daneben. Aber da muss man die Amerikaner mit ihrer Mentalität kennen. Und das hat sich bei uns auch so ein bisschen durchgesetzt. Bei den Japanern war das anfangs anders. Es gab nur einen Schiedsrichter und die beiden Kämpfer haben den Kampf entschieden. Nur Dan-Träger durften kämpfen, das waren saubere Kämpfe, ordentlich. Heute haben wir fünf Kampfrichter. Immer noch ein paar Augen mehr und trotzdem wird ständig falsch gewertet. Die Kämpfer spüren, dass am Ende nicht unbedingt der Beste auch der Sieger ist. Manchmal sind die Kampfrichter blind und irgendwelchen verbandspolitischen Interessen zugeneigt. Dann tut der eine so, als ob er getroffen wäre, dennoch steht er gleich wieder auf. Es wird betrogen, getäuscht. Das kann den Charakter nicht fördern. Mit *dō* hat das nichts zu tun. *Dō* heißt, der Tradition treu sein, sie bewahren. Um das Dō zu erklären, erzähle ich mal ein Beispiel, das die Bedeutung der Dōjōkun zeigt. Wenn wir jährlich unseren internationalen Lehrgang in Kamen haben, da kommt der Bürgermeister, Hunderte sind in der Halle drin. Wenn ich mit der Begrüßung anfange, setzen sich die Leute runter und du hörst keinen Mucks mehr. Der Bürgermeister ist immer wieder überrascht: So eine Disziplin! ›Wenn mir die Leute nur auch so aufmerksam zuhören würden‹, sagt der dann. Aber das ist typisch für Karate. Das Tolle ist, wenn wir am Ende die Halle verlassen, ist nichts kaputt, alles ist sauber und aufgeräumt. Die Hausmeister sind begeistert. Eine Woche später ist internationaler Fußball-Cup. Was da alles kaputtgehauen wird, unglaublich. In den Umkleideräumen werden Flaschen an die Wände gedonnert, weil sie verloren haben. Das ist wie Tag und Nacht, aber beides ist Sport. Beim Tennis geht es vielleicht viel ruhiger zu, aber bei vielen, besonders Team-Sportarten rasten sie aus, wenn sie verlieren. Wenn sie gewinnen, rasten sie auch aus. Wir aber machen Kampfkunst, keinen Kampfsport. Mit der Kunst kommt sofort eine andere Qualität rein. Natürlich kann man auch in anderen Sportarten zum guten Menschen werden. Im Karate ist es trotzdem anders. Ich gehe in ein Dōjō, sofort werde ich in die Pflicht genommen mich anständig zu benehmen. Ich werde immer wieder daran erinnert.«

Die Güte meines japanischen Meister Kisaki war einmalig

»Das *Dō* in der Kampfkunst ist viel mehr als ein Wort. Es beginnt mit den Dōjōkun. Ein Anfänger wird darauf hingewiesen, was er da anfängt und dass er in die Pflicht genommen ist. Das Höchste ist, dass er zur Prüfung anstehen darf, bestimmen darf er darüber nicht. Das entscheidet der Trainer. Die Schüler müssen sich voll dem Lehrer anvertrauen. Sie bekommen natürlich auch was zurück, klar. Es gibt welche, die geben sich große Mühe, aber schaffen die verschiedenen Hürden nicht, die aufgestellt sind. In meinem Dōjō in Japan, Yuishinkan, habe ich manche überholt. Ich habe mich damals gewundert: ›Die sind noch Braungurt und ich darf zum ersten Dan antreten?‹ Da sagte der Meister: ›Die letzte Stufe, die schaffen sie nicht.‹ Es gab charakterliche Gründe oder ihnen fehlte die technische Fähigkeit. Das klingt sehr autoritär, ist es ja auch. Trotzdem soll keine Härte drin sein, eher große Güte, eine angenehme Art. Außerdem bekommt jeder Schüler eine zweite Chance. Nicht beim ersten Mal paff, weg. Wir sind in einem Lernprozess. Ein erster Dan darf Fehler machen, technische und geistige. Manche von unseren A-Prüfern, die gehen nur von sich aus. ›Der muss den Tsuki genauso machen wie ich.‹ Die verlangen Meisterliches. Denen sage ich: ›Das dürft ihr nicht machen.‹ Ein guter Lehrer und Meister kann sich zurückversetzen. Ich kann dir genau erklären, was bei jemandem am ersten Tag passiert, wenn er einen Braungurt abholen muss oder einen Schwarzgurt. Die Güte meines japanischen Meisters Kisaki, das Vertrauen, das Gespür – das war einmalig. Und das versuche ich natürlich auch meinen Schülern beizubringen. Das kann ich aber nicht Leuten beibringen, die nur mal bei mir vorbeikommen, um einen Dan zu machen. Die kenne ich von ein paar Lehrgängen, aber eine enge Verbindung, Vertrauen ist nicht da. Das Verständnis, ja sogar Zuneigung – die fehlen. Bei Kisaki Tomoharu habe ich es gespürt, das Vertrauen, der lässt mich zum Dan zu, den darf ich nicht enttäuschen. Und ich habe so geübt, wie ich von ihm vorbereitet wurde. Ich habe ihn auch nicht enttäuscht. Ein kleines Lächeln auf seinen Lippen, dann war alles klar. Da wusste ich: Super! Diese geistige Verbindung ist ebenfalls *dō*. Auch wenn du einmal den vierten Dan hast, bist du immer noch in der Pflicht. Und das bleibt so, selbst wenn du ein eigenes Dōjō aufmachst und den fünften oder sechsten Dan hast, du bist immer Schüler deines Lehrers. All diese Sachen sind *Weg*, Bewegungen auf diesem *Weg* – *dō*.

39 Jahre lang war ich mit meinem Lehrer verbunden, mal enger, mal weniger. Anfangs in Japan war es eine enge Beziehung, dann kam etwas Leerlauf, als ich nach Deutschland zurückging. Aber ab 1983 war er jedes Jahr hier und ich war jedes Jahr in Japan. Ende der Achtzigerjahre fingen die internationalen Lehrgänge an, ab da trafen wir uns immer. Das war mein großer Schub. Ich hatte ja auch ein bisschen auf der Stelle getrampelt, manchmal wusste ich nicht weiter. Ich habe mir Mühe gegeben, aber ich brauchte Hilfe. In Deutschland hatte

ich ja keinen Lehrer. Er kam genau zum richtigen Zeitpunkt. Als ich Hilfe brauchte, war er da. Kisaki hat es deutlich erkannt. Vorher hat er sich zurückgehalten: ›Mensch, der Nöpel hat fünf Kinder, ich kann dem doch nicht ewig Anweisungen geben.‹ Ich wollte so viel fragen und erfahren. Ich war an einem Punkt, an dem ich Antworten bekommen musste. Die bekam ich plötzlich und es entstand ein unheimlich guter Austausch. Ich habe ein dickes handgeschriebenes Buch, das ich nach und nach weitergebe. Das hat er auch gesagt: ›Das darfst du nicht für dich behalten!‹ Ich bin einer der wenigen Lehrer, die immer wieder Sachen verteilen. Vier Aktenordner voll sind schon verteilt. Bei anderen Lehrern, die immer so ein Geheimnis machen, habe ich manchmal das Gefühl, die wissen nicht so viel. Oder sie haben Angst, dass die Schüler plötzlich zu viele Fragen stellen. Ich hoffe immer: Fragt mich doch, fragt mich doch. Nicht weil ich alles weiß, das geht ja nicht. Aber weil ich dann wieder an eine Grenze komme. Mensch, das weiß ich auch nicht. Aber ich will ja auch immer noch was rausfinden.

Wir machen sechs Mal im Jahr einen Dansha-Lehrgang, also für Danträger und Dōjōleiter. Denen sage ich immer: ›Eure Aufgabe ist es, eure Schüler zum Dan zu führen.‹ Auch das ist der *Weg*, dass man als Lehrer sich erst mal bemüht, das Vertrauen der Schüler zu gewinnen, und dass die Schüler gleichzeitig in der Lage sind, dem Lehrer Vertrauen entgegenzubringen. So ein Ziel findet man in anderen Sportarten nicht. In anderen Kampfkünsten eher. Im Taekwondō, Aikidō oder Jūdō, dort gibt es etwas Gleichwertiges, auch in chinesischen Kampfkünsten. Die Menschen werden am Anfang auf diesem Weg geführt und irgendwann müssen sie sich selber bewegen. Aber ich bleibe sofort stehen, wenn ich mich nicht weiterbilde. Wenn ich technisch nicht weiterkomme, bleibe ich auch charakterlich stehen. Wenn ich nur für meine Schüler da bin, holen sie mich irgendwann ein. Dann muss ich Platz machen, ich bin dann nämlich im Weg. Weil ich nicht vorgegangen bin, müssen sie über mich drüber. Ich kenne diese Probleme aus vielen Vereinen. Die Leiter wundern sich, warum die Leute plötzlich unzufrieden sind. Aber ihre Schüler gehen zu Lehrgängen und wissen plötzlich mehr als die Trainer und beschweren sich dann: ›Wir kommen nicht weiter bei dir!‹ Sie lernen etwas auf einem Lehrgang und fragen: ›Warum machst du das nicht mit uns?‹ Was soll er sagen? ›Hört mal, seid nicht so aufmüpfig, ich bin hier der Meister, der große Sensei…‹ Und schon gibt es Knatsch. Das heißt, er hat den Platz nicht frei gemacht. Er muss sich weiterbewegen, damit sie ihm nachfolgen können. So kann man den *Weg* auch verstehen: ›Aha, ich muss was machen oder die Leitung abgeben.‹

In Deutschland gehen wir in Sachen Trainingslehre vielleicht einen eigenen Weg. In Japan kann ich erst ab dem vierten Dan ein Dōjō eröffnen, hier schon mit dem ersten Dan, also entwickelt sich in der Trainingslehre ein Unterschied. Wer mit dem ersten Dan ein Karate-Dōjō aufbaut oder als Trainer fungiert, ist viel länger der Grundschule verhaftet als jemand, der mit einem vierten Dan eine Gruppe führt. Der führt die viel schneller zur Formschule. Ein erster Dan kennt die Formschule nicht so gut, er ist ja noch Schüler. Der macht erst mal nur, was er kennt. Und was kennt ein erster Dan? Die Form des Lehrens ist deshalb bei uns etwas anders, weil die Trainer nicht so weit sind wie in Japan. Die Schüler brauchen deshalb mehr Zeit, bis sie vorankommen. Es wird dann viel mehr aus dem unteren Teil wiederholt. Das ist der Grund, dass bei uns so viele Bahnen gelaufen werden. Grundschule wird bei uns viel zu lange gelaufen. Nicht weil die Trainer dumm sind, sie können einfach nicht weiter, sie haben das Verständnis nicht. Da können die nichts für. Wir haben in Deutschland ein anderes Gefüge im Dōjō-Aufbau, deshalb hat sich das so entwickelt. Aber ist das *dō*? Ich kann nicht mal schnell sagen: ›Hör mal, ab morgen machst du ein bisschen Formschule.‹ Viele wissen gar nicht, was Formschule ist. Was ist für dich Grundschule, Formschule, *Weg*schule? Du fängst in der Grundschule mit den geschlossenen Fäusten an. Irgendwann machst du die Hände auf und kannst kämpfen, dann bist du in der Formschule: Viel mehr Vielfalt, da wird plötzlich gestochen, gestoßen und abgestreift, gedreht und gehalten. Das kannst du mit geschlossenen Fäusten nicht machen. Du musst auch mehr Stände können, weil du mit dem Ausweichen schneller sein musst. Lang, kurz, Mitte, all das musst du dann einbauen. Du musst zumindest ein paar anspruchsvolle Kata unterbringen, damit sich die Leute auch mit Karate identifizieren können. Ein vierter Dan in Japan macht schon ganz andere Inhalte. Der meditiert mit seinen Schülern, bringt Shiatsu-Übungen rein oder Würfe, einfach mehr schon aus der zweiten Stufe, bewusster. Bei uns machen selbst Dan-Träger sehr viel mehr Grundschule. Klar, Grundschule begleitet mich immer, aber die wissen oft nicht zu unterscheiden, was ist Formschule, was ist *Weg*schule. *Weg*schule: Wenn du in der Kata etwas erkennst, eine Kombination, die du für dich gewinnst, das heißt, du bist über *omote* hinaus. *Omote*, die offensichtliche Technik, gehört noch in den Kyū-Bereich. Bist du über *omote* hinaus, dann bewegst du dich auf dem *Weg*. Während du dich als Dan-Träger auf dem *Weg* bewegst, lernst du. Die *Weg*schule, das ist die höchste Form. Es gibt noch eine zusätzliche Form, das ist *kaiden*, eine geistige. Seit ein paar Jahren vermittle ich das deutlicher: Grundschule, Formschule, *Weg*schule. Was ist hier zu beachten und was da? So werden die Schüler geführt. Das kannst du aber nicht machen, wenn du mit dem ersten Dan ein Dōjō führst. Bei uns gibt es Braungurte, die machen ein Dōjō auf. In Deutschland ist das eben anders, deshalb haben wir ja auch die Qualität nicht. Nicht nur technische Qualität, auch die geistige Qualität fehlt. Viele sind nicht so gefestigt, um als Lehrer zu zählen. Wenn sich einer entwickelt vom Braungurt zum Dan, dann ist das die erste Stufe zum Meistergrad, aber ein richtiger Meister ist er trotzdem noch nicht, eigentlich mehr so ein *instructor*, ein Trainer. Deswegen gibt es in Japan auch keinen *ichi-dan*, sondern immer nur einen *sho-dan*. Dieses Wort *sho* kann man so erklären: Die ersten zwei Wochen des Jahres heißen *sho-gatsu*, das ist der Anfang, nicht im Sinn des Ersten, also des Besten. Wenn die neuen Danträger den Gurt nehmen, ist das nur die Kante oben. Das heißt, ich stehe auf dem *Weg*, habe aber noch keinen Schritt nach vorne gemacht. Das ist der erste Dan. Ich kann jederzeit wieder runterfallen, und wenn ich mich nicht weiterentwickle, dann bin ich wieder weg. Ich habe zwar noch meinen schwarzen Gurt, aber der ist nichts wert. Dann muss ich versuchen den zweiten Dan zu erreichen, denn das ist der wirkliche Dan. Da bewege ich mich auf diesem *dō*, ich muss die ersten Schritte machen auf diesem *Weg*, nicht nur technisch, sondern auch charakterlich. Ich muss Charakterstärke zeigen. Da kann ich nicht mal links oder mal rechts runter und dann mal wieder rauf auf den *Weg*. Ich muss ganz gerade bleiben. Da fange ich an mit ernsthafter Charakterschulung. Mein Charakter verwandelt sich jetzt endgültig zu dem, was ich ›Mensch werden‹ nenne. Ich darf noch Fehler machen, darf sogar noch mit meiner Kraft arbeiten. Von einem zweiten Dan kann man nicht verlangen, dass er technisch völlig versiert ist. Auch charakterliche Fehler werden ihm noch verziehen, er muss sich noch festigen. Wenn er mal zu spät kommt, wenn er mal zu spät kommt mit seinem Schlag oder ihn durchzieht und den Partner trifft. Nur ein grober Fehler, ein Verlassen des Dō, führt zum Verlust des Dan. Man muss denken: ›So, jetzt bewege ich mich auf dem Dō. Ich muss erreichen, dass ich technisch versiert werde. Die Kraft, die ich habe, wird beim dritten Dan nicht mehr zu sehen sein.‹ Der dritte Dan ist kein Kraft-Dan mehr, das muss ein ganz versierter technischer Dan sein. Auch charakterlich muss ich mich noch ein wenig bessern. So bewege ich mich auf diesem *Weg*, diesem Dō. Dieses Ziel wenigstens annähernd zu erreichen, das ist mein *Weg*. Mit dem vierten Dan ist man auch charakterlich gefestigt. Jetzt bin ich mit mir im Reinen, jetzt habe ich auch die Berechtigung Lehrer zu sein und kann Schüler aufnehmen. Nicht vorher.«

Wasserreis mit Kirsche – ein Zen-Frühstück

Der Kosmopolit Fritz Nöpel ist mit der fernöstlichen Kultur vertraut, besonders mit der japanischen. Er hat lange in Japan gelebt, ist mit einer Japanerin verheiratet. Er weiß, wie sich die Japaner durch ihren Patriotismus und ihre anti-chinesischen Ressentiments selbst beschränken. Gleichzeitig sieht er die positiven Charaktereigenschaften wie Bescheidenheit und Zurückhaltung. In der Shintō-Religion gefällt ihm die liebevolle und pragmatische Ehre den Toten gegenüber, im Buddhismus die Disziplin. Aber »alles in Maßen«, ein Asket ist er nicht.

»Wir waren mal mit unserer Gruppe in einem Zen-Tempel, zu acht in einem Raum, hinter dicken Klostermauern, die um acht mit dicken Schlössern verschlossen wurden. Man musste über die Mauern klettern, wenn man nach draußen wollte, riesige Mauern. Morgens wurden wir um fünf Uhr geweckt, aber deutlich, dann waschen und raus in die Halle zur Meditation. Schon eine Stunde war für mich eine Tortur. Der Mönch ging immer nur hin und her und schlug einem mit einer Latte aufs Kreuz, wenn man nicht konzentriert war, wenn er meinte, man wäre eingenickt. Um sechs waren wir fertig. Um halb sieben gab es Frühstück, eine Schale Wasserreis mit einer sauer eingelegten Kirsche drin. Das ist das Zen-Frühstück, danach wieder Meditation.

Karate-Meister Yamaguchi hatte eine Beziehung zum Zen-Buddhismus und sah auch etwas exotisch aus, hat sich lange Haare wachsen lassen. Der hat sicher daran geglaubt, besonders als er älter wurde. So mancher großer Meister hat sich mit Zen-Buddhismus befasst. Na ja, das ist so eine Sache, 14 Jahre lang zu einer Wand hin zu meditieren, um Erlösung zu finden. Manche meistern das. Aber es ist nicht so einfach, das zu vermitteln. Wie lange meditiert man mit seinen Schülern, eine Stunde?

Wir sind jedenfalls immer über die Mauer geklettert, sind nach Kyōto gefahren und haben dann ein zweites Frühstück eingenommen. Die Lehre von Bodhidharma, die Japaner nennen ihn Daruma, ist erst um das Jahr 1.000 nach Japan gekommen, genau wie der Tee. Vor tausend Jahren hat man ihn zum ersten Mal in den Bergen von Kyōto gepflanzt. Der Kaiser liebte Tee und hatte ihn schon aus China importiert. Die Teezeremonie wurde ja auch zu einem *Weg*, *chadō*, dem ›Weg des Teezubereitens und des Teetrinkens‹. Die haben sogar Dan-Grade. Das gilt auch für Bogenschießen, Tuschezeichnen oder Blumenstecken, alles Dō-Disziplinen.

Daruma oder Bodhidharma ist als Vermittler des Zen-Buddhismus in Japan nicht so bekannt wie in China. Er gilt als jemand, der alte Strukturen aufgebrochen hat. Er wollte die Mönche fit machen und hat einen besonderen Weg zur Kampfkunst gefunden. Gleichwohl war sie schon da, aber ohne klare Richtung. Die Kampfkunst nach dem Dao-Prinzip hatte sich schon sehr weit entwickelt, das war die innere Richtung. Einzelne Priester und Mönche befassten sich damit. Egal wie sich die einzelnen Richtungen entwickelt haben, in China war immer der geistige Aspekt dabei. Das ist keine Erfindung der Japaner. Im Gegenteil, Japan ist geprägt von China. Vor tausend Jahren gab es eine sehr enge Zusammenarbeit mit China. Sie ist im 13. Jahrhundert abgebrochen, als in der Kamakura-Zeit die

Mongolen unter Kublai-Khan zunächst die Chinesen angegriffen haben und dann die Japaner. Abertausende Mongolen haben Japan überfallen. Die Japaner waren in großer Not, aber haben sich tapfer geschlagen mit Todesverachtung, was die Mongolen nicht verstanden haben. Denn eigentlich hat deren Name bei allen anderen Gegnern Angst und Schrecken verursacht. ›Die Mongolen kommen!‹ Das war furchtbar. Aber die Japaner hat das nicht beeindruckt. Die *bushi*, das waren die Vorläufer der Samurai, kämpften mit Todesverachtung. Das waren die Anfänge des *bushidō*. ›Ich bin ein *bushi*, ich muss in den Kampf und kämpfe bis zum Tode. Ich fürchte den Tod nicht.‹ Das haben die Mongolen nicht erwartet. Diese unheimliche Disziplin auch im Kampf, das hing mit dem Buddhismus zusammen. Denn wer waren die ersten Meister? Das waren zum größten Teil daoistische und buddhistische Mönche in China. Es ist immer die Frage, über welche Epoche wir reden. Aber viele chinesische Kaiser haben aus dem Shaolin-Kloster ihre Leibgarde rekrutiert. Deren Verhalten war stark geprägt von ihrem Pflichtbewusstsein. Die japanischen Samurai haben es übernommen. Was die Geschichte der Kampfkünste angeht, gehen wir hier im Westen oft von falschen Voraussetzungen aus und glauben, damals war es so wie heute in Deutschland, in jeder Stadt fünf Dōjō. Nein, es wurde auch nicht in allen Klöstern oder Tempelanlagen Kampfkunst trainiert. Die meisten haben Gemüse angepflanzt und sind betteln gegangen. In längeren Friedenszeiten sind dann Kampfkunstschulen entstanden, aber nicht in der Masse, wie das manchmal im Film gezeigt wird, als ob es in jeder Ecke eine Kampfschule gäbe. Die meiste Zeit war Kampfkunst ohnehin verboten. In China wurde das nicht immer so ernst genommen, sie hat sich ohnehin im Stillen entwickelt, in den Bergen, in den Einöden. Hier ein Meister, da noch einer und dann haben sich ein paar Meister vielleicht mal getroffen; hier und da mal ein Kloster. Die Entwicklung hat sich über Jahrhunderte hingezogen. Die Beobachtung der Tiere, deren Bewegungen in die Kampfstile eingeflossen sind, wer hatte Zeit dafür? Doch am ehesten die Mönche und Einsiedler, die in der Natur lebten. Wenn in einem großen Kloster 5.000 Mönche lebten, haben vielleicht 200 Kampfkunst trainiert, vielleicht auch nur hundert, nicht wie in den Filmen. Da denkt man, jeder Tempel ist eine

Bastion von Kungfu-Kämpfern, und die werden alle in die geheimen Kammern der Shaolin geschickt. Das existiert nur in der Phantasie von vielen Menschen. Die Japaner haben in unserer Zeit auch mal versucht, den Soldaten Kampfkunst beizubringen. Man glaubte, mit einem Heer mit 50.000 Karatemeistern muss man doch jeden Krieg gewinnen. Das ging nicht. Um wirklich gut zu sein, braucht man zwanzig Jahre. Welcher Krieg wartet schon so lange? Es war nicht umsetzbar, auch nicht die eiserne Disziplin. Man kann vielleicht eine Elite schaffen, aber niemals die Masse ausbilden. Im letzten Krieg waren die japanischen Offiziere entsprechend ausgebildet, sie waren vorgeprägt durch Kendō. Die haben alle ein Schwert getragen und konnten Jūjutsu oder Jūdō. Da ist vielleicht so mancher Amerikaner mal auf den Rücken gefallen, aber so entscheidend war das natürlich nicht bei der Waffentechnik, meine Güte. Da kommt einer mit dem Schwert an und wird aus drei Meter Entfernung niedergeschossen. Das haben die Samurai erlebt, auf der Brücke von Sekihara, als sie gegen den Meiji-Kaiser kämpften. Die Bauernsoldaten, die früher nie eine Waffe in der Hand halten durften, standen da mit dem Gewehr und haben die Samurai einfach niedergeschossen. Kampfkunst im Krieg hat sich nie bewährt. Auch die chinesischen ›Boxer‹ haben das bei ihrem Aufstand in Tsingtao leidvoll erfahren. Du musst ja bedenken, es waren immer so wenige, Kampfkunst war keine Massenbewegung.

Wenn man von Wurzeln in der Kampfkunst spricht, dann liegen sie aber tatsächlich in China, auch wenn es in Indien ebenfalls Ansätze zu einer Kampfkunst ohne Waffen gab. China ist ein riesiges Land. Es entstanden zum einen die daoistischen Systeme, die innere, sanfte Richtung, zum anderen die Shaolin, die äußere, kraftvolle Stilrichtung, mit ihren unterschiedlichen Anschauungen und Entwicklungen der Kampfkünste. Was ist besser, mit seiner zur Verfügung stehenden Körper-Kraft in den Kampf zu gehen oder mit seiner inneren Kraft, mit der Ki-Kraft? In diesem Fall muss ich eine Rundheit haben, muss mich mehr auf die Harmonie nach dem Dao-Prinzip konzentrieren, im äußeren Stil der Shaolin mehr auf die rohere Form der Körperkraft. Man spricht also von zwei Richtungen, hart und weich, *waiqi* und *neiqi*. Später in Okinawa wurde daraus *shōrin* und *shōrei*. Tiere sind bei beiden Richtungen enthalten und anerkannt. Das bringt Vielfalt und lässt schneller reagieren. Sonst hätte man vielleicht nur die geraden Stöße, vielleicht noch ein paar Stöße von oben und mal einen Fußtritt. Aber so versteckte Sachen, wie man mit wenig Kraft viel erreichen kann, das haben die Chinesen aus der Tierwelt erkannt. Durch Beobachten der Tierbewegungen haben sich diese Einflüsse entwickelt. Aber die Entwicklung ist ja nie abgeschlossen. Manchmal sind hundert Jahre vorbei, bevor man eine Entwicklung erkennt. Wir im Westen haben ja auch einiges verändert. Wir sind körperlich ganz anders gebaut als der Durchschnitts-Chinese, entsprechend haben wir unsere Technik verändert. Wir stehen etwas großzügiger, selbst wir im Südstil Gōjū-ryū stehen anders als früher die Chinesen oder die Karateka in Okinawa. Man sieht das ja auch. Die mit ihren kurzen Beinen, die können aus der kürzesten Entfernung einen *mae geri* machen, wir könnten höchstens mit dem Knie reingehen. Also verändert sich schon was. Wenn wir im Nahkampf sind und ich gebe dir einen Kniestoß, ein kleiner Chinese oder Japaner gibt dir stattdessen einen *mae geri*.«

Es gibt Menschen, die haben die Ki-Kraft

Fritz Nöpel steht mit beiden Beinen auf der Erde, er war erfolgreich im Beruf und hat eine große Familie. Esoterisches Getue ist ihm fremd. Dennoch sind ihm asiatische Sichtweisen vertrauter als manch selbsternanntem Heilsbringer. Meridiane, Atemipunkte, Ki: Vieles was in der westlichen Medizin und Körperkunde bezweifelt wird, ist für Fritz selbstverständlich.

»Es gab in dieser langen Zeit der Entwicklung natürlich auch immer außergewöhnliche Menschen, die unheimliche Kraft und Geschick hatten, die auch immens gelenkig waren. Wenn die zur Kampfkunst kamen, hat sich etwas Phantastisches entwickelt. Wenn die heute in Filmen diese Rückwärtsprünge zeigen, kommt das von den chinesischen Sagen, das darf man nicht so ernst nehmen. Ein wenig Wahres ist immer dran, aber nicht diese Geschichten: Einmal atmen und die anderen fallen alle auf den Rücken. Es wäre ja schön, wenn man diese Kraft hätte, aber man muss bescheiden bleiben. Was damit symbolisiert wird, ist die Ki-Kraft, die Chinesen sagen *qi*. Sie ist tatsächlich eine unwahrscheinliche Kraft und man spürt sie auch. Ich habe manchmal ein Gefühl, dass sie da ist bei mir, aber selten. Die Ki-Kraft kann man nicht anknipsen und dann ist sie da. Es muss alles stimmen, es muss ein unheimlich gutes Gefühl im Bauch sein, dann kann sie sich entwickeln. Das lernt ihr auch, das werdet ihr auch spüren. Da ist eine Kraft vorhanden, die verlässt einen nicht, die baut auch nicht ab oder nur ganz langsam. Das habe ich bei meinem Lehrer gesehen, was da für eine Kraft war. Aber auch der konnte sie nicht anknipsen, wann er wollte. Man muss erst mal den richtigen Stand haben, die richtige Atmung, den richtigen Augenblick und auch die Atmosphäre. Man muss sich wohl fühlen, alles, was um einen herum ist, muss einbezogen sein. Wenn Leute lange genug Karate machen, können die das. Ich kenne Leute, die das seit fünfzig Jahren machen. Wenn ihr dabei bleibt, werdet ihr sehen. Es kommen Dinge, die man vorher gar nicht geglaubt hat. Manchmal habe ich einen Griff so stark, wie ich das gar nicht geglaubt hätte, dabei sieht meine Hand nach nichts aus. Manche machen den Fehler und wollen ihre Hände abhärten, das bringt nicht viel. Die Härte ist innen, ich bringe sie nur nach außen. Natürlich übt man am Makiwara. Aber manche üben zu lange, zeigen ihre Pranken, damit jeder staunt: ›Oh, was machst du denn da?‹ Bei mir sieht man das nicht und das ist wichtig. Da ist Härte drin, aber das kannst du nicht erkennen. Als Deutscher kannte ich das ja auch nicht, aber mein Lehrer hat mir verschiedene Aufgaben gegeben und ich musste nach Lösungen suchen. Ich bin oft Umwege gegangen, manches war mir nicht sofort klar. Mit der Zeit kam die Erkenntnis. In uns Menschen steckt eigentlich viel mehr, als wir denken. Wir trauen uns vieles nicht zu und glauben es nicht. Bleiben wir bei der Kraft. Unsere bewusste Kraft ist relativ klein, die unbewusste Kraft ist viel größer. Aber wie können wir sie fördern und herausholen? Ich muss einen Weg finden. Über die Atmung und Techniken etwa aus dem Karate, kann ich einen Teil zusätzlich mobilisieren. Aber das Geheimnis, wie stelle ich sie zur Verfügung, wie verstecke ich sie wieder, das ist nicht so einfach – auch nicht unmöglich, denn es gibt Menschen mit dieser inneren Kraft, der Ki-Kraft. Man sagt ja auch, unser Gehirn habe viel mehr Möglichkeiten, uns fehle nur der Zugang.

Man muss diesen Zugang finden. Es gibt ja immer wieder geistige Genies, Mozart, Beethoven, Einstein oder Hawkins. Meine Güte, sind die klug! Wir sollten aber immer bedenken, obwohl mit Karate und anderen Kampfkünsten so viel geprägt werden kann, darf man es nicht so ernst nehmen, dass man alles in dieser Richtung anpackt. Es gibt immer noch wichtigere Sachen. Die Verantwortung gegenüber der Familie steht weit darüber. Aber ich kann ja die guten Eigenschaften mit einbringen in die Familie. Oder auch der Beruf ist wichtig, ich muss ja die Familie ernähren. Ich bin immer gern zur Arbeit gegangen, ich war immer pünktlich. Auch wenn mal nicht alles rund lief, habe ich meine Frau nicht vollgejammert. Ich habe nie die Arbeit mit nach Hause gebracht. Das sind Verhaltensweisen, die durch mein Karate geprägt wurden, und es spielt eine Rolle, dass ich mit meiner Ehe, meinen Kindern, meinem Beruf und allem im Einklang stehe. Viele fragen mich auch, ob ich nie mal schlechte Laune habe oder gereizt bin. Nie.«

Übe dich in dem, was deinen Neigungen entspricht

Auch Fritz Nöpel befolgt den Grundsatz des berühmten Schwertmeisters Musashi Miyamoto: »Gute Lehrer und echte Meister zeichnen sich dadurch aus, dass sie nicht engstirnig sind.« In Japan hat Fritz beobachtet: Je älter die Meister sind, umso ausgeglichener sind sie. Und eins ist für ihn klar: Wer großkotzig auftritt, ist unsicher. Wer gar andere schikaniert, zeigt erst recht seine Unsicherheit. Mit dieser Sicht der Dinge bleibt er stets gelassen, auch wenn jemand kommt und ihm beweisen will, dass die eine oder andere Kampfkunst besser, effektiver, eleganter wäre. Als Großmeister des Gōjū-ryū ist er natürlich überzeugt von seiner Kunst, doch in keiner Weise dogmatisch. Zu seinen Lehrgängen kommen immer wieder Schüler aus anderen Stilen, ja sogar anderen Kampfkünsten.

»Karate ist ein abgeschlossenes Kampfkunstsystem, das wirklich alles enthält. Wir haben Hebel und Griffe, wir haben Würfe. Wir haben lange und kurze Distanzen und Sprünge. Es geht bis zum Bodenkampf, wir können gegen mehrere Gegner kämpfen – also ein abgeschlossenes System. Dass wir alles haben, können wir aus der Kata erkennen. Wir müssen nicht aus einem anderen Stil etwas ausleihen, zum Beispiel beim Jūjutsu schauen, wie man würgt. Wir müssen nicht bei anderen fragen: ›Wie befreit man sich daraus oder daraus?‹ Klar kann man freundschaftliche Beziehungen zu anderen Vereinen pflegen und sich austauschen, das ist doch selbstverständlich. Man darf nicht anderen Kampfsystemen gegenüber feindlich gesinnt sein. Hapkidō zum Beispiel ist eine sehr harmonische Form, aber nicht sehr groß. Die haben keine Vielfalt, aber es ist eine elegante Form. Aber die Kampfkünste sollen ja auch den Charakter schulen, man soll sich in einer Kampfkunst auch in dieser Richtung entwickeln. So wie ich in der Technik vorankomme, muss ich auch geistig weiterkommen. Dann bin ich im Gleichklang. Da kann man nicht kommen und sagen: ›Ach, die haben keine hohen Tritte und die anderen haben wieder jenes nicht.‹ Ich muss mich fragen: ›Brauche ich das oder nicht?‹ Wenn einer so gelenkig ist, dass er sein Selbstbewusstsein in den Füßen findet mit seinen Techniken, dann soll er sie anwenden, das ist kein Thema. Alle können ihre Fähigkeiten herausfinden. Der eine findet Techniken, die zu ihm passen, weil er groß und stark ist. Bei einer anderen Technik sagt der dann: ›Ach, damit fühle ich mich nicht wohl.‹ Und du, klein und dünn, sagst: ›Gerade das brauche ich.‹ Aber dann muss ein Kampfsystem auch eine Menge anbieten. Im Karate haben wir viele Techniken, für Kleine, Große, Dicke, Dünne. Ich muss mich mit allen auseinandersetzen, dann finde ich zu meinen Techniken, das ist mit allem so im Leben. Wenn du immer denkst: ›Ach, ich finde nicht den richtigen *Weg*, bin unglücklich, verkniffen‹, dann bist du viel empfindlicher, wenn dich einer mal komisch anmacht, dann willst du ihn am liebsten gleich fressen. Aber wenn du deine Techniken findest, dann fühlst du dich wohl, hast Vertrauen dazu. Dieses Wohlbefinden strahlt nach außen, du bist einfach ein glücklicher Mensch. Du lächelst mehr als sonst.«

Dō – Ein Lebensweg

Interview mit Lothar Ratschke

Nach einem Lehrgang sitzt Lothar Ratschke mit seinen Schülern zusammen: ruhig, bescheiden, vielleicht in ein Gespräch vertieft. Nicht gestylt, keine schicken Klamotten. Er ist aus der materiellen Welt ausgestiegen. Früher trug er Nadelstreifenanzüge und fuhr einen großen BMW. Er leitete ein mittelständisches Unternehmen und war Chef von 350 Leuten. Ein Managerjob, bei dem er rund um die Uhr beschäftigt war. Dennoch hat Karate ihn ständig begleitet. Doch das Dō richtig zu leben – diese Chance bekam er erst nach der Öffnung der Mauer. Sein damaliger Betrieb machte Pleite und Lothar sollte die Menschen entlassen, mit denen er Tag für Tag arbeitete. Typisch für ihn: Er hat die Krise zur Chance gemacht und ist nach Erfurt gegangen, hat sich vollends seinem Karatedō verschrieben.

»Ich versuche das Dō zu leben. Wenn man Dō leben will, muss man rein sein von vielen Dingen, die hier in dieser Welt wichtig sind. Dass auch mir das nicht völlig gelingt, ist klar: Ich muss auch am Monatsende meine Rechnungen bezahlen. Funakoshi ist es auch so gegangen, als er von Okinawa nach Japan gegangen ist. Seine Schüler haben ihn gerettet. Meine Schüler machen das auch, wenn sie zu meinen Lehrgängen kommen. Dann bin ich ein Wochenende beschäftigt und kann meinen Lebensunterhalt finanzieren. Doch es war ein langer Weg. Als Junge bin ich einmal mit einem Freund zum Jūdō gegangen. In der gleichen Halle war auch Karate und ich habe zugeschaut. Die Disziplin hat mir gefallen. Oben beim Jūdō haben sie kreuz und quer am Boden gelegen, aber im Karate herrschte Ordnung. Der Trainer gab Kommandos. Das war das Richtige für mich! Ich bin von Natur aus faul, ich brauche Druck. Im Karate kann ich mich nicht ausgliedern. Zwei Stunden lang hat der Lehrer die Schüler zu gleichen Übungen motiviert. Ständig das Gleiche, alle haben dasselbe gemacht. Unter großen Mühen bin ich immer wieder hingegangen, um mein Karate zu trainieren. Da musst du charakterfest sein und das wollen! Ich hatte ja noch meine Werkzeugmacherlehre und musste um fünf Uhr aufstehen. Den ganzen Tag Lehre, zurück zum Hauptbahnhof. Viel Wartezeit. Damals hatte ich Bücher von Meister Pflüger, die habe ich auswendig gelernt. Ich konnte alle Techniken der Kata aufsagen. Das war nichts Schlechtes. Ich habe von vornherein alle technischen Bezeichnungen gelernt. Immer wenn ich ins Training ging, habe ich vorher für mich allein eine Stunde trainiert. Ich kam nämlich direkt von der Arbeit und war immer zu früh. Der Hausmeister hat mich in den Vorraum gelassen. Auch am Ende des Trainings hatte ich ein Problem: Erst nach einiger Zeit habe ich mich getraut zu fragen, ob ich zehn Minuten früher weg darf, um noch den letzten Zug zu erreichen. Tagsüber als Lehrling habe ich im Keller die Stühle und Bänke zur Seite geschoben und für mich geübt, während die anderen im Raucherraum gesessen haben. Von der Gesellschaft der Raucher ausgestoßen, habe ich dann trainiert.

Es war eine wichtige Zeit für mich: Ich habe beim Feilen der Werkstücke *gyaku tsuki* geübt und beim *gyaku tsuki* das Feilen. Karate gehörte zu meinem Alltag. Ich habe immer versucht, alles über Kreuz zu nutzen. Die eine Bewegung aus dem Leben, die andere aus Karate. Das habe ich immer übertragen. Karate war immer der Höhepunkt der Woche.

Mein erster Lehrer hat keinen Wettkampf gemacht und gutes, traditionelles Karate vermittelt. Der nächste Trainer war mehr ein Wettkampftyp. Dann bin ich auch bei Wettkämpfen angetreten. Dort ist ein ganz anderes Klima als im Dōjō. Das Klima im Dōjō war *seiza*: still sitzen und Ruhe. Die Tür war zu. Keiner konnte kommen, wann er wollte, jeder war pünktlich. Jeder hat gemerkt, dass er stört, wenn er zu spät kommt. Auch die Jüngeren sind im Training mit Achtung miteinander umgegangen. Respekt und Achtung. Wir waren wie eine Familie, niemand hat sich hervorgetan, niemand hat geprotzt. Das hat mir gefallen, dass jeder mit jedem trainiert. Sonst gab es überall Cliquenwirtschaft. Ich war akzeptiert in dieser Gemeinschaft. Man hat schon gemerkt, das ist etwas Besonderes. Mein Vater war stolz. Niemand sonst hat Karate gemacht. Das war etwas Exotisches.

Vom Dō hatte ich zunächst nur gelesen – in den Büchern von Albrecht Pflüger. Meine ersten Meister haben Karate nur auf technischer Basis vermittelt. Damals war ich sechzehn oder siebzehn Jahre alt. Den ersten Dan habe ich 1973 mit 22 Jahren gemacht. Den zweiten Dan 1976 mit 25 Jahren. Nach der Prüfung wurde ich Prüfungs- und Stilrichtungsreferent für Shōtōkan in der Hessischen Karate-Union. Dann schließlich habe ich Pflüger persönlich kennen gelernt. Er hatte sich schon lange mit Dō beschäftigt. Für die nächsten 20 Jahre war er derjenige, der mir viel beigebracht und mich auf den *Weg* geführt hat. Er hat über Dō gesprochen, *mondō* gehalten im Dōjō. Er hat über *budō* und *dōjōkun* erzählt. Damals war das viel für mich, heute könnte ich meinen Schülern mehr erzählen, aber es war ein sehr guter Anfang. Damals habe ich verstanden: Es gibt noch mehr im Karate über die Technik hinaus. Ich habe mir bessere Bücher besorgt, denn ich wusste: Um Dō, also den *Weg*, zu gehen, muss man ihn richtig gehen. Man darf nicht nur die Technik können, man muss auch wissen, warum. Die Technikbegriffe sagen bereits viel aus über die taktische Seite oder über die Art und Weise zu kämpfen. Bewegungen werden sehr gut umschrieben, zum Beispiel ›Fließen wie Wasser‹ oder ›Weich sein gegen Hart‹. In dieser Zeit habe ich auch in andere Kampfkünste hineingeschaut. Albrecht Pflüger hat Aikidō-Kenntnisse in sein Bunkai einfließen lassen. Man muss nicht darauf hinweisen, dass die Techniken aus dem Aikidō kommen. Wichtig ist nur, dass man den Blick im Aikidō gefestigt hat, um dann die speziellen Techniken im Karate besser verstehen und erkennen zu können. Deshalb habe ich Aikidō trainiert und auch Bogenschießen. Kyūdō kommt als Weg des Budō mit ganz wenigen Techniken aus. Aber die werden sehr tief gehend gelehrt. Im Kyūdō habe ich gesehen, dass man mit wenigen Techniken den *Weg* gehen kann. Das hat mir zu denken gegeben und ich habe mich gefragt: Warum brauchen wir im Karate so viele Kata, um den *Weg* geradeaus zu gehen? Ich hatte den Wunsch, viel tiefer in die Materie einzudringen. Bei Meister Pflüger habe ich sehr viel gelernt, aber ich habe auch gemerkt: Das ist nicht das Ende. Nach dem dritten Dan habe ich mich neu orientiert und musste erst einmal meinen Weg allein gehen. Ich habe Musashis Werk *Das Buch der fünf Ringe* gelesen und auch, wie man es im Management umsetzen soll. Außerdem habe ich mich mit psychologischen Büchern beschäftigt. Und schließlich bin ich auf Meister Kase gestoßen.

So richtig als sein Schüler fühle ich mich seit sechs oder acht Jahren. Mit dem Ablegen des fünften Dan wusste ich es. Ich strenge mich nicht an, dem Meister durch schöne Reden zu gefallen. Das brauchen wir nicht. Wir haben genug Gesprächsstoff, wenn wir uns über sachliche Themen unterhalten. Meister Kase kam schon vor dem fünften Dan öfter im Training zu mir, um mir etwas zu zeigen. ›Wieso denn zu mir?‹, habe ich mich gefragt. Ich habe mich nie auf einen besonderen Platz gestellt, um dem Meister aufzufallen, sondern immer dahin, wo ich gemäß meiner Graduierung hingehöre. Jeder leidet auf seinem Niveau. So ein Meister kann es auch mir schwierig machen. Seine Anregungen nehme ich mit in mein tägliches Training. Meine Schüler riechen so in diese Sphäre hinein, auch wenn sie noch keine so hohe Graduierung haben.

Wir haben alle viele Fehler. Sie abzubauen, dabei hilft die Kampfkunst. Ob wir als Trainer voll im Rampenlicht stehen oder in der Gruppe mittrainieren, wir müssen immer unser Ego beiseite schieben. Man muss immer an die anderen denken, dass auch sie ihre Übung machen können oder dass man keinem die Sicht versperrt. Auch Rituale sind wichtig, zum Beispiel wie man sein *dōgi* (die Übungskleidung) faltet. Kata als Form und Ritual ist durchgängig in der japanischen Kultur zu finden. Meister Kase geht auch in Kleinigkeiten den *Weg*. Gepflogenheiten bei Tisch oder Umgang mit den Schülern – man schenkt ihnen Aufmerksamkeit. Bei ihm habe ich auch gesehen: Schüler helfen den Meistern, ihren Weg zu festigen. Meister Kase lebt das Dō gut. Er verlangt von seinen Schülern viel, aber selbst bringt er ebenfalls immer alles. Das geht morgens beim Frühstück los: Kase ist pünktlich und hat vorher schon trainiert. Das imponiert mir! Kase zeigt uns viel, aber er sagt uns nicht alles. Er lebt einfach. Das hat mir zu denken gegeben.

Ich stehe jeden Tag zwischen fünf und sechs Uhr auf. Ich übe jeden Morgen fünfzehn Minuten lang. Für diese Viertelstunde bin ich für mich, erst dann bin ich in der Gesellschaft. Es ist wichtig, was für ein Bild ich als Meister vorlebe. Wenn ich ein einfaches Bild abgebe, dann laufen meine Schüler draußen auch einfach herum. Ich möchte aber auch lustig sein und manchmal überziehen können. Das widerspricht dem *Weg* nicht. Funakoshi hat geschrieben: Im Kampf muss man manchmal auch alles umgekehrt machen. Man darf im Dōjō nicht immer so ernst sein. Das gehört auch zu Dō. Meister Kase hat ja noch bei Funakoshi trainiert und er erzählte mir oft, dass sie im Dōjō viel gelacht haben: Um Reaktion und Schnelligkeit zu üben, haben sie öfter mit dem Bambusschwert, dem *shinai*, gekämpft. Immer schneller, immer schneller, da bekam einer auch mal einen Hieb an die Knöchel oder fiel der Länge nach hin. Die anderen haben sich kaputtgelacht – aber die kamen ja auch noch dran, dann haben die anderen gelacht. Auch der alte Funakoshi war noch mit dabei und hat sich amüsiert.

Nach dieser Geschichte habe ich mir gedacht: Du bist viel zu ernst und verbissen. Ins Dōjō kommen heißt, in eine andere Welt eintauchen mit Leuten, die diesen Weg mit dir zusammen gehen wollen. Meister leiten dich an auf diesem Weg, und du folgst bedingungslos. Man unterstellt sich dem Meister: Er will nichts Schlechtes. Schleifermethoden passen nicht ins heutige Training. Der Meister hat eine warme Stimme, der kennt jeden beim Namen. Wenn wir den Weg richtig gehen wollen, dann muss das ein gemeinsamer Weg sein.«

Wir haben über Liebe gesprochen

Wenn Lothar von dem japanischen Großmeister Kase Taiji spricht, spürt man die Achtung und den Respekt. Darin liegt nichts Unterwürfiges. Nein, es ist die bewundernde Wertschätzung für einen Menschen, der Hervorragendes leistet und gleichzeitig Wärme und Ausgeglichenheit vermittelt. Ein wenig Stolz ist auch dabei, von einem Mann unterrichtet zu werden, der noch bei Funakoshi, dem Vater des Shōtōkan-Karate trainierte! Am meisten fasziniert Lothar, dass Meister Kase die Tradition des japanischen Karate der Vierzigerjahre pflegt – jenseits des Kampfsports. Da wird Meister Lothar Ratschke, sechster Dan, gern wieder zum Schüler: dōkan *– der Weg ist ein Kreis – man fängt immer wieder vorne an.*

»Mich interessiert bei Meister Kase, wie er sein Karate gelernt hat. Zuerst Grundlagentraining bei Meister Funakoshi und seinem Sohn Yoshitaka, dann Egami und Hironishi. Da hat er natürlich sehr viel traditionelles Wissen vermittelt bekommen.

Als Instruktor hat er die sportliche Seite kennen gelernt. Er kam – leider – nie dahin, von Egami oder Hironoshi in den tieferen Fragen belehrt zu werden, da sein Weg von ihnen weg ins Ausland ging. Wegen der Konfrontationen mit Nakayama sind damals viele aus Japan weggegangen. Es ist natürlich großes Wissen da. Kase ist schon älter und hat sich die langen Jahre über mit vielen Dingen beschäftigt. Das zeigt seine Art und Weise, Karate zu betreiben. Auffallend sind Bewegungen, die nur wenige andere so im Karate machen. Vieles wurde aus den Kata herausgesucht und dann als weiterführender Stil von Funakoshis Sohn Yoshitaka dokumentiert. Yoshitaka hat im Einverständnis mit seinem Vater Art und Weise sowie das Verständnis der Techniken geändert und schließlich so weitergegeben. Diese Erweiterungen basierten auf Yoshitakas Trainingsbesuchen bei Meister Asato auf Okinawa. Er hat damit den alten Tigerstil Asatos – und auch Funakoshi Gichins – wieder aufgegriffen. Meister Kase hat diese Interpretation bis heute weitergeführt und man sieht ihm an, dass er sie verinnerlicht hat. Wenn er erzählt, wie sie früher geübt haben, wird alles so lebendig, und ich denke: Es darf nichts verloren gehen. Ich möchte die ganzen Formen bewahren, die er uns lehrt. Wir trainieren sie oft. Wenn du zu uns ins Dōjō kommst – auch als fremder Schwarzgurt – hast du es erst mal schwer. Da denkst du im ersten Moment: Dōgi einpacken und heimgehen. Weil ich an dem Abend Formen trainiere, die nirgends sonst geübt werden oder nur in wenigen Dōjō in Deutschland. So pflegen wir das Kase-Karate oder auch Shirai-Karate, je nachdem unter welchem Motto der Abend steht. Im Programm steht dann *Kase waza*, und jeder weiß, was damit gemeint ist.

Dass Kase sich jetzt zum Beispiel nicht mit chinesischer Medizin beschäftigt – wie ich es tue –, kann man ihm nicht übel nehmen. Ob ein älterer Mann die Notwendigkeit sieht seinen Stil noch zu verändern, ein ganz neues Wissensgebiet hinzuzunehmen, das ist die Frage. Ich kann mich jedenfalls stundenlang mit ihm unterhalten. Aber nur wenn wir im Auto sitzen, denn sonst kommen ja immer viele andere und wollen sich dazusetzen und mit ihm reden. Aber wenn wir stundenlang zu einem Termin fahren müssen, kann ich ihm einiges entlocken. Da kann ich mit ihm reden, wie ich die einzelnen Dinge sehe: Kata,

Bunkai, Kumite-Formen. Wenn ich frage, wie es früher war, kann er mir Auskunft geben. Ich habe immer viele Fragen. Ob ich richtig denke, richtig trainiere, ob ich das Schüler-Meister-Verhältnis richtig bewerte. Er weiß genau, wer welche Graduierung bei ihm bekommen hat und ob er sie als seine inneren Schüler betrachtet. Da höre ich zu und weiß, wo es langgeht. Aber da ist noch mehr – zwischen den Zeilen. Wir haben über Liebe gesprochen. Manchmal sage ich nur ein Wort und bekomme drei Stunden Antwort. Und dann denke ich: Das muss jetzt auch noch in den Kopf und das und das… Da geht es mir wie meinen Schülern. Das Gehörte muss ich hinterher sortieren. Bis er wiederkommt, habe ich es halbwegs geordnet und damit gearbeitet. Er ist ja Vorbild, trainiert morgens vor dem Frühstück – in seinem Alter. Meister zu sein heißt, für sich Meisterschaft zu erringen, dann kann man andere zu echten Meistern erziehen. Es heißt nicht, Meister zu spielen.

Ganz am Anfang – als ich sozusagen noch allein in der Welt war – habe ich ein altes Buch von Meister Kase auf Französisch gefunden mit vielen Kata und ganz wenig Text. Später kam etwas von Roland Habersetzer dazu. Schließlich habe ich die Werke *Nyūmon* und *Kyōhan* von Funakoshi Gichin ausgegraben und mir mühsam mit meinem schlechten Englisch reingezogen. Dann habe ich etwas über alte Namen gelesen – *chintō* und andere alte Namen für Kata. Sofort habe ich meine Kollegen ausgefragt. Nishiyama, den ich zu der Zeit kennen gelernt hatte, habe ich dann etwas zu *chintō* gefragt. Er: ›*Chintō*? Du kennst *chintō*?‹ Ich: ›Nein, nur den Namen.‹ Da ist er sofort aufgestanden und hat mir die Kata gezeigt. Da habe ich mir gesagt: so kann ich weitermachen. Als ich dann Meister Kase kennen lernte, habe ich ihn nach alten Namen gefragt: *kaminaru* zum Beispiel – was er darüber weiß. Dann habe ich das mit verschiedenen Büchern abgeglichen und mir Notizen gemacht. Bei nächster Gelegenheit habe ich wieder den Meister gefragt. Manchmal auch wieder Nishiyama, dann noch mal Kase, später auch Shirai. Wenn wir mit Meister Kase zusammensitzen, werden nicht nur Dummheiten des Lebens besprochen, sondern auch alte Namen von Kata: damals sah es so aus und heute ist es so, der Weltverband macht es so, die Europäer so. Und plötzlich höre ich eine Bestätigung für mich, ohne dass ich mich in das Gespräch einmischen muss. Wenn die Meister Kase und Shirai miteinander reden, werde ich kaum dazwischenreden, da höre ich schon genug.

Ich war mal bei einem Lehrgang mit Meister Kase. Abends haben einige vom Angeln erzählt und anderen lapidaren Sachen. Kase hat es sich geduldig angehört. Dann habe ich ihn etwas zu Kampfkunst gefragt, von da an hat der Meister gesprochen. Vielleicht hat es sonst niemanden interessiert, aber für mich war der Abend gelungen. Der Meister war in seinem Element. Vorher hat er nur genickt, freundlich gelächelt, vielleicht gequält. Die meisten haben nicht gemerkt, dass der Meister eigentlich stets sein Wissen weitergeben will. Sie haben nicht kapiert, dass sie den Meister so exklusiv vor sich hatten. Die Chance hat niemand genutzt. Ob die es nicht wissen wollten? Ketzerisch gesagt, hat so mancher Grüngurt bei mir im Dōjō mehr Wissen als die, die dort am Tisch saßen mit vielleicht dem fünften Dan. Da hatten wir die seltene Gelegenheit, mit dem Meister in kleiner Runde zusammenzusitzen, und die gehen nur hinterher aus der Tür raus und sagen: ›Der Meister wird es nicht mehr lange machen, wir müssen uns langsam mal an jemand anderem orientieren.‹

Meister Kase erzählt viel in seinem Training. Es sind in der Regel zwei Stunden Training angesetzt, dann erzählt er oft eine Dreiviertelstunde – am Stück. Der tobt vorne rum und zeigt etwas, dann holt er zwei raus, die das vorführen sollen, an denen erklärt er es hundert Mal – dann lässt er üben. Manchmal nur ganz kurz, weil er dann wieder was sieht. Dann heißt es *yame* und er erklärt erst mal wieder. Das ist für mich als Fortgeschrittenen mehr wert als mit anderen in dem Moment zu üben, üben und noch mal üben. Manchmal ist es aber auch ganz anders. Dann zeigt er uns nur kurz etwas und wir müssen damit umgehen. Er setzt sich auf seinen Stuhl und guckt zu. Lässt üben. Da merkst du plötzlich, er will uns an die Grenzen führen. Denn wenn du eine halbe Stunde lang ohne *yame* übst, ernsthaft übst, dann weißt du, was du getan hast. Denn meist hast du einen Partner, der genauso ernsthaft mit dir arbeitet, und du musst dir große Mühe geben, die Anforderungen des Meisters zu erfüllen. Da kann man nicht zwischendrin sagen: ›Jetzt kann ich nicht mehr!‹ Man kann natürlich zu seinem Partner *yame* sagen, nur kurz, um sich wieder zu konzentrieren, aber dann geht es weiter. Man muss ja konstruktiv arbeiten, nicht rumstehen. Von der Sorte gibt es auch einige. Ich finde es schade, dass die sich auch noch als große Schüler von ihm fühlen, aber keinen Respekt haben.

So empfinde ich auch, wenn ich einen Schüler verliere, weil er meint, er kann schon alles, hat all mein Wissen schon in sich. Dabei könnte er noch so viel lernen. Natürlich kann jeder parallel zu anderen Meistern gehen, klar, aber er soll den Anstand bewahren und sich abmelden. Mitteilen, dass er jemand anderen gefunden hat, zu dem er hingehen möchte, um sein Karate zu vervollständigen. Keine Frage, das muss gehen. Aber es gibt viele unangenehme Weisen, wie man sogar *uchideshi*, innere Schüler, verlieren kann. Plötzlich dreht sich der Charakter. Vielleicht nur aus Feigheit, mir das zu sagen. Angst kann es nicht sein. Schülern, mit denen ich lange Umgang hatte, mache ich doch keine Angst. Nie. Im Gegenteil, ich fordere sie zwar heraus, aber ich streichle sie auch oft – verbal. Ich versuche Zuneigung zu zeigen. Wenn ich jemanden mag, dann zeige ich das. Wenn zum Beispiel Leute mit mir bei meinen Lehrgängen in Mallorca zusammenkommen, dann sind das auch Menschen ohne hohe Graduierung, aber ich habe sie schätzen gelernt. Sie kommen und studieren bei mir, fahren weite Wege. Deshalb fahre ich auch zu ihnen, dann mache ich die langen Wege. Damit werde ich nicht reich, manchmal kommt gerade der Sprit dabei raus, die Stunden der langen Wege kann im Grunde niemand bezahlen. Ich bringe mich ein und merke, auf der anderen Seite ist auch was da. Die Leute mögen mich. Dann pflege ich das Schüler-Meister-Verhältnis von meiner Seite sehr. Ich erwarte aber auch von der anderen Seite Ehrlichkeit, die *dōjōkun*, und dass man über alles spricht. Mit Kase spreche ich über alles.«

Kampf um Existenz und Persönlichkeit

Für Lothar Ratschke ist Kampf zunächst ein Kampf gegen sich selbst, gegen Faulheit, gegen schlechte Angewohnheiten. Auch der Kampf mit einem Gegner ist für ihn nicht unbedingt ein körperlicher Clinch, denn in unserem Lebensraum ist heute kaum noch jemand körperlichen Angriffen ausgesetzt. Unsere Gegner heißen »Chef« oder »Klassenkamerad«. Doch wer den Blick über das eigene Ich hinaus gewagt hat, lässt sich so schnell nicht einschüchtern. Wer sich damit beschäftigt hat, dass Gewalt ein letztes Mittel sein kann, sieht die Verantwortung und hat das Gefühl der Verantwortung körperlich erlebt. Inhalt der Dō-Kampfkünste ist der Kampf auf Leben und Tod. Deshalb sind sie etwas anderes als Sport oder Tanz.

»Ballett hat nicht wie Kata etwas mit Kampf zu tun, nichts mit Kampf um Leben und Tod. Es ist auch sehr lernintensiv, aber Karate vermittelt Techniken, mit denen man im Ernstfall über Leben und Tod entscheiden könnte. Wer gut geübt ist, kann draußen einen Angriff abwehren, dem Schlag zuvorkommen und einen anderen Menschen doch erheblich schädigen. Die Schüler werden im Dōjō abgestuft an die Sache herangeführt. Mit den ersten festgelegten Formen, den Kata, lernen sie Auslegungen, also Bunkai, die ihrem Niveau entsprechen. Wenn Anfänger den gelben Gürtel haben und die Auslegung der ersten Kata lernen, dann bekommen sie natürlich nicht die Techniken vermittelt wie jemand, der schon viel weiter ist und dann die Anfänger-Kata *heian shodan* noch einmal übt. Fortgeschrittene können mehr die offenen Hände benutzen und auf die richtig gefährlichen Punkte gehen. Da macht man ganz andere Bewegungen, die den Kampf ultimativer machen würden. Das ist schlicht und einfach eine Frage des Verständnisses: Da kommt einer, den kann ich so oder so abwehren. Auf bestimmte Punkte schlagen zu können, das muss man lange üben. Hier muss man viel erklären, auch sagen: Achte auf deinen Partner! Du kannst die Finger nicht in die Augen stechen – das ist doch klar! Offensichtlich, dass man das nicht macht, aber da gehört eben der Weg vorneweg dazu, damit man das Distanzgefühl schult. Erst dann kann man die Schüler andere Kata üben lassen, bei denen eben doch die Finger zum Hals, zum Kehlkopf gehen. Viele Frauen, auch Männer gelegentlich, sagen: ›Ich will ja niemanden schlagen, ich komme hier her und will die Kata trainieren, es fasziniert mich. Der Hintergrund – das mit der Kampfkunst – vielleicht auch noch, aber das Üben mit dem Partner, das ist mir zu gefährlich. Ich bin niemand, der brachial draußen rumläuft.

Ich bin kein Aggressor.‹ Schon klar, aggressiv sind wir alle nicht. Wir bauen ja eher Aggressionen ab, die in uns schlummern. Die Menschen können sich im Dōjō mit Gleichgesinnten auf gleichem Niveau austoben. Die schlagen sich gegenseitig mal in den Bauch, da gibt es Einverständnis. Wir sind ja nicht in den USA, wo man sich nicht berühren darf.

›Den Feind kampflos zu besiegen, das ist die höchste Kunst‹, sagt Funakoshi. Aber wie verhindert man den Kampf? Funakoshi hat es in seinem Buch *Karatedō – Mein Weg* ja beschrieben. Man fängt den Ball eben nicht, der einem entgegenkommt. Bei der Kata hast du als erstes eine defensive Bewegung, das hilft schon bei der Erklärung. Du machst erst mal eine Blocktechnik. Man wird einem Anfänger nicht erklären, dass dieser Block auch anders zu benutzen ist. Erst mal richtig blocken, sich zurückziehen. Die Kata ist erst mal nur Abwehr. Macht der Angreifer weiter, dann wird es drastischer. Man muss sich stufenweise herantasten. Dann kann man mal sagen: Jetzt ist die Gefahr zu groß, ich nehme die Blocktechnik ultimativ.

Man wird den Schülern auch beibringen, dass man im Dōjō bestimmte Worte vermeidet, dass man den Jargon von draußen nicht reinbringt. Wenn man eine Technik falsch macht, rutscht dem Anfänger doch mal ›Scheiße‹ raus. Dazu sag ich: ›Diese Technik kennen wir nicht.‹ Wenn wir die Sprache ändern, können die Schüler lernen, auch außerhalb des Dōjō ihr Verhalten zu ändern. Ich muss die Kampfkunst draußen nicht benutzen, nur meine neuen mentalen Fähigkeiten, meine charakterliche Stärke.

Ich bin selbst nicht aggressiv und strahle das auch nicht aus. Wenn Aggressivität auf einen zukommt, dann kann man immer noch einen Schritt auf die Seite gehen und sagen: ›Lass es!‹ Manchmal ist der Kampf unabdingbar – klar. Dafür bin ich trainiert, dafür bin ich gerüstet. In bestimmten Situationen achte ich darauf: Wie stehe ich? Was habe ich für Möglichkeiten? Könnte ich einen Stuhl hochheben, der mich schützt? Ich muss nicht meine Knochen hinhalten. Darüber kann man zum Beispiel reden, wenn man einen Selbstverteidigungsabend macht. Man kann natürlich auch Kata als Selbstverteidigung interpretieren, dann sind ganz bestimmte Aspekte wichtig. Doch man muss immer fragen: Wie können wir von vornherein einen Kampf vermeiden? Gehen wir dort oder dort hin? Ich habe kein Interesse mehr, auf einen Rummel zu gehen. Vielleicht hat das mit meinem Alter zu tun, ich habe mich schon ausgetobt. Andererseits: Ich habe mich damit auseinandergesetzt, welches Potenzial an solchen Plätzen schlummert, bedingt vor allem durch den Alkohol. Da ist es mir auch schon passiert, dass ich mich mit einem Freund unterhalten habe und plötzlich steht neben uns einer, der gegen mich aggressiv wird, ohne dass etwas war. Deswegen gehe ich lieber schön essen und habe was davon oder besuche kulturelle Veranstaltungen. Ich weiche konflikt- oder gewaltträchtigen Situationen aus und sage auch meinen Schülern: Geht erst gar nicht dahin. Wenn ihr auf der Straße eine Bande seht, dreht euch zur Not um, versteckt euch. Ihr müsst nicht mit Trophäen kommen, nach dem Motto: ›Dem habe ich die Brille runtergeschlagen.‹ Das ist nicht notwendig. Ihr sollt auch nicht sagen: ›Ich mache Karate.‹ Da werden die anderen eher noch aggressiver. Das lockt. Doch das wollen wir nicht. Kämpft im Dōjō richtig, wenn dann der Notfall wirklich kommt, wird die richtige Bewegung schon da sein.

Im Dōjō sprechen wir über Zen, über Leere und über Disziplin. Diese Inhalte zeigen: Wenn man eine Technik oft übt und Angriffe tausendfach gesehen hat, dann wird euch eine Abwehrbewegung gegeben sein, es geschieht einfach. Wenn ihr ordentlich übt! Deshalb müsst ihr den Kampf nicht suchen, kämpft im Dōjō, wiederholt oft. Ihr könnt keinen besseren Freund im Karate haben als den, der euch hart angreift – aus der Sicht der Selbstverteidigung betrachtet, aber auch was persönliche Grenzen angeht. Wenn mal ein Partner nicht darauf eingeht, dass du Kopfschmerzen hast, sondern meint, es wird schon vergehen und greift dich ganz hart an, fordert dich, noch härter, dann sind die Kopfschmerzen fast vergessen. Er hilft dir, denn diese Erfahrung kommt dir in der Selbstverteidigung zugute. Ihr habt eure Grenzen getestet.

In der Kata sind es die gefährlichen Techniken, die Spaß machen. Wenn wir so Sachen üben wie Genickhebel, da müssen die Leute genau wissen, was sie üben – sie sollen im Geist erwachsen sein. Das kann man nicht so unbedarft ausprobieren. Ihnen muss klar sein, dass der Mensch tot ist, wenn man die

Technik ernsthaft ausführt. Kindern so etwas beizubringen, ist zu gefährlich, dann wollen die das womöglich in der Schule ausprobieren. Denen zeigt man besser eine Technik mit der Schulter statt mit dem Kopf. Das ist abgestuftes Lernen, so kann man das machen. Aber die Kata ist eigentlich schon der ultimative Kampf gegen viele Gegner, bei dem möglichst jede Bewegung so endet, dass der andere kampfunfähig ist.

Wenn man Kampfkunst betreibt, muss man wissen: Solche Techniken kommen alle aus dem Krieg. Es gab dem Kampf Schwert gegen Schwert, aber Karate ist der Kampf des unbewaffneten Bauern gegen den Samurai, den gut gerüsteten Ritter. Die Samurai haben Mann und Maus getötet. Diese Bedrohung des Bauern auf Okinawa spiegelt sich in den Kata wider. Was hatte der für eine Chance? Er musste den Samurai schnell töten, ihn verbuddeln, damit niemand etwas merkte. Der konnte sich nicht mit Halbheiten aufhalten. Als Karateka kommt man nicht umhin, dies zu verstehen und zu lernen. Aber ich denke, das ist wichtig, denn dadurch wird das Gewaltpotenzial geschwächt. Wer damit umgehen kann, weiß, wie gefährlich es sein könnte. Ich schicke dies meinen Erklärungen immer voraus. Ich sage: Seid vorsichtig, geht freundschaftlich miteinander um! Die Schüler kommen sehr langsam dahin. Aber irgendwann erkennen sie es.

Wer Karatedō trainiert und nicht irgendeinen Schlägersport, der wird sich bei einem richtigen Kampf auf der Straße zurückhalten. Der wird zwar kämpfen, schlagen, Techniken einsetzen, aber irgendwo gibt es eine moralische Sperre. Die ist nach einer gewissen Zeit des Übens da. Ich habe schon öfter beobachtet, dass Karateka im wirklichen Kampf nicht fest genug getreten haben. Mir selbst ist schon passiert, dass ich geschlagen habe, und mitten in der Bewegung hatte ich schon Mitleid. Die Faust ist mit gebremster Energie ins Ziel gekommen, wie wenn ich jemandem einen Verweis gebe. Der ist dann zwar rückwärts gegangen, es ist ein bisschen Blut geflossen, aber ich habe ihn nicht erschlagen, wie ich es hätte tun können. Aber mir hat beim Schlagen schon Leid getan, dass es soweit gekommen ist. Man ist nicht der Aggressor, der jemanden mit seinen Möglichkeiten töten will. Es gibt eine Schranke und man verzichtet.«

Du hast eine andere Betrachtungsweise des Lebens

Kraftmeierei ist hier völlig fehl am Platz und führt letztlich zu nichts. Wahre Stärke ist nicht prahlerisch. Lothar erzählt gern die Geschichte des ›eisernen Hahns‹. Sie ist uralt. Im alten China hat sie ein Schüler des Laozi aufgezeichnet, die Übersetzung hier ist Taisen Deshimarus Zen in den Kampfkünsten Japans *entnommen.*

»Ein König wollte einen besonders starken Kampfhahn besitzen und gab daher einem seiner Untertanen den Auftrag, einen Hahn entsprechend auszubilden. Dieser lehrte den Hahn zunächst die Technik des Kämpfens. Nach zehn Tagen fragte der König: ›Kann man mit dem Hahn jetzt einen Kampf veranstalten?‹ Doch der Ausbilder sagte: ›Nein, nein, nein! Er ist stark, doch diese Stärke ist leer. Er will immerzu kämpfen. Er ist aufgeregt und seine Kraft ist unbeständig.‹

Zehn Tage später fragte der König wieder: ›Nun, kann man jetzt den Kampf beginnen?‹ – ›Nein, nein, noch nicht!‹, war die Antwort. ›Er ist noch voller Leidenschaft und will immerzu kämpfen. Wenn er einen anderen Hahn hört, selbst aus dem Nachbardorf, kommt er in Wut und will sich gleich in den Kampf stürzen.‹

Nach nochmals zehn Tagen Übung fragte der König aufs Neue: ›Geht es jetzt?‹ Der Ausbilder antwortete: ›Jetzt zeigt er keine Leidenschaft mehr, und wenn er einen anderen Hahn hört oder sieht, bleibt er ruhig. Seine Haltung ist aufrecht und er zeigt kraftvolle Spannung. Er kommt auch nicht mehr in Wut. Seine Energie und seine Kraft zeigen sich nicht mehr an der Oberfläche.‹

›Also ist es in Ordnung mit dem Kampf?‹, fragte der König. Der Ausbilder gab zur Antwort: ›Vielleicht.‹ Man brachte eine große Anzahl Hähne und veranstaltete ein Turnier. Doch die anderen Hähne waren unfähig sich dem Hahn des Königs zu nähern. Sie flohen erschreckt! So brauchte er überhaupt nicht zu kämpfen. Der Kampfhahn war zu einem eisernen Hahn geworden. Er hatte die Stufe der technischen Übung, des *waza*, hinter sich gelassen. Er hatte starke innere Energie, die sich nicht in Äußerlichkeiten zeigte. Seine Kraft lag *in* ihm, und die anderen konnten sich nur noch vor seiner stillen Sicherheit und seiner wahren, verborgenen Kraft verneigen.

So kann man es sogar den Kindern ein bisschen erklären. Es entsteht eine Persönlichkeit, die niemand so einfach angreift. Und wenn du aus dem Dōjō kommst, kommst du aus einer anderen Welt. Viele deiner Freunde werden dich nicht mehr so verstehen wie vorher, du bist nicht mehr so wie sie. Du hast eine andere Betrachtungsweise des Lebens, der Disziplin, des Atmens, einfach des Seins. Schließlich könntest du durch deine Übungen über Leben und Tod entscheiden. So etwas prägt. Du hast ein anderes Bewusstsein. Du hörst die Vögel lauter pfeifen, die Blätter lauter rascheln oder den Wind. Ich gehe gern spazieren, auch da erlebe ich die Welt anders als vor zehn, vor zwanzig oder dreißig Jahren. Mein Karate hat mich sehr verändert. Ich bin zwar immer noch nicht fertig, aber ich kann alles besser anwenden. Ich atme bewusster. Ich genieße es bewusster, mit euch zu reden, zu trainieren. Dieses Auseinandersetzen mit dem Kampf um Leben und Tod macht den Unterschied zu vielen Sportarten oder Künsten. Kampfkunst ist halt nicht so wie Ballett oder Fußball.

Man könnte im Training die letzte Konsequenz weglassen, den Kopf umdrehen zum Beispiel. Aber gerade wenn man beim Üben bewusst über diese Schwelle hinausgeht, dann werden die Techniken im Notfall weniger benutzt. Wer mehr kann, als er braucht, kann dosierter agieren. Es ist immer gut, mehr Fertigkeiten zu haben als die, die man benötigt. Man ist dann sicherer in seinem Metier. Man weiß – wenn auch unbewusst –, man geht nicht über diese Grenze hinaus, auch wenn mehr zur Verfügung steht. Wenn man diese Stufe weglässt, dann landet man eine Stufe drunter und es steht immer weniger Abwehr zur Verfügung. Schematisch gesehen hieße das, nur noch einen Abwehr-Block zu machen und abzuwarten, wie der andere reagiert. So aber blockt man den Fuß und legt mit der Faust nach, oder man nimmt den Arm und schmeißt ihn auf den Boden, damit er deprimiert ist. Er soll ja nicht gerade vor eine Straßenbahn fallen. Wer eine Kampfkunst lernt, fängt an darüber nachzudenken: Wann komme ich mal dazu, es anzuwenden? Wie muss ich abstufen? Erst mal nur abwehren. Macht der Angreifer weiter, kommt ein härterer Block, da kann er auch schon mal hinfallen. Das war dann eine ernsthafte Warnung. Steht er dann aber auf und bedroht mich mit einem Messer, dann muss ich eine Bewegung zur Verfügung haben, die ihn unschädlich macht. Wenn er dabei in sein eigenes Messer fällt, hat er es provoziert. Mein Leben steht mir höher als seines. Ein Karateka sollte die Grenze der Notwehr nicht überschreiten, aber im Notfall überschreite ich lieber diese Grenze, als tot zu sein. Für solche Fälle muss ich nicht unbedingt gerüstet sein, wenn ich mich in gewissen Gefilden nicht bewege. Da sind wir wieder bei der Vermeidung. Wenn ich eine Kampfkunst trainiere, sind eben alle Stufen Inhalt. So lehre ich es, immer eins nach dem anderen. Erst wenn die ersten Schritte klappen, kommen wir überhaupt weiter. Dabei lernen wir, dass einiges schiefgehen kann.

Der rote Faden ist für mich die Kata. Sie ist Form, überlieferte Kampfkunst, aber auch Möglichkeit, neue Taktiken kennen zu lernen, neue Formen der Haltung, die auch im Leben wichtig sind: gerade aufgerichtet sein, gerade vorwärts gehen, sich dem Ziel nähern oder ausweichen. Die Kata hat das Ziel, lebendig durch den Kampf zu kommen. Parallelen zum Leben gibt es viele. Auch im Leben muss man sich manchmal zurückziehen, weil man merkt, dass man über das Ziel hinaus geprescht ist oder einen zu starken Gegner hat. Es ist wie eine starke Herausforderung im Leben – genau das lehrt die Kata, zum Beispiel in der Haltung, die du dir angewöhnst, wenn du die Kata vorträgst. Du gehst nach vorn, du bist aufrecht, du schaust nach vorn. Wenn du zu deinem Personalchef gehst und signalisierst: Ich bin nichts, ich kann nichts, ich weiß nichts, ich weiß auch gar nicht, warum ich hier bin, dann hast du bereits verloren. Nein, ich komme und habe die Kata geübt. Ich habe mein Metier gelernt. Ich habe die Kata gelernt, ein Außenstehender sieht das. Das ist die Geschichte des eisernen Hahns.«

Karate und Zen

Lehrer des traditionellen Karate beschreiben gerne den historischen Hintergrund der Kampfkünste. Sie sprechen von Respekt, Fleiß und Disziplin, natürlich auch von Technik. Aber ein Lehrer wie Lothar Ratschke weiß auch, dass seine Schüler lernen müssen den

Kopf abzuschalten. Er nennt das ›den inneren Zugang schaffen‹. Dann sagt er das Wort LEERE. *Ein Begriff aus dem Zen. Ja, wie soll man es beschreiben? Ein In-sich-Verweilen ohne störende Einflüsse von außen und Nicht-Festhalten an Gedanken? Zen-Mönche erreichen Leere durch harte Disziplin in ihrer Meditation, ihr Ziel ist, mit leerem Kopf schließlich Erleuchtung,* satori, *zu erlangen. Auch in Kampfkünsten kann Leere als psychische oder geistige Hilfe eingesetzt werden, die das körperliche Training optimiert. Bei Lothar Ratschke hat diese Herangehensweise nichts Religiöses. Nein, sein Hier-und-Jetzt ist ein sehr weltliches Leben und Aufgehen in seiner Kampfkunst.*

»Den Zustand der Leere kann man mit verschiedenen Hilfsmitteln erreichen: Wenn man die Technik eines Fauststoßes beschreibt, muss man viele Einzelheiten beschreiben, aber am Ende bleibt nur ein Begriff dafür, zum Beispiel *gyaku tsuki*. Bei einer Partnerübung folgt man dem Bewegungsreiz, sieht eine Lücke in der Deckung des anderen, und sofort kommt der *gyaku tsuki*. Man ist in der Technik drin, aber geistig abwesend. Erst wenn der Meister sagt, denk an das und das, wenn man eine konkrete Detailaufgabe bekommt, dann entgleitet einem ein Teil dieser besonderen Wahrnehmung wieder. ›Leer‹ ist ein sehr weites Ziel. Das Äußere heißt: Durchhalten im Dōjō. Einfache Bewegungen üben, bis man glaubt nicht mehr zu können. Zuerst habe ich noch zielgerichtete Gedanken. Ich fasse immer mehr davon zusammen, die Informationen werden komprimiert, die Bewegung automatisiert. Zum Schluss bleibt der Begriff ›Gyaku tsuki‹. Wenn man die Bewegung vielfach macht, dann verschwindet auch ›Gyaku tsuki‹ und es bleibt nur das Zählkommando: *ichi*, *ni*, *san*. Niemand hindert mich dann mehr daran, geistesabwesend zu sein. Ich sehe alles, aber ich registriere nichts. Ich bin nicht da. Man vergisst die Dinge um sich herum. Erst wenn die Wand des Dōjō näher kommt, wird die Bewegung durch bewusste Empfindung gestört. Der Meister wird etwas sagen, *yame* oder *mawate*, dann erwache ich. Ich bin gerade so schön getragen worden. Ich war allein mit der Stimme, dem Ton des Kommandos, auf das ich reagiert habe. Es kann also auch ein Genuss sein, Bahnen zu laufen. So erreiche ich *Leere*. Nur mal ein Beispiel, wie man Leere haben und wieder verlieren kann:

Meine Prüfung zum sechsten Dan. Der Meister sagt kurz vorher zu mir: ›Da fehlt ein Name auf der Liste, *dein* Name fehlt hier!‹ Vorher war ich mit ihm verbunden durch unsere Arbeit, habe mit ihm trainiert und gefrühstückt. Jetzt ist auf einmal alles anders. Der Meister schaut ganz genau. Da ist es mir eiskalt über den Rücken gelaufen. ›Hoffentlich kriege ich das hin.‹ Dann habe ich die Kata *chinte* ausgeführt, habe nur noch geatmet. Ich wollte alles gut machen, weil viele zuschauten und ich sein Schüler bin. Ich habe viele gesehen, die bei ihm Dan-Prüfung gemacht haben. Ich hätte ihnen die Urkunde nicht gegeben. Der Meister hat sie ihnen gegeben. Nach meiner Prüfung wusste ich: Ich habe sie auch so bekommen wie andere, denen ich sie nicht gegeben hätte. Warum? In der Kata war ich zwar ganz weg, ich habe nichts mehr gemerkt. Aber dann bin ich an eine bestimmte Stelle gekommen und dachte: ›Was habe ich vergessen?‹ Danach habe ich die Kata bewusst beendet. Ein Blick zum Meister und ich dachte: ›Jetzt jagt er dich weg.‹ Verbeugt, geschluckt. So eine Schande. Dann bin ich ganz klein auf die Seite gegangen. Erniedrigt. Beschämt. Aber der Meister hat mir den sechsten Dan gegeben. Ich hatte das nicht verdient. Ich habe die Kata nur teilweise in Trance gemacht. Ich war technisch soweit, die Kata zu machen – aber ich war nicht am Weg-Ende, sonst hätte ich die Kata in Trance zu Ende gebracht. Ich hatte vorher gedacht, ich wäre schon soweit. Aber ich habe mittendrin abgebrochen, bin mittendrin wach geworden, aus der Leere raus gekommen, nicht lange genug geübt.

Ich fahre morgens manchmal zum Einkaufen und komme am Dōjō vorbei, dann schleiche ich mich um 6.30 Uhr schon rein und übe, bis ich nassgeschwitzt bin. Ich merke, wenn ich mir bei bestimmten Positionen zu viele Gedanken mache. Vor Schülern muss ich sie bewusst machen, aber für mich allein habe ich die Stufe, an Gegner zu denken, bei manchen Kata überwunden. Zuerst denkt man an Techniken, dann stellt man sich die Gegner vor. Daraus ist mein Bunkai entstanden. Ich habe dabei öfter gedacht: ›Vielleicht bist du zu schnell weitergegangen, kannst du das denn wirklich? Mach es lieber noch einmal. Kannst du das im Schlaf, ohne bewusst hinzugucken?‹ Das war die Basis. Das Bunkai entsteht aus jedem selbst aufgrund langer Erfahrung. Du musst in der Kata versinken, du träumst diese

Kata. Du drückst auf einen Knopf, dann läuft die Kata ab. Du stehst in einer heruntergekommenen Halle, aber wenn du die Wendung irgendwohin machst, dann ignorierst du das. Du siehst es nicht. Ich lebe in meinem Körper. Er kann mir viele Genüsse bringen: Schmecken, Luft fühlen, Geräusche fühlen, Atemzüge fühlen. Wenn man versunken ist, dann muss man fühlen. Mit allem anderen ist man weit weg, wie ein Tagträumer, der die Gegner zwar noch sieht, den das aber nicht mehr betrifft: Die Bewegung läuft eh ab. Um diesen Zustand erreichen zu können, benötigt man Disziplin – genau wie im Zen. Das bewusste Üben, der Kleinkrieg mit mir selbst. Das ist ja auch so, wenn ich eine Kata übe, die mir lästig ist. Nach einem Tal kommt ein Berg. Von unten aus dem Tal schaue ich zum Berg: Da oben ist mein Ziel – da will ich hin. Und wenn ich schließlich von oben zurückschaue, stelle ich fest: ›Aha, da komme ich her. Da war ja auch was Interessantes, das habe ich nicht gesehen, als ich im Tal war.‹ Jetzt stehe ich auf dem Berg und will plötzlich wieder ins Tal. So ist das Leben. Man kann den Weg nicht kontrollieren. Im Deutschen Karateverband gibt es Anfeindungen, schlimm genug, aber so ist das Leben außerhalb des Dōgi. Wenn die aber alle ihr Dōgi anziehen und ins Dōjō gehen würden, bliebe nur noch die Frage: ›Was machen wir jetzt? Machen wir *mawashi geri*? Machen wir Kata?‹ Das wäre die Frage, nicht die Diskussion, ob der eine die Prüferlizenz kriegt oder der andere. Klar, so was gehört nicht ins Dōjō. Das ist Verbandspolitik, aber das ist der Ärger, der einen vom *Weg* abbringt. Dabei ist die Zeit so kostbar.«

In diesem Zustand möchte ich sterben

»Auch die Symbole im Karate helfen, sich zu versenken: Das Dōgi ist für mich nicht nur meine Rüstung, sondern ein Kokon, in dem ich mich befinde, in dem ich mich geschützt fühle, in dem ich sofort von allem Unwichtigen abschalte. Wenn ich es ausziehe und in die Welt gehe, dann weiß ich, dass mir Dinge begegnen, die unangenehm sind. Das Dōgi schützt mich. Der Gürtel als Graduierung ist nicht wichtig. Klar, er bringt mich zu den Schülern – ist Last und Pflicht. Aber der Gürtel bedeutet mehr: Er hält ja nicht nur meinen Anzug zusammen, er symbolisiert mein *qi*, mein unteres *chakra*. Mein Körper, mein *qi*, das ›Umlaufende‹ – das, was wir mit der Hüftrotation stets üben. Es kann eine Hilfe sein, dass man dieses unbeschreibliche *chakra* mit dem Gürtel symbolisiert. Die Gürtelenden zeigen nach unten, zeigen die Verbindung mit der Erde, in der wir verwurzelt sind, aus der wir unsere Kraft holen. Wir sind keine Vögel, und selbst die brauchen die Erdanziehungskraft, sonst würden sie einfach ins All abdriften. Der Gürtel symbolisiert all dies.

Die Tür eines Dōjō symbolisiert Schutz. Wie jemand draußen gekleidet ist, was für ein Auto er fährt, das ist im Dōjō nicht wichtig. Wir tragen weiße Kleidung, weil nichts ablenken soll, deswegen soll keiner ein rotes T-Shirt drunter tragen. Wir arbeiten alle daran, dieses Gefühl zu haben leer zu sein, zu schweben. Wir wollen eigentlich abgehoben sein. Wenn ich eine Kata mache, will ich durch nichts belästigt werden. Ich möchte nicht *yame* hören, weil der Meister jetzt was erzählen will. Dieses *yame* stört mich dann. Ich verstehe, dass das auch manchmal meine Schüler stört. Deswegen kündige ich meinen Schülern oft an: Jetzt üben wir die Kata einfach nur so, dann mit ein paar Kritiken zwischendrin und am Schluss des Trainings führen wir die Kata noch mal ohne Pause aus. Dann kann jeder schweben und sich lösen. Jeder darf auf seinem Niveau die Kata machen. Ob er an das oder das denkt oder einfach denkt: ›Mensch, das ist zu schwer, das kann ich noch nicht!‹, oder ob er hin und her schaut, weil er nicht mitkommt, oder ob er soweit ist, dass er einfach fließt, dass er selbst mitfließt, es macht keinen Unterschied. Das ist die Faszination, die ich im Karate fühle, wenn ich Karate für mich trainiere, ohne einen Schüler hinter mir zu haben und daran denken zu müssen, dass ich die Ferse richtig am Boden habe. Dann will ich nichts vorzeigen, dann will ich so auf mich konzentriert sein, dass ich meine Fehler nicht merke. Ich möchte dann auch nicht in meinem Nicht-Bewusstsein gestört werden, wenn ich mal morgens allein Kata übe. Dabei kann ich es nicht gebrauchen, dass ich merke: ›Da war ein Fehler‹, bevor die Kata zu Ende ist – das ist höchstens gut für den Lernprozess. Also sag ich mir: ›Atme gut und trainiere die Kata nur für dich!‹ Vielleicht sieht sie komisch aus, aber dafür bin ich leer. Wenn sich dann dauernd Gedanken melden, merke ich: ›Hier bist du noch nicht soweit, an dieser Kata musst du noch lernen. Der Anspruch ist zu hoch, mach was Profanes, mach deine *gyaku tsuki* wieder. Du hast nicht mehr den leichten Kontakt zur Erde wie ein Pferd im Galopp.‹ Wenn es endlich gelingt, in dem Moment könnte man sterben, und man würde es nicht merken. Ich würde auch gerne in diesem Zustand sterben. Das ist schwer zu beschreiben. Es ist schwer, Gedanken in Worte zu fassen, wenn man nicht denkt. Manchmal habe ich auch dieses heiße Gefühl. Lange bevor ich diesen Zustand im Karate erreicht habe, hatte ich mal am autogenen Training teilgenommen. Feuersein war die Aufgabe. Mir wurde heiß. Ich habe gebrannt. Ich habe erlebt, dass ich Feuer bin. Ich war Feuer. Wie angenehm heiß! Ich wollte in dem Zustand verharren. Nach dem Rückholen habe ich mein Erlebnis berichtet. Der Lehrer sagte damals: ›Das kann nicht sein! Aber man nennt es *satori*!‹ Dann habe ich mich mit Satori beschäftigt. In Büchereien gesucht. Im Zen habe ich das wieder annähernd so erlebt, aber nie mehr so intensiv. Vielleicht war es auch das Bedürfnis, so etwas zu erleben. Durch geistige Arbeit und Energien kann das Gefühl irgendwann wiederkommen. Mittlerweile bin ich auch weit davon entfernt, über Satori nachzudenken. Wie soll man Satori erklären, wie denken? Das ist unmöglich. Satori – wenn es wirklich eins war – möchte ich in meinem Karate haben. Ein Zustand, als wäre ich im Himmel oder unter der Erde, nichts sehen, mich auflösen. Im Karate ist das so, wenn ich sagen kann: ›Die Kata ist zu Ende, und dann kann ich sterben.‹«

Die Lehrweise soll ganzheitlich sein

Wenn Lothar im Karateanzug in der Halle steht, ist seine physische Präsenz allgegenwärtig. Ein anderer Mensch. Er lebt in seinen Bewegungen, manchmal sprüht er fast Funken vor Energie. Er feuert an, fordert, lacht – dann ist er plötzlich ganz ernst. Stille. Mokusō. *Wer sich auf seine Schwingungen einlassen kann, lernt viel. Zahlreiche Schüler reisen hunderte Kilometer, fliegen bis nach Mallorca, um mit ihm zu trainieren. Er lehrt Karate-dō. Das ist viel mehr als gute Technik. Shihan Fritz Nöpel hat einmal über Lothar Ratschke gesagt: »Er ist einer der besten Lehrer, die ich kenne.« Und Fritz kennt viele.*

»Meine Lehrweise soll ganzheitlich sein. Karate-dō liegt mir am Herzen. Den Umgang miteinander beobachte ich genau, ich schaue, wie die Leute sich benehmen. In der Gruppe soll Harmonie sein. Wenn sich Einzelne nicht leiden können und es im Training dann losgeht: ›Mit dem will ich nicht trainieren und nicht mit dem!‹, dann versuche ich natürlich ein wenig darauf einzuwirken. Auch kann nicht sein, dass bei mir im Training solche Utensilien wie Schmuck getragen werden, die draußen in der Welt zählen. Im Training achte ich darauf, dass jeder gleich ist, dass jeder seinen Karateanzug trägt und seinen Gürtel, und dass er das Herz mit reinbringt und eben Lust hat mitzumachen. Ich unterstreiche das mit dem traditionellen Gruß. Das bereitet das Klima vor. Da weiß man, dass ich nicht so *laisser faire* verfahre, wie das vielleicht woanders gemacht wird. Ich will, dass man sieht: Hier komme ich ins Dōjō, hier muss ich mich verbeugen, da kann ich nicht die Tasche in die Ecke schmeißen, hier hat man nicht den Walkman bis zur letzten Minute auf dem Ohr. Hier grüßt man in *seiza*, hier wird meditiert, hier wird auch mal ein *dōjōkun* rezitiert – das gehört dazu und soll verinnerlicht werden.

Wer Karatedō lernt, soll wissen, dass es eine Etikette, eben die Dōjōkun, gibt, und was sie bedeutet. Während des Trainings halte ich Mondō über die einzelnen Dōjōkun, verlange auch von meinen Schülern, dass sie über den Prüfungsstoff hinaus ein Dōjōkun zitieren können. Ab dem fünften Kyū geht es los mit den ersten Regeln. Ich stelle dann auch Fragen, was damit gemeint ist. Es reicht nicht, sie in Japanisch runterzubabbeln, man muss den Inhalt auf Deutsch wissen und etwas dazu sagen können. Bis dahin müssen die Schüler so weit vorbereitet sein, dass sie den *Weg* für sich schon sehen. Wenn sie das Dō für sich angenommen haben, stehen sie sicherlich unter einem gewissen Druck. Wenn man Prüfung machen will, muss man firm sein. Sonst darf man halt keine Prüfung machen. Es gehört dazu, dass die Prüflinge wissen, warum ein Gürtel diese und jene Farbe hat. Die schneebedeckte Landschaft etwa für den weißen Gürtel. Braun steht für die Borke eines Baumes, die stabil und stark wird, immer stärker, bis der schwarze Gürtel erreicht werden kann, bis der Baum fest auf der Erde steht. Man muss den Leuten abverlangen, dass sie wissen, was *yame!* bedeutet. Ich bin da nicht strafend, ich erkläre es halt. Genauso der Gruß – *rei!* – vorher, nachher und zueinander. Grüßt euch, wenn ihr anfangt, wenn ihr aufhört.

Ein guter Meister hat mündige Schüler. Auf dem Weg dahin erkennt man sie an ihrem Benehmen, auch außerhalb des Dōjō. Sie sollen nicht die Lautesten sein. Ein mündiger Schüler ist in der Regel bereits ein guter Lehrer. Ein selbstständiger Schüler kann Dinge von seinem Meister übernehmen und mit seinen eigenen Ideen vermischen. Aber er akzeptiert, dass der Meister noch beobachtet und beurteilt. Denn grundsätzlich muss er vorher den Meister und seine Lehrmethoden akzeptieren. Solchen Schülern gebe ich im Training nur noch begrenzt Vorschriften, sage: ›Macht mal selbst. Bastelt, sucht euren Weg. Fangt an, euer Naturell einfließen zu lassen. Seid nicht absolut hörig, der Meister ist auch nur ein Mensch.‹ Das gehört zum Prinzip des *shu-ha-ri*. Wir müssen im Konsens miteinander arbeiten. ›Dann geht raus und macht eure eigenen Dōjō auf. Lehrt, was ihr bei mir gelernt habt, zusammen mit euren Ideen.‹ Loslösungen finden oft im Streit statt, ich habe es ja auch erlebt. Vielleicht ist es so, dass die Charaktere zu stark werden. Der Schüler ist stark geworden und akzeptiert nicht mehr alles, was der Meister sagt. Das ist ein Schüler-Meister-Verhältnis, das man sich nicht wünscht. Akzeptanz drückt sich nicht allein durch Inhalte aus. Man kann unterschiedlicher Meinung sein über Abläufe oder Ausführungen. Der Meister hat nicht nur Recht. Wenn du dich intensiv mit etwas beschäftigst, muss er vielleicht auch dazulernen. Dann erfahre auch ich als Meister eine Bereicherung, dann will ich dir gerne zuhören. Der Schüler kann vom Meister alles kriegen. Aber der Schüler muss die Kultur in sich tragen zu wissen, woher er kommt. Mündigkeit heißt: Ich kann ihn allein auf die Welt loslassen. Er wird mich anständig vertreten. Es wird sich spiegeln, was er jahrelang bei mir gemacht hat. Ich muss mich nicht für ihn schämen. Das kann auch ein Schüler sein, der technisch nicht so toll ist. Es gibt technische Neigungen, das muss man gar nicht werten. Trotzdem vertritt mich jemand würdig durch sein Auftreten. Er kommt in ein Dōjō, verbeugt sich, setzt sich an den Rand, bis er gerufen wird oder Ähnliches – auch in einem Umfeld, wo das nicht so üblich ist, bewahrt er seine Umgangsformen. Meine Schüler sollen das Dō repräsentieren, auch in einer Umgebung, in der es schwer fällt, die Dōjōkun einzuhalten. Das bedeutet, den *Weg*, das Dō, zu verteidigen. Ich zeige, dass ich es gewohnt bin, mich zu verneigen, zu grüßen. Was die anderen denken, ist deren Sache. Ich gehe diesen Weg geradeaus. Sicher kann man Abstriche machen, aber alles muss im Rahmen bleiben. Ich verkrafte es auch, wenn mal bunte Faustschützer getragen werden, aber wir müssen nicht ständig damit rumrennen. Klar, ich habe eine bestimmte Vorstellung und das ist meine Welt, in die ich mein Karate einordne, und sie ist für mich eine positive Welt. Es gibt andere Arten Karate zu üben, die mich stören. Für mich ist ein Schüler mündig, wenn er für seine Sache geradesteht, sie erklären kann. Dazu habe ich ihn gebracht, er hat es ja tausend Mal gehört, hat viele Fragen stellen können, er muss ja geschützt sein – draußen, allein. Er soll als Lehrer eine Hand zum Streicheln haben und eine Hand für die Strenge.

Es zählt allein die Bemühung

Es ist eine ungeheure Herausforderung, jemandem etwas beizubringen, der vielleicht von vornherein sagt, das schaffe ich nie. Deshalb lobe ich auch gerne – Kinder und Erwachsene. Ich achte auf die kleinen Fortschritte, das ist eine Motivationsfrage. Das habe ich auch bei Prüfungen immer im Hinterkopf, die Bemühungen um die Sache und der kleine Fortschritt der Kyū-Graduierung. Früher bei den Chinesen und auf Okinawa gab es keine Graduierungen, da gab es irgendwann den Meistergrad Schwarzgurt. Man hat natürlich viel geübt, aber man besaß nicht so ein Instrument wie Gürtelprüfungen, die heute auch missbraucht werden, um Leute durchfallen zu lassen, um ihnen das Geld abzunehmen. Als Motivation für die Europäer sind Gürtelprüfungen ganz gut, weil die kleine Nahziele brauchen. Den asiatischen Geist, einfach um der Sache willen zu üben, den haben hier viele nicht. Im Zen findet man das Denken, dass nur die Übung zählt. Die Übungen auf dem Weg zählen an sich, das Ziel wird sich schon einstellen – das war früher das Lernen bis zur Meisterstufe. Heute, hier, brauchen die Schüler Lob und die Anerkennung, dass sie was dazugelernt haben. Es ist eine wichtige Lehrweise, dass man die unterschiedlichen Graduierungen dazu benutzt, um dem anderen zu sagen: ›Jawohl, du hast dich verändert, aber dein *yoko geri* ist immer noch nicht besser. Dennoch übst du anders als früher, und wenn noch etwas Zeit vergeht, bekommst du den Tritt auch noch hin.‹ Diese Art des Umgangs sehe ich bei meinem Meister. Ich habe ja erzählt, wie meine Prüfung zum sechsten Dan war. Der Meister hat gesagt, er wäre zufrieden mit mir. Ja, er hat das so gesagt, wie ich es heute zu meinen Schülern sage. Früher war ich strenger, da hätte ich manche weggejagt. Manchmal habe ich zu hart geurteilt. Man muss immer fühlen, wie es dem Prüfling geht. Es zählt allein die Bemühung.

Aber die Schüler müssen auch mit eigenen Vorschlägen und Ideen kommen, auch wenn es – sag ich mal – ketzerisch ist. Ein solcher Schüler kommt bei mir besser an, als einer, der immer nur nickt. Ich möchte aufgeweckte, interessierte Schüler haben. Wenn ich im Dōjō lauter Schwarzgurte habe, muss ich streng unterscheiden. Ich frage zum Beispiel etwas Banales, und zwar absichtlich denjenigen, der gar keinen Bock hat, sich damit auseinanderzusetzen. Der will nur durch die Gegend rennen, hört nicht auf meine Kommandos. Wenn einer alles nach seinem Kopf macht und sich nicht einordnet, kann er nicht mein innerer Schüler sein. Der ist halt in meinem Dōjō, aber er ist nur ein äußerer Schüler. Er akzeptiert mich nicht, übt zwar die Technik, ist aber nicht reif. So jemanden melde ich nicht zum zweiten Dan, obwohl er schon lange übt. Denn die geistige Seite hat er nicht gemeistert. Er stört damit auch die Harmonie im Dōjō. Das ist ein Beispiel, wie jemand sich selbst ausschließt. Wenn zwei Menschen ein gutes Meister-Schüler-Verhältnis haben, können sie über vieles reden. Das kann bis ins Private hineinreichen. Ich muss Vertrauen zu ihnen haben können, dann sind sie innere Schüler. Wenn einer hinter meinem Rücken zu anderen Meistern rennt und mich schlecht macht, geht das nicht. Da muss ich ja aufpassen, was ich sage, und muss meine Gedanken für mich behalten. Wenn ich jemandem nicht vertrauen kann – egal in welchem der genannten Zusammenhänge – dann kann ich auch nicht darauf vertrauen, dass er mein Karate so weiterreicht, wie ich es für sinnvoll halte.

Von den vielen, die mir begegnen, sind etliche auf dem richtigen Weg. Einige begegnen mir selten, hinterlassen aber trotz der wenigen Begegnungen einen starken Eindruck. Wenn sie öfter bei mir wären, würde ich sie gern als innere Schüler annehmen. Aber die Wege kreuzen sich nicht immer so. Man wird vielleicht nicht richtig warm, kann nicht so im Detail miteinander reden. Innere Schüler gibt es nur wenige. Sagen wir mal in einer Gruppe von 20 Schwarzgurten sind es dann vielleicht fünf. Mit denen habe ich über lange Zeit zu tun und rede mit ihnen über so manches; natürlich nicht über alles, ich kann nicht jedem alles so auf den Kopf zu sagen, nicht jeder verträgt das. Wenn dann aber eine Freundschaft entsteht, dann kann man sich vieles sagen. Eine gute Freundschaft, die ja das Schüler-Meister-Verhältnis auszeichnet, besteht ein Leben lang. Da überlegt man sich schon gut, wer zu einem passt. Freundschaft ist ja genauso, wenn nicht sogar stärker als die Liebe zu betrachten. Es ist ja eine Form von Liebe. Wie soll man das anders definieren? Man kann ja nicht sagen, das Schüler-Meister-Verhältnis spiele sich nur im technischen Bereich ab. Es spielt sich viel im emotionalen Bereich ab – das hat mit körperlicher Liebe nichts zu tun, das ist Seelenverwandtschaft.

Man tauscht Gedanken aus, der Meister lernt durch die Fragen des Schülers, in Zukunft bessere Antworten zu finden. Wenn du zum Beispiel im Dōjō eine Frage gestellt bekommst und weißt keine Antwort, was willst du machen? Mist erzählen? Ich mache mich erst mal schlau, bevor ich Halbwahrheiten erzähle. Vergiss es nicht, sage ich dann, frage mich nächstes Mal wieder. Aber ich muss es beim nächsten Mal wissen. Ich kann ihn dann nicht stehen lassen: ›Ach, das habe ich vergessen!‹ Auch das zeichnet einen Meister aus, dass er sich kümmert und tiefer nachforscht.

Ein Meister zeigt nicht immer genau die Technik. Sollen die Schüler sich damit beschäftigen. Da wird die Übung gemacht und probiert, da motzt auch keiner rum. Und die Schwarzgurte preschen auch nicht einfach vor und zeigen den anderen, wie es geht. Erst, wenn ich sie auffordere. Das ist das *menkyo kaiden*, die Lehrberechtigung im Dōjō, die vergibt der Meister. Wenn ich am Wochenende Lehrgänge halte, habe ich etliche Dan-Träger. Da ist *menkyo kaiden* nicht einfach zu handhaben. Ich kann nicht sagen, von den zehn treten vier vor. Da fragen die anderen sechs: Wieso die vier? Da siehst du welche, die bei mir im Dōjō trainieren, und bei den vier sind welche, die ganz woanders her kommen. Ja, wieso sucht der den aus? Weil das einer von den mir nahe stehenden Schülern ist, der in seinem Dōjō gute Arbeit macht. Er ist charakterlich ein ordentlicher Kerl, und ich hatte schon viele angenehme Gespräche mit ihm, oder ich habe ihm mal zugehört, ohne dass er es gemerkt hat, und das, was ich gehört habe, war ordentlich. Einer, der sich danebenbenimmt, den kann ich nicht nehmen. Schließlich korrigiert er euch in meinem Auftrag. Man muss sich viel Mühe geben, Geduld mit den Leuten haben, das zeichnet meine Schüler aus. Ein Schüler von mir darf nicht ungeduldig sein. Er hat Geduld in der Lehre. Wenn er sie nicht hat, muss er wieder in die Reihe zurück, eine Stufe zurück, noch eine, noch eine. Dann kommt eben irgendwann ein anderer an seinen Platz, da hat er Pech, wenn er die Geduld nicht aufbringt. Auch hier geht es wieder nicht in erster Linie um die Technik. Ohne Geduld ist er kein guter Lehrer. Ein Meister muss ein guter Lehrer sein, muss die Schüler verstehen und das, was in ihnen vorgeht. Wenn jemand probiert und es nicht klappt, und dann kommen noch meine Augen dazu, dann klappt es erst recht nicht. Wenn ich beobachte, dann stehe ich nicht unbedingt in der Nähe, da ist mir mein Blick viel zu eingegrenzt. Ich schaue durch die Reihen, beurteile jemanden nach seinen Bewegungen, seinen Anstrengungen, sodass er nicht merkt, dass er beobachtet wird. Sonst lastet zu viel Druck auf ihm, er macht erst recht Fehler. Meine Anweisungen sollen ja helfen. Diese Art des Lehrens müssen meine Schüler mit lernen. Dann kann ich sie so langsam einsetzen und sie werden auch von den anderen anerkannt. Damit werden sie zu *uchideshi*, nicht durch mich und mein Vertrauen allein, sondern durch das Vertrauen der anderen.

Ich kann meine Schüler laufen lassen – wenn ich sie einmal richtig eingeschätzt habe. Sollte ich mal an einen Baum fahren, dann sind einige Schüler bereits besonders herausgestellt. Da wissen die anderen: Der, der und der hatten das Vertrauen des Meisters – auch wenn ich mich selbst jetzt nicht so als den großen Meister sehe, für manche bin ich es dann doch. In dem Fall bricht dann nicht alles zusammen. Man muss ja zu Lebzeiten die Nachfolge sichern. Es bleibt nicht alles erhalten, klar, aber ich will so viel wie möglich weitergeben. Der eine nimmt einen Teil auf, die anderen ihrem Naturell entsprechend etwas anderes, ihre eigenen Ideen kommen hinzu. Das sind wertvolle Schüler. Die fragen nach, sind ›ketzerisch‹ im positiven Sinn. Mit so einem Menschen kann man sich unterhalten. Ein Schüler muss ja auch selbst dafür sorgen, dass er Fragen stellen kann. Die Schüler bündeln quasi für mich, was ich rüberbringen soll. Ich kann mich immer so schwer zurückhalten, wenn ich was vorführe oder zeige. Da sind so viele Möglichkeiten, aber ich muss mich immer beschränken, auf die Zielgruppe, auf das Volumen. Ach, und manchmal wäre ich dann am liebsten kein Lehrer, wenn ich so drin bin. Natürlich, wenn ich anderen etwas beibringe, fördert das mein Karate in hohem Maß. Aber ich hätte auch mal Lust ein halbes Jahr auszusetzen, um mal wieder nur Schüler sein zu können. Deswegen lade ich viele Meister ein, trotz des großen finanziellen Risikos. Da kann ich sagen: An dem Wochenende lerne ich mal. Dass da noch viele andere kommen, ist uninteressant. Shirai, Ishikawa oder Fritz Nöpel, die lade ich für mich ein. Das gilt natürlich auch besonders für Meister Kase.«

Anm. d. Hrsg.: Meister Kase – Seikō Shihan Prof. Kase Taiji – ist im November 2004, nach Aufzeichnung dieses Interviews mit Lothar Ratsche, verstorben.

Dao – der natürliche Fluss der Dinge

Interview mit Song Chuanyu

Song Chuanyu ist höchstens 1,50 Meter groß, doch jeder Zentimeter der Chinesin ist voller Energie. Der deutschen Sprache kaum mächtig, versteht sie vor allem durch Beobachten. Sie schaut in dich hinein. 1930 wurde sie in der Stadt Jinan in Nordchina geboren. 1996 kam sie nach Mannheim zu ihrer Tochter – in ein völlig fremdes Land, wo sie noch nicht einmal die Schrift entziffern konnte. Und das in einem Alter, in dem andere sich zur Ruhe setzen. Wenn sie von ihrem Leben erzählt, wird deutlich: Viele ihrer Gefühle sind in China hängen geblieben, sie ist nur wegen der Familie hier. Eine Grenzgängerin zwischen den Welten.

»Mit neun Jahren habe ich angefangen *shaolin gongfu* zu lernen. In der Mittelschule, also etwa mit zwölf, dreizehn Jahren, begann ich dann mit dem *taijiquan*. Damals war Taijiquan Pflichtprogramm im Schulsport. Shaolin lernte ich in meiner Freizeit. In Shandong, der Provinz, aus der ich stamme, praktizierten damals viele Menschen Kampfkünste, Männer wie Frauen. Deshalb war es nichts Ungewöhnliches für mich, Shaolin zu lernen. Shandong ist zudem die Provinz, aus der Konfuzius stammt. Mein Heimatort liegt etwa 30 Kilometer von seinem Geburtsort entfernt. Deshalb werden bei uns nicht nur die militärischen Künste, also die Kampfkünste, sondern auch das weite Spektrum der Kultur und die chinesische Philosophie bewahrt und geehrt. Als ich jung war, wollte ich am liebsten Shaolin lernen. Die Bewegungen sahen schön und kraftvoll aus, und ich war jung und wollte mich viel bewegen. Deshalb gefiel mir das Taijiquan am Anfang nicht so recht. Es zeichnet sich durch langsame Bewegungen aus und dadurch, dass das kämpferische Element verborgen bleibt. Da Taiji jedoch ein Teil des Schulsports war, musste ich daran teilnehmen. Heute bin ich dankbar dafür. Erst später und bei anderen Lehrern drang ich in die Tiefen dieser Kampfkunst ein, doch bereits im Kindesalter wurde der Grundstein für mein späteres lebenslanges Interesse gelegt. Meine Eltern waren nicht dagegen, dass ich Taijiquan lernte. Wo ich herkomme, praktizieren viele Menschen die Kampfkünste, und es ist normal, dass sowohl die Jungen als auch die Mädchen Kampfkunst lernen. Als ich in die Mittelschule kam, fanden meine Eltern, dass es für ein Mädchen besser sei Taiji zu lernen anstatt Shaolin. Shaolin war sehr wild und ich ein temperamentvolles Kind, und meine Eltern hofften, dass ich durch das Taijiquan etwas ruhiger würde.

Als ich 18 Jahre alt war, habe ich zuerst als Journalistin für das Shanghaier Radio gearbeitet. Damals, ungefähr 1948, gab es nämlich noch kein Fernsehen in China. Neben meiner Arbeit besuchte ich die Universität, wo ich Kurse in Philosophie besuchte. Nach dem Abschluss meines Studiums ging ich an die medizinische Universität Shanghai, um dort Philosophie zu lehren. Zur selben Zeit begann ich mich für die chinesische Medizin zu interessieren. In den Kursen über die chinesische Medizin erkannte ich, dass die Prinzipien, auf denen die chinesische Medizin beruht, aus der chinesischen Philosophie stammen. Dieser Zusammenhang begeisterte mich so sehr, dass ich mich entschloss, in diese Richtung weiter zu studieren. An der Universität wurde im Rahmen der medizinischen Ausbildung auch *qigong* gelehrt. Auch an diesen Kursen nahm ich teil. Eine Eigenart der chinesischen Medizin ist, dass man die klassische Schriftsprache Chinas beherrschen muss, um die alten medizinischen Texte zu verstehen. Man kann sich das so vorstellen wie in Deutschland, wo in der medizinischen Ausbildung das Lateinische von großer Bedeutung ist. Ich hatte seit der Mittelschule klassisches Chinesisch gelernt. Damals herrschten die Japaner in China, und es gab neue Lehrbücher, die die Japaner uns aufzwingen wollten. Doch mein Lehrer war Patriot, und er benutzte die neuen Bücher nicht, sondern brachte uns klassisches Chinesisch bei. Dadurch hatte ich ein gutes Fundament, um später die komplizierten Texte aus der chinesischen Medizin zu verstehen. Auch hier fiel mir der enge Zusammenhang mit der chinesischen Philosophie auf. Die alte chinesische Philosophie basiert auf der Theorie von *yin* und *yang*, Taijiquan ebenfalls, und in der traditionellen chinesischen Medizin ist es genauso.

Der gesundheitliche Aspekt von Yin und Yang wurde für meinen weiteren Lebensweg sehr wichtig. Wenn es mir nicht gut geht, dann nehme ich nicht sofort Medikamente zu mir, sondern ich übe Taijiquan und meditiere, indem ich mich ruhig hinsetze und meine Aufmerksamkeit für zwanzig bis dreißig Minuten auf mein *dantian* richte. Dadurch geht es mir immer viel besser.

Das 20. Jahrhundert war ein Jahrhundert, in dem man bei jeder Krankheit den Arzt aufsuchte. Das 21. Jahrhundert wird das Jahrhundert sein, in dem der Mensch die Verantwortung für seinen Gesundheitszustand übernimmt und vorsorgt. Natürlich muss man bei schlimmen Krankheiten immer noch zum Arzt gehen, doch kleinere Beschwerden sind durch die chinesischen Verfahren gut zu heilen und sogar im Voraus zu vermeiden. Wichtig ist, dass der Mensch in Zeiten, in denen er gesund ist, seine Gesundheit aus eigener Initiative stärkt, aktiv Krankheiten vorbeugt und so ein aktives und glückliches Leben führen kann. Taijiquan und auch Qigong haben die Kraft, das Leben zu nähren. Sie verleihen Gesundheit und ein langes Leben. Bis zu einem bestimmten Grad kann man damit auch heilen. Mein Meister, Ma Yueliang, hat einmal nur durch Handauflegen ein Kind geheilt. Das ist nun keine übernatürliche Fähigkeit, sondern ganz natürlich, wenn man seine innere Kraft willentlich einsetzen kann. Wenn die innere Kraft immer wieder geübt wird, dann werden die *qi*-Speicher im Körper gefüllt. Ist das Qi sehr stark, strahlt es nach außen ab, man kann es zum Beispiel durch Handauflegen in einen Patienten übertragen. Dieses Können haben nur die Menschen, die selbst über ein sehr starkes Qi verfügen. Aber es ist ein ganz natürliches Phänomen. In China werden diese Dinge sehr gern mystifiziert, doch das ist falsch. Es ist eine ganz natürliche Folge von langer und richtiger Taiji-Praxis. Die Qigong-Ärzte in China untersuchen bei einem Patienten immer seinen Qi-Zustand. Manche von ihnen können durch bloßes Anschauen des Patienten erkennen, wo etwas mit seinem Qi nicht stimmt. Das Qi befindet sich nämlich nicht nur im Körper, sondern es strahlt auch nach außen ab. Manche Menschen können dieses Qi-Feld sehen oder fühlen. Wenn jemand krank ist, dann hat dieses Qi-Feld Lücken oder es ist unausgeglichen, dass heißt, es gibt Stellen, wo das Qi stark ist, und solche, wo es schwach ist. Ich bin einmal einem Mann begegnet, der nur durch Anschauen erkannte, dass etwas mit meinem Bein nicht stimmte. Ich habe ihn gefragt, wie er das wissen kann, und er hat gesagt, dort sei mein Qi nicht in Ordnung. Tatsächlich war ich kurze Zeit vorher gestürzt und hatte mich am Bein verletzt. Taijiquan und Qigong sind für mich sehr wichtig geworden, weil ich nicht nur meine Gesundheit erhalten und stärken konnte, sondern weil es sich darüber hinaus um Übungen handelt, mit denen man seinen Geist kultivieren kann. Man darf Körper und Geist nicht voneinander trennen, denn sie beeinflussen sich gegenseitig. Durch die Entspannung des Körpers findet auch der Geist Entspannung, umgekehrt beeinflusst die Gesundheit des Körpers die Gesundheit des Geistes. Speziell für mich bedeutet die Praxis des Taijiquan: Ich kann meinen Charakter – der ein Yang-Charakter ist – beherrschen und somit Ruhe finden und ausgeglichener sein. Der Mensch kann seine Fähigkeiten durch die Praxis des Taijiquan verstärken. Ich sage noch einmal, dass es sich nicht um übernatürliche Fähigkeiten handelt, sondern um ganz natürliche Dinge, die auf natürliche Weise entstehen, wenn man richtig trainiert. Der Geist wird immer klarer und alle Funktionskreise im Körper werden verbessert.

Zur Zeit Mao Zedongs war Qigong verboten und es gab in China nur zwei Orte, an denen Qigong offiziell untersucht und praktiziert wurde. Das waren zum einen Beidaihe im Norden bei Beijing und zum anderen das Forschungsinstitut für Qigong in Shanghai. Alle anderen Formen des Qigong wurden nicht mehr offiziell unterrichtet, da ihnen nachgesagt wurde, den Aberglauben zu verbreiten. Doch Qigong lebte in der Bevölkerung versteckt weiter. Die kommunistische Regierung war damals der Ansicht, dass manche Religionen unter dem Deckmantel des Qigong weiter Anhänger werben wollten. Die Religionen wurden als feudale Überbleibsel verstanden, als Mittel der Unterdrückung und als Mittel der Einmischung ausländischer kapitalistischer Mächte in innerchinesische Angelegenheiten. Die Regierung war weder dem Qigong noch den Religionen freundlich gesinnt, doch für das Qigong gab es die beiden eben genannten Orte, an denen es offiziell erforscht und praktiziert werden durfte. Ich war damals am Shanghaier Institut. Die Regierung hatte nicht ganz Unrecht mit ihren Befürchtungen, da so mancher Heilsverkünder Übungen aus dem Qigong zusammenstellte und unter dem Deckmantel des Qigong in Wirklichkeit eine religiöse Sekte ins Leben rief. Sie erweckten teils den Anschein, als könne man bei ihnen übernatürliche Fähigkeiten lernen. Aber da wurde die unbestrittene, medizinische Wirkung von Qigong umgemünzt in religiöse Mystik. Dies hat dem Qigong in China sehr geschadet. Viele Qigong-Zeitschriften durften nicht mehr veröffentlichen. Heute hat sich die Situation zwar etwas verbessert, doch das Problem ist noch nicht gelöst. Qigong ist keine Religion, doch es gibt natürlich religiöse Menschen, die Qigong praktizieren. Im Gegensatz zu Qigong und zu den Religionen wurde Taijiquan weder verfolgt noch verboten. Da es im Taijiquan verschiedene Stile gibt, die auch verschiedene Formen haben, wurden von der Regierung einfache Taijiquan-Formen entwickelt, wie die Formen in 24 Bewegungen, in 48 Bewegungen und so weiter. Sie haben sich sehr stark verbreitet, da sie nur wenige Bewegungen hatten und deshalb für jeden leicht zu behalten waren. Die Menschen haben sie überall gleich ausgeführt, so dass keine Stilunterschiede mehr existierten. Doch für diejenigen, die sich für mehr interessierten, war es immer noch möglich, die anderen, die alten Stile zu lernen.

Ich habe hier ein Wörterbuch über Taijiquan mit 1.377 Artikeln. Bei diesem Wörterbuch werden die wichtigsten philosophischen, körperlichen und energetischen Kernpunkte dargestellt. Doch ich könnte noch einige Dutzend Themen hinzufügen, denn sogar diese 1.377 Artikel stellen keineswegs den gesamten Inhalt des Taijiquan dar. Nun, meine deutschen Schüler sind zwar sehr lernbegierig, doch die meisten üben nur ein oder zwei Mal pro Woche. In China ist das anders, da übt man jeden Tag. Und es ist natürlich besser, jeden Tag zu üben. Training muss zur täglichen Routine werden. Es muss einem fehlen, wenn man es verpasst. Training ist tägliche Disziplin. Wir machen in China auch keinen Urlaub vom Training. Man trainiert sonntags wie an den anderen Tagen auch, genauso an Feiertagen oder in den Ferien. Beim chinesischen Neujahrsfest sind wir immer zu unserem Meister gegangen, um dort zu feiern. Doch auch an diesem wichtigsten Feiertag übten wir gemeinsam unsere Formen, dann erst wurde gefeiert. Auch heute übe ich fast jeden Tag, manchmal draußen im Freien, manchmal hier in der Wohnung. Hier übe ich vor allem stilles Qigong und Meditation. Und ich unterrichte noch an einigen Tagen in der Woche die langsame Form, die schnelle Form und auch Säbel- und Schwertform. Das gehört eben zu meinem Leben.

Es gibt neben Taijiquan auch noch viele andere Möglichkeiten, ein gesundes und erfülltes Leben zu führen. Taiji ist sicher nicht die Lösung für alle Probleme. Auch andere Sportarten sind gut für den Körper, doch mit Taijiquan kann man eben viel für die körperliche und geistige Gesundheit tun und so ein gutes Leben führen. Es gibt viele Menschen, die auch ohne Taijiquan gesund und geistig stark sind. Aber mit Taijiquan geht eben alles ein bisschen besser. In China hat ein Spezialist behauptet, dass ein Mensch gute Chancen hat, hundert Jahre alt zu werden, wenn er vor seinem 60. Lebensjahr keine großen gesundheitlichen Probleme hatte und vor seinem 80. Lebensjahr noch keine allzu starken Alterserscheinungen aufweist. Ich war bis zu meinem 60. Geburtstag niemals schlimm krank und bis heute, mit 74, fühle ich mich noch recht fit. Also habe ich gute Chancen hundert zu werden. Ich glaube, dass dafür vor allem meine ununterbrochene Taijiquan-Praxis verantwortlich ist. Als ich 61 Jahre alt war, hat man meine Zuckerkrankheit festgestellt. Diese Krankheit ist in unserer Familie verbreitet, wahrscheinlich habe ich sie geerbt. Doch obwohl ich zuckerkrank bin, habe ich die Krankheit und mein Leben gut im Griff. Viele Menschen in China wissen um diese positiven Aspekte des Taijiquan. Das eigentliche Taijiquan ist erst im 17. Jahrhundert, also relativ spät entstanden, doch es hat sich wie keine andere Kampfkunst in China und auf der Welt verbreitet, und das in unglaublich kurzer Zeit. Die Hälfte der chinesischen Kampfkünstler betreiben heute Taijiquan. Und auch in Deutschland ist die Anzahl der Taijiquan-Lehrer sehr groß. Ob diese Lehrer alle Aspekte des Taiji begreifen oder nicht, davon will ich nicht reden. Doch einfach nur die Bewegungen zu üben ist schon eine gute Sache. Schauen sie sich mal bei den Volkshochschulen um, überall gibt es Taijiquan.«

Der Weg zur inneren Schülerin

Auch Frau Song unterrichtet gelegentlich an der Mannheimer Volkshochschule, doch traditionelles Lehren von Taiji ist das nicht. Sie sieht das nicht so eng. Hauptsache, es hilft den Menschen.

Deshalb fährt sie auch regelmäßig mit der S-Bahn nach Heidelberg, dort lehrt sie Mitarbeitern des Deutschen Krebsforschungszentrums ihre Kunst. Auch an den Wochenenden ist sie unermüdlich unterwegs: Sechs bis sieben Stunden am Tag unterrichtet sie dann tuina *– chinesische Heilmassage. Meist ist ein befreundeter Chinese dabei und übersetzt ins Deutsche. Song Chuanyu hat ihren Weg gefunden.*

»Als ich mit dem Taijiquan begann, also in der Mittelschule, war unser Trainer wie ein Sportlehrer. Er lehrte und wir Schüler lernten gemeinsam von ihm. Jeden Morgen gab es vor dem Schulunterricht Frühsport, und das hieß Taijiquan. Weil ich vorher schon etwas Shaolin gelernt hatte, sahen meine Bewegungen relativ gut aus. Deshalb holte mich der Trainer auf eine Tribüne, wo ich die Bewegungen vormachen musste, und alle anderen Schüler sollten sich an mir orientieren. Die ganze Schule machte da mit, alle Jahrgänge. Weil ich auf die Bühne geholt wurde, hatte ich den Ansporn entwickelt die Bewegungen noch besser zu machen. Damals trainierten wir den Yang-Stil. Nach meinem Schulabschluss übte ich mich weiter kontinuierlich im Yang-Stil. Auch als ich in den Siebzigerjahren nach Shanghai kam und an der Universität unterrichtete, trainierte ich weiterhin Taijiquan. So lernte ich einen Schüler von Meister Ma Yueliang kennen, der auch Qigong übte. Eigentlich wollte ich nur mal sehen, wie sein Qigong ist und stellte fest, dass es nur durchschnittlich war. Doch sein Taijiquan fand ich sehr gut. So lernte ich auf der Grundlage meines Yang-Stils den *wu*-Stil von Ma Yueliang, zu dieser Zeit jedoch noch nicht direkt bei Meister Ma. Damals gab es auch monatliche Treffen aller Wu-Stil-Schüler in einem Park, wo man gemeinsam die Formen und das *tuishou*, die schiebenden Hände, übte. Meister Ma war auch oft dabei. In China gibt es sehr viele Menschen, die Taijiquan lernen und üben. Doch gibt es Unterschiede. Die meisten Chinesen üben Taijiquan für die Gesundheit, aber ihr Wissen beschränkt sich auf die Bewegungsabfolge, sie haben darüber hinaus kein tieferes Verständnis vom Taijiquan. Der geistige Gehalt des Taijiquan ist ihnen nicht geläufig. Doch jeden Morgen früh aufzustehen und sich zu bewegen ist sehr gut für die Gesundheit. Damit ist bereits der Großteil der chinesischen Taijiquan-Übenden beschrieben. Sie gehen in die Parks, zahlen ein wenig Geld, manche bezahlen auch gar nichts, sondern bringen ab und an Geschenke mit, und das ist dann auch schon alles.

Es gibt dann noch andere Menschen, die Taijiquan sehr ernsthaft betreiben. Sie lernen meist nicht von gewöhnlichen Lehrern im Park, sondern sie haben einen Meister, bei dem sie lernen. Diese Ausbildung ist viel strenger und traditioneller, und man muss vor dem Meister den *kotau* machen. Manche dieser Meister unterrichten zwar auch in öffentlichen Parks oder Schulen, doch wenn sie erkennen, dass ein Schüler besonders begabt ist und mehr lernen will, dann kann es sein, dass sie ihm Privatunterricht in ihrem Haus geben. Dadurch verändert sich das Verhältnis zwischen den beiden. Der Taiji-Lehrer ist für den Schüler nun kein gewöhnlicher Trainer mehr, sondern er wird für ihn zum *sifu*, zum Meister. Der Schüler wird zum inneren Schüler. Ihre Beziehung ist nun viel enger, fast familiär. Der Sifu ist der Meister-Vater, der Schüler der Sohn beziehungsweise die Tochter. Diese Schüler werden Taijiquan nicht nur unter Gesundheitsaspekten ausüben, sondern anstreben die gesamte Lehre zu meistern. Die Nachfolge eines Meisters wird deshalb immer von seinen engsten und besten Schülern übernommen. Es geht hier um die Bewahrung der Tradition und dies ist eine sehr ernste Sache, sowohl für den Sifua als auch für den Schüler.

Während der ersten Jahrzehnte kommunistischer Herrschaft sah man es in China nicht so gerne, wenn die alten Sitten und Gebräuche wie Kotau weiter betrieben wurden. Doch blieb diese Tradition bis heute erhalten und auch ich habe vor meinem Meister Ma Yueliang den Kotau gemacht, obwohl ich mich zuerst weigerte. Ich wollte zwar damals sein Taiji lernen, doch aufgrund des Kommunismus, der damals sehr stark war, war ich gegen den Kotau. Schließlich hab ich ihn dann doch gemacht. Ma Yueliang war damals älter als mein Vater, und er hat mich immer gut behandelt. Oft war ich bei ihm und seiner Familie zu Hause und habe dort mit ausgeholfen. Und so lernten wir uns näher kennen: Die Frau von Meister Ma, Wu Yinghua, bekam eines Tages einen schlimmen Husten. Weil ich damals an der Universität für chinesische Medizin war, bat mich mein Bekannter aus dem Taiji-Training einen guten Arzt zu suchen. Ich ging mit meinem damaligen Professor Huang Wendong zu Wu Yinghua nach Hause, um sie zu behandeln. Meisterin Wu und ich verstanden uns auf Anhieb sehr gut. Sie war Nordchinesin, auch ich bin Nordchinesin, und so konnten wir über vieles reden. Oft bat sie mich, noch länger bei ihnen im Haus zu bleiben, um mit ihr zu reden oder um gemeinsam zu kochen. Uns vereinte ein besonderes Schicksalsband. Wenn wir miteinander redeten, hielt sie oft meine Hand. Manchmal waren sogar ihre Töchter eifersüchtig auf mich und sagten, so gut wie mich behandle sie nicht mal ihre eigenen Kinder. So kam es, dass ich bei Wu Yinghua das Taijiquan des Wu-Stils an der Quelle lernen durfte. Ich ging etwa drei Mal in der Woche zu meinen Meistern. Wir trainierten nie nach Zeit, manchmal übten wir nur eine Stunde, manchmal zwei, und manchmal hatten meine Meister auch so viel Freude beim Unterricht, dass er sich über Stunden hinzog. Manchmal blieb ich auch noch zum Essen und dann kochten wir oft *jiaozi*, chinesische Teigtaschen aus Nordchina. Jiaozi zu machen dauert lange, und zum Essen benötigt man in China auch viel Zeit, so lernten wir uns gut kennen.

Ich hatte zwar schon die langsame Form bei einem ihrer Schüler gelernt, doch viele Bewegungen waren noch nicht in Ordnung. Also korrigierte mich Meisterin Wu immer wieder. In der chinesischen Kampfkunst gibt es einen Spruch, der besagt: ›Es ist schwerer eine falsche Form zu korrigieren als eine neue Form zu lernen.‹ Ein Schüler, der eine Form neu lernt, ist unvoreingenommen, er wird die Form so lernen, wie man sie ihm zeigt. Doch wenn man einmal eine Form gelernt hat und diese Form ist falsch, dann ist es sehr schwer, sie zu korrigieren. Da ich die langsame Form fehlerhaft gelernt hatte, mussten meine Meister viel Zeit aufwenden, um mich zu korrigieren. Sie achteten auf alle Kleinigkeiten in der Ausführung, und wenn ich meinen Arm auch nur einen Zentimeter falsch hielt, korrigierten sie mich. In ihrem Taiji-Unterricht waren sie sehr streng und die Anforderungen waren hoch. Ich erinnere mich, wie ich die Form immer wieder üben musste. Meine Meister saßen beide auf der Couch und sahen mir dabei zu. Immer wenn ich einen Fehler machte, hob einer der beiden seine Hand und ich musste von vorne beginnen. Als schließlich die Bewegungen stimmten, musste ich den Qi-Fluss während der Form üben.

Wenn der Qi-Fluss unterbrochen wurde, wenn ich es nicht schaffte, das Qi ruhig und harmonisch fließen zu lassen, musste ich von vorne beginnen. An meinen Bewegungen konnten meine Lehrer erkennen, wie ich mein Qi einsetzte. Für viele Menschen ist es völlig unmöglich, dies zu erkennen.

Nachdem sie meine Form korrigiert hatten, machte ich eine neue, sehr starke körperliche Erfahrung. Ich bin für eine Chinesin relativ dick und das war damals auch schon so. Kräftige Menschen haben beim Gehen das Gefühl, dass ihre Beine sehr schwer sind. So war das auch bei mir. Als ich die Form korrekt beherrschte, wurden meine Beine sehr leicht, meine Schritte mühelos und federnd, mein ganzer Körper fühlte sich leicht und frei an. Daran kann man erkennen, dass es im Taijiquan viele verschiedene Stufen gibt. Manche Menschen üben nur die Figuren des Taijiquan, und selbst da üben manche richtig, manche nicht. Wie man die Bewegungen anwendet, wissen wenige. Und den theoretischen Inhalt kennen noch weniger Menschen. Deshalb gibt es große Unterschiede selbst innerhalb eines Stils. Man spricht in China von den *zhengzong*, den Traditionslinien aus der direkten Überlieferung, die man bis zum Gründer des Stils zurückverfolgen kann. Ob das Taiji, das man lernt, aus einer solchen Zhengzong stammt oder nicht, macht einen gewaltigen Unterschied. Als ich auf meine Meister traf, hatte ich schon viele Jahre Taijiquan geübt, doch nachdem meine Meister mein Taiji korrigierten, war das Training auf einer völlig neuen Stufe angelangt. Man kann Jahre, Jahrzehnte üben – wenn es nicht die richtige Überlieferung ist, wird man nicht besser werden. In China sagt man in Kampfkunstkreisen, dass es besser ist, drei Jahre aufzuwenden, um sich einen guten Lehrer zu suchen, als drei Jahre bei einem schlechten Lehrer zu lernen. Selbst als ich schon nach Deutschland gekommen war, habe ich während meiner Besuche zu Hause in China stets meine Meister aufgesucht und immer wieder meine Form bei ihnen vormachen müssen. Meine Meister nahmen nicht leichtfertig Schüler an. Oft kamen Taiji-Leute zu ihnen, um ihre Form korrigieren zu lassen und um weitere Instruktionen zu erhalten. Und meistens fertigten meine Meister sie mit ein paar Worten ab und schickten sie zu anderen Taiji-Lehrern. Besonders Meister Ma war sehr streng, was das Taijiquan betraf. Wenn ich die Form zeigte, war meistens er es, der die Hand hob, oft schaute ihn dann seine Frau von der Seite aus an und sagte: ›Das war doch schon ganz gut.‹ Doch Meister Ma war hartnäckig, ihm reichte das ›ganz gut‹ noch nicht, für ihn musste es perfekt sein. Oft sagte er dann: ›Wer hat das so unterrichtet? Hat Ma Yueliang dich etwa so gelehrt?‹ Deshalb gab er sich auch nicht mit Schülern ab, von denen er annehmen musste, dass sie nicht bereit waren so hart zu trainieren, wie er es forderte. Mein Meister wollte nicht seine Zeit vergeuden mit Schülern, die nur einige Zeit lernen und dann aufhören. Er suchte sich seine Schüler noch selbst aus. Das ist nicht wie heute, wo sich die Schüler den Lehrer aussuchen. Auch im alten China war es so, dass sich die Meister die Schüler aussuchten und nicht umgekehrt. Im Taijiquan und in der chinesischen Kampfkunst allgemein ist es sehr wichtig, bei wem man lernt, wer der Meister ist und ob er aus der direkten Traditionslinie stammt oder nicht.

Daneben ist noch ein anderer Faktor sehr wichtig, nämlich die Auffassungsgabe des Schülers. Der Meister sucht sich erstens solche Schüler aus, von denen er annimmt, dass sie die Mühe auf sich nehmen werden, lange Jahre zu trainieren und zweitens solche, die sich gleichzeitig durch eine gute Auffassungsgabe auszeichnen, die es ihnen ermöglicht, den theoretischen Inhalt des Taijiquan zu erfassen. Einen Teil der Ausbildung übernimmt der Lehrer, den anderen muss der Schüler übernehmen, indem er die Lehren des Meisters eigenständig reflektiert. Einen dummen oder geistig trägen Schüler wird ein solcher Meister nicht akzeptieren.

Und dann gibt es noch Unterschiede zwischen den einzelnen Schülern. Das bezieht sich vor allem auf das theoretische Wissen und die energetischen Aspekte der Kampfkunst. Dazu zählen Verfahren wie das ›Qigong der fünf Elemente‹ und ›Die acht Stellungen des Taiji‹. Diese Methoden wurden im Haus meines Meisters nur an seine inneren Schüler weitergegeben. Von diesen Schülern sagt man, sie seien in das Haus (des Meisters) eingetreten. Solche Inhalte gehörten nicht zum allgemeinen, öffentlichen Training. Im Wu-Stil-Taijiquan gibt es zum Beispiel die langsame Form, die schnelle Form und die Waffenformen. Diese werden öffentlich unterrichtet. Aber auch die inneren Schüler lernen nicht alle dasselbe, nur wenige lernen alle

Aspekte der Kunst. Ma Jiangbao, der Sohn meines Meisters Ma Yueliang, kam 1986 nach Deutschland, um hier Taijiquan zu unterrichten. Er hat eine große Taijiquan-Organisation aufgebaut und betreibt Taijiquan hauptberuflich. Mittlerweile hat er sehr viele Schüler in Europa. Vor kurzer Zeit hat er eine Zeremonie abgehalten, bei der er vierzig seiner westlichen Schüler, die alle selbst schon Lehrer sind, zu inneren Schülern gemacht hat. Sie alle mussten vor ihm den Kotau machen und es war sehr feierlich.

In China waren die Gruppen sehr klein und es wurde nur hier und da mal ein neuer innerer Schüler aufgenommen. Bei der Kotau-Zeremonie verbeugt man sich vor dem Meister und vor einem Bild seines Meisters. Danach lädt der neue Schüler seinen Meister und seine Familie sowie alle anderen inneren Schüler, die jetzt seine älteren Gongfu-Brüder und -Schwestern sind, zum Essen ein. Auch ich habe das gemacht und wir sind in ein vegetarisches Restaurant gegangen, weil mein Meister Vegetarier war. Die nächste Stufe ist dann der Linienhalter. Das wird man, indem man zuerst einmal ein innerer Schüler wird, dann fleißig übt und später die Kunst an seine Schüler weitergibt. Ein Zeugnis oder eine Prüfung gibt es nicht. Man ist praktisch als innerer Schüler schon zukünftiger Linienhalter. Deshalb gibt es heutzutage nicht nur einen Linienhalter, sondern viele. Ich kam so weit, weil ich ja das Glück hatte, zwei gute Meister zu haben. Zuerst habe ich also bei Meisterin Wu Yinghua gelernt. Sie lehrte mich die langsame Form. Alle sagten, dass sie die langsame Form am besten beherrschte. Die schnelle Form solle man jedoch von Meister Ma Yueliang lernen. Eines Tages kam ich zum Unterricht in ihr Haus, doch Frau Wu war krank geworden und lag im Bett. Ihr Mann und ich saßen bei ihr und ich sagte: ›Dann fällt heute das Taiji-Training wohl aus?‹ Meister Ma, der auf der anderen Seite saß, schaute mich schräg an und sagte: ›Weißt du, ich kann auch ein wenig Taiji, wie wäre es, wenn du heute mal mit mir vorlieb nimmst?‹ Ich dachte zuerst, ich hätte mich verhört, doch Frau Wu musste lachen, und auch ich verstand und stimmte in ihr Lachen ein. Viele Menschen träumten davon, einmal bei Meister Ma zu trainieren, doch wenige hatten das Privileg. Ich hatte gar nicht damit gerechnet, dass er mich unterrichten würde, obwohl ich eine Schülerin seiner Frau war.

Als er sagte, ich solle mit ihm Vorlieb nehmen, hatte er natürlich einen Witz gemacht. Er war es, der mit mir Vorlieb nehmen musste. Als ich dann bei Meister Ma die langsame Form übte, stellte ich fest, dass er sie an manchen Stellen etwas anders macht als seine Frau. Das brachte mich etwas in Verlegenheit, doch ich wagte auch nicht zu sagen, dass seine Frau es mich anders gelehrt hatte. Einmal saßen dann beide Meister zusammen, als ich die Form demonstrieren sollte, und nun wusste ich nicht, welche Variante ich machen sollte. Deshalb schielte ich zu Meisterin Wu hinüber, um zu sehen, wie sie reagieren würde, als ich die Form so machte, wie sie ihr Mann mich gelehrt hatte. Sie lachte nur und sagte: ›Ja, so ist es auch richtig.‹ Die langsame Form, die ich heute übe, hat einen Teil, nämlich den zweiten, den ich nach Überlieferung von Meisterin Wu ausführe, und einen weiteren Teil, den fünften, den ich nach Überlieferung von Meister Ma mache.«

Schiebende Hände

Frau Song ist eine Gelehrte. Eine »Intellektuelle« heißt das im kommunistischen China, was dort etwas abschätzig gemeint ist. Sie aber ist stolz, dass sie an der Fudan-Universität in Shanghai studiert und gelehrt hat. Hat sie schon einmal ihr Taijiquan zur Selbstverteidigung einsetzen müssen? »Nein«, sagt sie verwundert, und man spürt, das kommt ihr kaum in den Sinn. Gelehrte kommen weder in Gegenden noch in Situationen, die so gefährlich sind, dass man sich schlagen müsste. Außerdem, »Taiji lernt man nicht, um sich zu schlagen«, sagt sie ernst. Um gleich darauf unverhohlen stolz und verschmitzt zu erzählen, wie ihr Meister sein Können in einer brenzligen Situation einsetzen konnte.

»Ich habe mich zum Glück nie verteidigen müssen und ich habe auch nie jemanden verhauen. Ich bin eine Gelehrte und war Lehrerin an der Universität, da habe ich nirgends körperlich kämpfen müssen. Doch bei unserem Meister im Taiji-Unterricht haben wir uns oft mit dem Partner im *tuishou* gemessen, und mein Meister und einige seiner Schüler haben auch Herausforderungskämpfe bestritten. Das geschah mit Leuten anderer Gongfu-Künste sowie mit Vertretern anderer Taiji-Stile. Einmal kam ein Trainer für militärischen Nahkampf vom Hauptquartier der in Shanghai stationierten Garnisonstruppe zu uns. Man kann annehmen, dass dieser Trainer schon einige Fähigkeiten im Kampf Mann gegen Mann haben musste, nicht wahr? Mein Meister hatte einen guten Namen in der Kampfkunstwelt und der war dem Soldaten zu Ohren gekommen. Nun stellte er sich bei uns vor, um sein Gongfu mit Ma Yueliang, meinem Meister, zu messen. Meister Ma befahl seinem fünften Sohn, gegen ihn anzutreten. Kaum hatte der Kampf begonnen, flog der Soldat durch die Luft und landete auf dem Boden. Alles war sehr schnell gegangen und als sich der Soldat wieder aufgerappelt hatte, fragte er verdutzt: ›Wie kommt es, dass ich hingefallen bin?‹ Meister Ma sagte: ›Der Boden ist wohl rutschig.‹ Und wir mussten alle lachen. In Wirklichkeit hatte der fünfte Sohn von Herrn Ma eine Technik aus dem Tuishou angewendet und die Kraft des Gegners so umgewandelt, dass dieser mit einem Wurf auf der Erde landete. Die Techniken des Taijiquan sind einzigartig. Oft ist es so, dass der Gegner besiegt ist, ohne dass er weiß, was gerade mit ihm passiert ist. Als bekannter Kampfausbilder der Armee in einem Kampf zu verlieren, bedeutet großen Gesichtsverlust. Um ihn nicht in Verlegenheit zu bringen, sagte Meister Ma, der Boden sei rutschig. Alle wussten aber, was wirklich geschehen war, auch der Soldat selbst. Nach ein paar höflichen Worten verabschiedete er sich von uns, ohne auf einem weiteren Kampf zu bestehen. Geschichten wie diese ereigneten sich damals häufig. Doch ich habe niemals mitgemacht. Und mein Lehrer hat mir und allen anderen, die mit Tuishou anfingen, als ersten Satz beigebracht, dass Tuishou nur für die Verteidigung ist, nicht für den Angriff. Tatsächlich war es so, dass mein Meister nicht damit einverstanden war, dass sein fünfter Sohn den Soldaten so hart geworfen hatte. Ich war damals dabei, als es geschah, Meister Ma stand nur da und sah seinen Sohn mit strengem Blick an. Schließlich rettete er die Situation mit dem Satz, der Boden sei rutschig gewesen.

Auch in China ist es so, dass viele Vertreter der harten, äußeren Stile nicht verstehen, was die inneren, weichen Kampfkünste sind, und oft schauen sie auf das Taijiquan herab, da es kraftlos wirkt. Sie verstehen das Prinzip der Weichheit nicht und sie verstehen noch weniger, warum sie scheinbar mühelos geworfen werden. Einmal reiste mein Meister nach Australien, wo er seine Kampfkunst vorstellte. In Australien gibt es auch Orte, an denen andere Taiji-Stile unterrichtet werden, zum Beispiel ist der aus Taiwan kommende Taijiquan-Stil von Zheng Manqing sehr verbreitet. Ein Meister aus der Enkelgeneration von Meister Zheng unterrichtet dort. Mein Meister suchte ihn in seinem Taijiquan-Studio auf, einem großen Gebäude mit zwei Stockwerken. Dieser Meister ist dort sehr bekannt für sein Taiji. Mein Meister war damals 88 Jahre alt, doch er wollte sich mit dem lokalen Taiji-Meister unbedingt messen. Als sich die Hände der beiden Meister kreuzten, setzte Meister Ma sein Tuishou ein und schubste den anderen Meister so stark, dass dieser einige Schritte zurücktaumelte, bevor er auf seinem Hosenboden landete. Auch ihm war es unverständlich, mit welcher Technik Meister Ma ihn besiegt hatte. Diese Frage beschäftigte ihn so sehr, dass er schließlich nach China gereist kam. Er gab zu, sogar von Zheng Manqing niemals derart geworfen worden zu sein. Mein Meister war ein sehr gutmütiger Mensch und bot ihm an, ihn zu unterrichten. Zwei meiner älteren Taiji-Brüder schlugen vor, ihm einen unserer leichtesten oder ältesten Mitschüler als Lehrer zu geben, der Australier wog über hundert Kilo. Sie wollten ihm beweisen, dass Alter und Körpermasse beim Tuishou keine Rolle spielen. Schließlich fanden wir jemanden, der so leicht aussah, dass der Mann aus Australien zweifelnd die Brauen hob und fragte: ›Der soll mein Lehrer sein?‹ Doch kaum hatten sie die Hände gekreuzt, als er sich auch schon wieder in der Luft befand und einige Purzelbäume machte, bevor er sich wieder erheben konnte. Ihn zu werfen war nun wirklich nicht leicht gewesen, da der Australier ein Mehrfaches von dem wog, was unser Taiji-Bruder wog. Tuishou ist eine Übung, bei der man mit einem Partner die Prinzipien des Taijiquan, wie Weichheit, Nachgeben oder Standfestigkeit, umsetzt. Man arbeitet dabei nicht gegen den Partner, sondern mit ihm. Man setzt nicht Kraft gegen Kraft, sondern man übt, die Kraft des Gegners zu übernehmen und gegen ihn einzusetzen. Wenn die Angriffsenergie des Gegners gegen mich groß ist, werfe ich ihn weit, wenn sie nur klein ist, werfe ich ihn nicht so weit. Das hängt davon ab, wie viel Kraft er einsetzt. Ein aggressiver Angreifer fällt deshalb hart, ein weniger aggressiver Angreifer fällt weicher. Ich erinnere mich an eine Geschichte von Meister Ma. Im Kommunismus mussten wir oft anstehen, um die Dinge des täglichen Bedarfs zu bekommen. Mein Meister stand also eines Tages in einer solchen Reihe, als ein junger Bursche vorbeikam, der keine Lust hatte sich hinten anzustellen. Deshalb suchte er sich ein leichtes Opfer in der Reihe aus, um sich vorzudrängeln. Mein Meister war schon ein alter Mann und scheinbar schwach. Außerdem trug er eine Brille, was ihn als Intellektuellen auszeichnete, und die sind ja bekanntlich besonders gut zu schikanieren. Also suchte sich der Unglücksknabe ausgerechnet meinen Meister aus. Mit etwas Anlauf schob er sich mit den Schultern voran gegen Herrn Ma und im nächsten Augenblick befand er sich bereits im Flug weiter in die Richtung, in die er losgestürmt war. Dort schlug er in einigen Metern Entfernung hart auf die Erde. Benommen erhob er sich und schaute sich verwundert um. Der alte Mann stand noch auf derselben Stelle wie zuvor, unbewegt. Der junge Mann erkannte, dass mit diesem alten Herrn nicht zu spaßen war, entschuldigte sich und stellte sich nun hinten in der Reihe an. Dies ist ein gutes Beispiel für die Anwendung von Tuishou. Wie groß auch die Kraft sein mag, die auf einen einwirkt, man lernt, sie abzuleiten und gegen den Angreifer zu richten.

Im Tuishou gibt es einige wichtige Merksätze, wie zum Beispiel: ›Den Gegner anlocken und seine Energie ins Leere laufen lassen‹ und: ›Wenn der andere sich nicht bewegt, bewege ich mich ebenfalls nicht, und wenn der andere sich bewegt, habe ich mich bereits bewegt‹. Ein weiterer Satz ist: ›Sich die Kraft des Gegners borgen und ihn damit schlagen‹. Wenn mich niemand schlagen will, dann kann ich auch niemanden werfen. Sobald mich jemand schlägt, leite ich seine Kraft um und füge dieser neuen Kraftrichtung noch meine Kraft hinzu. So wird der Angreifer sicher aus dem Gleichgewicht gebracht.«

Taijiquan ist eine Form des Qigong

Wenn Song Chuanyu Geschichten erzählt, offenbaren sich zwei Seiten ihres Temperaments. Beim Üben der Taiji-Form ist sie ruhig, vollkommen konzentriert, so dass die fröhliche Lebendigkeit beim Erzählen zunächst überrascht. Nicht nur in Taiji und

Qigong ist Frau Song Meisterin, auch wenn sie fabulieren kann, ist sie in ihrem Element, da fliegt die Zunge. Auch ohne Chinesisch zu verstehen ahnt man, was sie meint mit: »Ich muss meine Emotionen kontrollieren« – wir würden vielleicht sagen, »das Gemüt etwas zügeln«. Die Chinesen haben eine bildhafte Sprache und eine blumige Ausdrucksweise, und sie erzählen gerne Parabeln und Geschichten. Die umfassend gebildete Frau Song weiß zur Entstehung des Taiji gleich mehrere.

»In einer Version heißt es, dass der Daoist Zhang Sanfeng auf dem Wudang-Gebirge Taijiquan erfunden haben soll. Er sah, dass die daoistischen Mönche nur die stille Form des Qigong praktizierten, und hielt dies für einen Mangel. Deshalb schuf er das Taijiquan als Bewegungs-Qigong, wobei sich die Bewegungen an Kampfbewegungen orientierten, die Zhang Sanfeng früher erlernt hatte. Eine weitere Legende berichtet, dass Zhang Sanfeng eines Tages beobachtete, wie ein Vogel und eine Schlange miteinander kämpften, wobei die Schlange mit runden, weichen Bewegungen den hackenden, stoßenden Bewegungen des Vogels auswich. Dieser Kampf soll ihn dazu veranlasst haben, ein neues Kampfsystem zu schaffen, das auf weichen und runden Bewegungen basiert. Eine dritte Variante ist die, dass früher die Menschen, die ihr Leben lang die harten Stile des Gongfu trainiert hatten, im Alter und trotz ihrer Erfahrung den jungen Kämpfern nicht mehr gewachsen waren, da ihre Kampfkunst auf dem Einsatz von Kraft gegen Kraft basierte. Da die Kraft im Alter nachlässt, wurde so ihre Kampfkraft immer schwächer. Deshalb überlegten sie sich, wie man auch im Alter noch gegen junge und kraftvolle Gegner bestehen kann. So erschufen sie eine Methode, die nicht viel eigene Kraft erfordert, um den Gegner zu besiegen. Weil es alte Menschen waren, achteten sie neben dem Kämpfen vor allem darauf, dass sie gesund blieben und ein langes Leben führen konnten. Als Taijiquan entstand, gab es schon eine Vielfalt anderer Stile. Es baut auf ihnen auf, so dass das daoistische Fundament des Taijiquan sehr deutlich erkennbar ist, und die Kampfprinzipien sind ebenfalls so, dass sich Taijiquan vor allem für alte und körperlich schwache Menschen eignet. Der Gesundheitsaspekt ist sehr wichtig und wohl entscheidend für die weite Verbreitung des Taijiquan. Schätzungsweise die Hälfte der chinesischen Kampfkünstler betreibt Taijiquan. Je länger man es übt, desto gesünder wird man. Bei einigen Sportarten und auch Kampfsportarten ist das nicht so, manchmal ist sogar das Gegenteil der Fall, da sich die Sportler energetisch verbrauchen und ihren Körper verschleißen. Im Taijiquan gibt es einen Spruch, der besagt, dass man im Alter verbraucht sein wird, wenn man die Kampfkünste lernt, ohne gleichzeitig Qigong zu machen. Die harten Kampfkünste trainieren Muskeln, Knochen und Sehnen, die inneren Kampfkünste wie das Taijiquan üben das Qi.

Taijiquan ist kein Sport. Es unterscheidet sich auch von den anderen Kampfkünsten wie Shaolin-Gongfu. Ein Unterschied ist, dass man im Taijiquan langsame entspannte Bewegungen übt. Es geht nicht um Schnelligkeit oder Kraft, sondern um Weichheit und Nachgiebigkeit. Deshalb gehört Taijiquan auch zu den weichen oder inneren Kampfkünsten Chinas. Neben diesem Unterschied auf körperlicher Ebene gibt es im Taijiquan noch die Betonung des Geistes. Man spricht auch von der Kultivierung des Geistes und des persönlichen Charakters. Da ich schon mein Leben lang die Kampfkünste praktiziert habe, war ich selten krank. Doch als ich berufstätig war, war ich Stress und Druck ausgesetzt wie viele andere Menschen auch. Es gab viele schwierige Probleme zu lösen, das führte zu geistiger Anspannung. Um diese geistige Anspannung abzubauen, ruhig zu bleiben und die Emotionen zu kontrollieren, übte ich Taijiquan. Wenn ich ein Problem hatte, für das es keine Lösung zu geben schien und an dem ich verzweifelte, gewöhnte ich mir an, Taiji zu üben. Nachdem ich die Taiji-Form gemacht hatte, wurde ich immer viel ruhiger, entspannter, geistig klarer. Oft hat mir diese Methode geholfen meine Probleme und schwierige Aufgaben zu meistern. Dies ist ein weiterer Vorteil des Taijiquan. Dazu fällt mir die Geschichte ein, in der der Kangxi-Kaiser seinem Sohn und Nachfolger Yongzheng einen buddhistischen Rosenkranz schenkte. Der Kaiser hatte festgestellt, dass sein Sohn von aufbrausendem Charakter war und zu überstürzt handelte, auch wenn es um wichtige Entscheidungen des Landes ging, die einen klaren Kopf und kühlen Verstand forderten. Deshalb schenkte er seinem Sohn eine Kette mit Gebetsperlen und trug ihm auf, vor jeder wichtigen Entscheidung das

Problem genau zu durchdenken und dabei die Perlen eine nach der anderen zu reiben. Erst dann solle er entscheiden. Dies half dem jungen Kaiser Probleme zu lösen und Entscheidungen zu treffen. In gewisser Weise entspricht dies der Praxis des Taijiquan.

Taijiquan ist eine sehr gute Form des Qigong in Bewegung. Im Qigong gibt es nämlich den Unterschied von Qigong mit Bewegungen und Qigong, das ohne Bewegungen ausgeführt wird. Wichtig ist, dass man während der Bewegungen nach geistiger Ruhe und Stille im Inneren strebt. Außen ist Yang, die Bewegung, und innen ist Yin, die Ruhe. Im Qigong übt man vor allem die richtige Körper- und Geisteshaltung sowie das richtige Atmen. Dadurch wird man nicht nur gesund, geistig ausgeglichen und klar, sondern man entfaltet durch die Praxis des Qigong auch alle seine Fähigkeiten. Wenn man die langsame Form des Taiji ausführt, macht man nicht nur die Bewegungen, sondern man führt gleichzeitig sein Qi. Körperbewegung und Qi-Bewegung sind aufeinander abgestimmt. Das ist ein Unterschied zu den Menschen, die harte Kampfkünste ausführen. Dort wird auf diesen Qi-Fluss keinen Wert gelegt. Manche üben hartes Gongfu und Qigong, doch sind dies zwei unterschiedliche Praktiken. Nur im Taijiquan und einigen anderen Stilen wird während des Kampfkunsttrainings Qi geleitet. Dies ist ein wichtiger Unterschied. Die Pfade, über die das Qi geleitet wird, entsprechen denen der chinesischen Medizin, die dort als Meridiane bekannt sind: zwölf Hauptmeridiane und acht Nebenmeridiane. Die Hauptmeridiane sind alle paarig angeordnet, während die Nebenmeridiane nur einzeln vorkommen. Auf der Innenseite der Arme befinden sich die drei Yin-Meridiane, der Lungen-Meridian, der Herz-Meridian und der Herzbeutel-Meridian, auf der Außenseite die drei Yang-Meridiane, der Dickdarm-Meridian, der Dünndarm-Meridian, sowie der Dreifache Erwärmer. Für die Beine verhält es sich ebenso. Auf der Innenseite der Beine befinden sich die drei Yin-Meridiane, der Nieren-Meridian, der Leber-Meridian und der Milz-Meridian, auf der Außenseite die drei Yang-Meridiane, der Gallen-Meridian, der Blasen-Meridian und der Magen-Meridian. So erhält man insgesamt zwölf Hauptmeridiane. In der Kampfkunst sind auch die Nebenmeridiane von großer Bedeutung. Der Fluss des Qi während der Übung geht von der Brust aus an der Innenseite der Arme entlang zu den Händen und Fingerspitzen, von dort an der Rückseite der Arme hoch zum Kopf, von dort den Rücken und die Beine hinunter in die Füße, von dort an der Innenseite der Beine und am Bauch hoch wieder zur Brust. Einer meiner Schüler, der erst wenige Monate bei mir lernt, hat bereits das Qi-Gefühl in den Armen entwickelt. Er kam zu mir aufgrund gesundheitlicher Probleme und seit wir mittels Taijiquan den Qi-Fluss aktiviert und unterstützt haben, hat sich sein gesundheitlicher Zustand sehr stark verbessert. Das Qi ist sehr wichtig für die Gesundheit eines Menschen. Das Beste ist, einem Schüler zuerst nicht zu viel Theorie zu lehren. Wenn er übt und sich diese Gefühle einstellen, macht er es richtig, und wenn er mir von seinem Qi-Gefühl berichtet, ohne dass er eigentlich weiß, was Qi ist, dann weiß ich, dass er Fortschritte gemacht hat.

Eine der wichtigsten Qi-Übungen in der Kampfkunst heißt ›kleiner Himmelskreislauf‹ und besteht darin, dass man zwei Meridiane miteinander verbindet: Zum einen den *dumai*, der ein Yang-Meridian ist und an der Rückseite des Körpers verläuft, und zum anderen den *renmai*, der ein Yin-Meridian ist und entlang der Vorderseite des Körpers verläuft. Dazu nimmt man die Zungenspitze an den Gaumen. Dadurch wird eine Brücke gebaut zwischen den Enden der beiden Meridiane und die Yin- und Yang-Energien werden harmonisiert. Diese Brücke nennen wir ›die Elstern-Brücke‹. Dazu kenne ich eine Geschichte, die sich *Der Kuhhirt und die Näherin* nennt.

Einst gab es eine Unsterbliche, die sich in die Welt begab und dort auf einen Kuhhirten traf. Beide verliebten sich ineinander, heirateten und bekamen zwei Kinder. Als die anderen Gottheiten davon erfuhren, befahlen sie der Unsterblichen zurückzukommen. Beide Liebenden trennte von nun an ein Fluss, den sie nicht überqueren konnten. Doch einmal im Jahr, am 7. Juli, ist es ihnen erlaubt, sich an einer Brücke zu treffen. Diese Brücke heißt Elsternbrücke, weil sie von Elstern gebaut wird.

Der Name dieser Geschichte wird für die oben beschriebene Übung im Qigong verwendet, da auch hier männliche und weibliche Energien vereint werden. Egal ob man Taijiquan oder

Qigong ausübt, es ist immer wichtig, die Meridiane des Körpers zu öffnen und sie durchgängig zu machen, damit das Qi frei fließen kann. Nach einiger Übung im Taijiquan wird man ein Qi-Gefühl entwickeln. Das bedeutet, dass man spürt, wie das Qi durch den Körper fließt.

Qi muss man selbst erfahren, um zu begreifen, was es ist. Ich erkläre meinen Schülern, dass es die Lebensenergie ist, die durch den Körper fließt, und dass sich nach einiger Zeit mit Taiji das Gefühl von einem energetischen Fluss einstellen wird. Allerdings ist es schlecht, den Schülern zu früh schon all das zu beschreiben, was das Üben von Taiji und Qigong mit sich bringen wird, da dann die Schüler darauf warten, dass sich ein solches Gefühl einstellen wird. Das hemmt die Entwicklung mehr, als dass es sie fördert. Außerdem bilden sich einige Schüler nur ein, sie hätten das Gefühl, obwohl sie es nicht haben. Ich habe auch schon einige Menschen kennen gelernt, die selbst Taijiquan unterrichten und von ihren Qi-Gefühlen und vielem anderen reden, doch ich bin skeptisch, ob sie wirklich schon so weit sind. Im Taijiquan gibt es folgenden Spruch: ›Wenn man Taijiquan übt, dann geht man die ersten zehn Jahre nicht vor die Tür.‹ Das bedeutet, dass man mindestens zehn Jahre Taijiquan üben muss, bevor man etwas kann, bevor man sich aus dem Haus trauen kann, sich mit anderen Kampfkünstlern messen und andere unterrichten kann. Doch heutzutage sind viele Menschen der Meinung, dass einige Wochen oder Monate genügen, um ein Taijiquan-Spezialist zu werden. Das ist nicht so. Ich trainiere jetzt seit sechzig Jahren Taiji und verstehe noch immer nur wenig von dem, was diese Kunst in ihrer Gesamtheit und Schönheit ausmacht. Verglichen mit den Fähigkeiten meiner Meister liege ich weit hinter ihnen zurück.

Das Qi-Training ist also ein wichtiger Bestandteil des Taijiquan. Dadurch können Fähigkeiten entstehen, die manchmal als übernatürlich beschrieben werden. Doch sie sind keineswegs übernatürlich, vielmehr sind sie ganz normal, wenn man von einem Menschen ausgeht, der seine körperlichen und geistigen Chancen nutzt. Deshalb sind einige Qigong-Meister auch dazu fähig, besondere körperliche oder geistige Taten zu vollbringen.«

Geheimnisvolle Kraft

Frau Song wird sehr ernsthaft, wenn sie von außergewöhnlichen Befähigungen durch die Qi-Arbeit spricht und sie erklärt. Sie möchte den Menschen aus dem Westen diese Phänomene verständlich machen. Dabei macht sie sofort unmissverständlich klar, dass man nicht in Aberglauben verfallen und Wunder erwarten soll. Die bisweilen als Schmu bezeichneten Shows der Shaolin-Mönche hält sie unumwunden für echt. Sie kann natürlich nicht für jeden Einzelnen auf der Bühne die Hand ins Feuer legen, aber grundsätzlich könnte alles echt sein.

»Die Shaolin haben eine eigene Form des Qigong, das sie zu solchen Dingen befähigt. Doch können das nicht nur die Shaolin. Im Qigong lernt man das Qi zu kontrollieren. Man kann es aus der Umwelt aufnehmen und im Körper führen und speichern. Wenn ein Shaolin-Mönch eine Speerspitze an den Hals gesetzt bekommt und dann so viel Druck aufbaut, dass sich der Speerschaft biegt und bricht, ohne dass dem Mönch etwas geschieht, dann liegt das daran, dass er sein Qi an der Stelle konzentriert, wo der Speer ansitzt. Das Qi schützt ihn und verhindert, dass der Speer seinen Körper durchbohrt. Nun, es kommt natürlich auf den Kultivierungsgrad an, den jemand erreicht. Die Wenigsten schaffen es, Speere und Schwerter, die man an einer Stelle ansetzt, auszuhalten. Das bedeutet übrigens nicht, dass der ganze Körper unverletzbar ist. Wenn ich mein Qi zum Schutz am Hals konzentriere und man sticht mir in den Rücken oder den Bauch, werde ich trotzdem verletzt. Wenn man eine Speerspitze abwehren kann, heißt das noch nicht, dass man auch gegen eine Kugel gefeit ist, wie es früher viele Kämpfer glaubten, zum Beispiel im legendären ›Boxeraufstand‹. Selbst um eine Speerspitze auszuhalten, bedarf es langer Jahre eisernen Trainings. Die Boxer glaubten, mit Hilfe von magischen Sprüchen und dergleichen in kurzer Zeit unverwundbar zu werden. Das ist Aberglaube und kann nicht funktionieren. In Kampfkunstfilmen wie *Hero* oder *Tiger and Dragon* werden die Fähigkeiten der Helden natürlich sehr übertrieben dargestellt. Das gibt es in Wirklichkeit nicht. Doch diese Darstellungen basieren auf einem wahren Kern. Früher haben viele Kampfkünstler geübt, wie man den Körper leicht machen kann, wie man hoch springen, geräuschlos laufen kann und vieles mehr. Doch das war richtiges Gongfu, also harte Arbeit. Um hoch springen zu können, hat man zum Beispiel ein Loch gegraben, aus dem man herausspringen musste. Wenn man es aus einer gewissen Tiefe geschafft hatte, musste man wieder tiefer graben und immer so weiter. Doch sind im Vergleich dazu die Fähigkeiten der Helden in den Filmen bei weitem übertrieben. Das Qi darf man sich nicht als etwas fürchterlich Mysteriöses vorstellen. Wenn man einige Stunden trainiert, wird man es selber fühlen. Die besonderen Fähigkeiten kommen nur daher, dass man sein Qi sehr gut beherrscht, und dies lernt man in langen Jahren der Übung. Dann kann man seinen Körper leicht machen, man kann ihn aber auch schwer machen. Manche Taiji-Meister können sich so verwurzeln, dass es mehreren starken Männern, die versuchen sie von der Stelle zu schieben, nicht möglich ist, ihn auch nur einen Zentimeter zu bewegen.«

Das ist es, was Song Chuanyu an der Qi-Kraft so fasziniert. Und wenn sie erklärt, wie Qi-Arbeit funktioniert, ist sie kaum zu halten. Sie steht auf, vergisst das Interview, alle anderen müssen auch aufstehen und üben. Sie ist überzeugt, dass ein Kampfkünstler, der Qi-Übungen in seine Praxis integriert, effektiver kämpft als einer, der kein Qigong macht.

»Doch natürlich nur dann, wenn beide technisch gleich stark sind. Je besser der Qi-Haushalt und je besser die Qi-Kontrolle eines Kämpfers, desto effektiver wird er kämpfen. Doch das ist nur eine Bedingung. Technik, die Einstellung im Kampf, Emotionen, Alter, Geschlecht und so weiter spielen ebenfalls eine wichtige Rolle. Jemand, der nur Qigong macht und keine Kampftechniken übt, kann auch nicht kämpfen.«

Frau Song steht wieder auf und zeigt, dass sie vielleicht bessere Qi-Kontrolle hat als ein junger Mann, aber wenn er größer ist und zudem Kampf-Techniken trainiert, ist er ihr trotzdem überlegen. Lediglich mehr Qi zu haben, reicht nicht. Also, fragen wir, stimmen die Geschichten nicht, die wir aus Filmen wie Karate-Kid *kennen, dass ein alter Mann mit weißem Bart mühelos einen jungen Mann kampfunfähig machen kann? »Doch, doch«, beteuert Frau Song wiederum, »das passiert sogar häufig«, und sie scheint ein wenig verwundert zu sein über die Frage. Es kommt halt immer auf die Situation an und auf den Gegner. Wenn der Ältere, vermeintlich Schwächere, siegt, liegt es also am Qi?*

»Ja, am Qi, aber auch an der Technik. Wenn man sein Leben lang Kampftechniken lernt, dann kann man sie in gewissen Situationen ganz natürlich anwenden. Im *tuishou* hat mein Lehrer Ma Yueliang oft die jungen Männer hin und her geworfen. Das lag an seiner guten Technik. Die jungen Schüler meines Meisters bewunderten ihn sehr und einige versuchten erst gar nicht sich mit ihm zu messen. Doch es gab auch solche, die sich zuerst mit ihm messen wollten, die seine Fähigkeiten prüfen wollten und mit voller Kraft angriffen. Ich war Zeuge, als das einmal geschah. Der Angreifer hatte schon andere Gongfu-Stile geübt und er griff Meister Ma mit einem Handflächenstoß an, von dem er annahm, dass er den alten Mann einige Schritte nach hinten taumeln lassen würde. Doch als seine Hand auf den Bauch meines Meisters auftraf, hatte der Angreifer das Gefühl, auf Watte zu schlagen. All seine Kraft verpuffte. Dann setzte mein Meister die Angriffsenergie gegen den Angreifer selbst ein, und er war es, der nach hinten taumelte, hinfiel, und dessen Stoffschuhe kaputtgingen. Das ist Taiji. Man lernt sich zu entspannen, weich zu sein. Wenn mein Körper weich ist und man schlägt mich, dann kann mir nichts passieren.

Hier liegt auch der Unterschied zwischen den äußeren und den inneren Kampfkünsten. Die äußeren Kampfkünste trainieren die Härte, die inneren Kampfkünste die Weichheit. Versuchen sie einmal etwas Hartes zu zerschlagen. Mit der Zeit wird es ihnen gelingen. Doch wer kann schon Watte zerschlagen? In den äußeren Kampfkünsten wie Shaolin übt man vor allem die Muskeln zu stärken, ebenso Haut und Sehnen. Das wirkt sich auf das äußere Erscheinungsbild des Trainierenden aus, er sieht stark aus. Bei den inneren Kampfkünsten übt man das Qi, wobei sich die äußere Körperform nicht verändert. Deshalb sieht ein weicher Kampfkünstler nicht anders aus als ein gewöhnlicher Mensch, der gar nicht übt. Dieses besondere Entspannen muss man jeden Tag üben. Im Lauf der Zeit kann man sich immer besser und tiefer entspannen. Wenn wir unseren täglichen Pflichten nachgehen, wenn wir arbeiten oder einkaufen gehen, dann nutzen und bewegen wir unseren Körper. Für die vielen Bewegungen setzen wir Kraft ein und bei einem normalen Menschen ist diese Kraft sehr grob. Im Taijiquan lernt man diese grobe Kraft nach und nach durch feine Kraft zu ersetzen. Das hat auch viel mit Entspannung zu tun. Nur aus der richtigen Entspannung kommt die richtige Spannung. Krafteinsatz ist richtig, wenn er mühelos kommt. Das zeigt sich auch in der Taijiquan-Form. Jemand, der die Form neu gelernt hat, wird sie viel schlechter ausführen als jemand, der sie schon seit Jahren praktiziert. Auch für einen Betrachter, der sich nicht mit Taijiquan auskennt, wird ein Unterschied sichtbar sein, obwohl er vielleicht nicht sagen kann, worin der Unterschied liegt. Er liegt nämlich darin, dass ältere Schüler viel entspannter sind. Durch die Entspannung sinkt der Körperschwerpunkt nach unten und somit erscheinen die Bewegungen stabil und sicher. Gleichzeitig wird der Oberkörper frei und die Bewegungen der Arme können völlig entspannt und harmonisch fließen, so dass sich die Form von selbst ergibt.

Taijiquan ist eine Wissenschaft des Kampfes, die sich in Bezug auf Krafteinsatz sehr von anderen Kampfkünsten unterscheidet. In anderen Kampfkünsten sagt man, dass der Schnelle den Langsamen schlägt, der Große schlägt den Kleinen, doch im Taijiquan ist das nicht so. Doch egal, um welche Kampfkunst es sich handelt, ob sie buddhistisch ist oder daoistisch, chinesisch oder ausländisch, das Üben des Qi ist für alle wichtig. In chinesischen Kampfkunstkreisen heißt es, dass derjenige, der nur die Kampftechniken übt und das Qi vernachlässigt, im Alter verbraucht sein wird.«

Taiji und Philosophie

Als Dozentin für Philosophie musste Frau Song den Medizinstudenten gewisse Grundkenntnisse in Philosophie und Politik beibringen. In China hieß dies damals Marx, Engels, Lenin. Von deren Schriften war auch ihr Studium geprägt. Allerdings war sie beim Lernen der chinesischen Philosophiegeschichte auf das Thema gestoßen, das sie zeitlebens interessiert, auf die daoistische Philo-

sophie, basierend auf der Theorie von Yin und Yang – eine uns wenig vertraute Sichtweise der Welt, aber für die Chinesin so selbstverständlich wie für einen Christen die Dreieinigkeit Gottes. Als Philosophie-Professorin an der Medizin-Universität in Shanghai stellte sie fest, dass auch die alte chinesische Medizin auf der Theorie von Yin und Yang beruht. Schon bald nahm sie, zusammen mit ihren Studenten, an den Medizin-Vorlesungen teil.

»In der chinesischen Philosophie nimmt man an, dass der Kosmos aus den beiden Bestandteilen Yin und Yang zusammengesetzt ist. Was für diesen Makrokosmos gilt, gilt ebenfalls für den Mikrokosmos Mensch, so dass auch der menschliche Körper in der chinesischen Medizin in Yin-Bereiche und Yang-Bereiche eingeteilt wird. Dasselbe gilt für die Meridiane, für Krankheiten, für Lebensmittel und so weiter.

Bei der Untersuchung eines Patienten ist es wichtig, dass der Arzt nicht nur erkennt, um welche Krankheit es sich handelt, sondern auch, in welchem energetischen Zustand sich der Patient befindet, welche Phase der Krankheit er gerade durchläuft. Dadurch unterscheidet sich die chinesische Medizin von der westlichen modernen Medizin. Ich habe in Deutschland die Erfahrung gemacht, dass es für jede Krankheit Medikamente gibt und dass von zehn Leuten, die mit Durchfall zum Arzt kommen, alle zehn die gleiche Medizin erhalten. Dies ist nach Auffassung der chinesischen Medizin nicht sehr gut, weil man den individuellen Menschen nicht in die Diagnose mit einbezieht. In China kann es sein, dass bei zehn Kranken mit der gleichen Krankheit zehn verschiedene Arzneien zusammengestellt werden.

In China war ich einmal gemeinsam mit anderen Ärzten zu Gast bei einem alten Meister der chinesischen Medizin. Er behandelte einen kleinen Jungen, der an Durchfall litt. Die Mutter des Jungen hatte schon viele andere Ärzte um Rat gefragt, doch keiner konnte ihm helfen, und der Junge sah schon sehr mitgenommen und mager aus. Ich erinnere mich noch sehr genau, wie der alte Arzt den Jungen genau untersuchte und dann ein Rezept ausstellte, das aus dreizehn verschiedenen Bestandteilen zusammengestellt war. Nicht eines dieser Bestandteile heilt Durchfall. Meine Kollegen und ich berieten hinter vorgehaltener Hand, ob der alte Arzt vielleicht schon ein bisschen verrückt sei und nicht mehr wisse, was er tue. Schließlich fragte ich ihn, warum er diese Bestandteile ausgewählt hatte, und er antwortete, dass der kleine Junge bereits so lange an Durchfall litt, dass sein Körper sehr geschwächt war. Außerdem war er mit allen möglichen Arzneien so vollgestopft worden, dass sich der Energiehaushalt in völligem Chaos befand. In so einem Fall versagen alle Durchfallmittel. Um den Durchfall heilen zu können, müssen also erst einmal die Konstitution des Jungen gestärkt und die Energien in Einklang gebracht werden. Wenn man das erreicht hat, kann man schließlich den Durchfall angehen. Die Medizin, die der alte Arzt verschrieb, bestand deshalb nicht aus Mitteln gegen Durchfall, sondern aus Substanzen, die den Jungen kräftigen sollten.

In der chinesischen Medizin ist der Körper nach dem Yin-Yang-Prinzip eingeteilt, das ist im Taijichuan genauso. Man teilt paarweise ein in oben und unten oder vorne und hinten. Das Yin-Yang-Modell ist also fundamental für das Taijiquan. Daneben sind noch andere Elemente der chinesischen Philosophie von Bedeutung, wie zum Beispiel die fünf Wandlungsphasen und die acht Trigramme. Die fünf Wandlungsphasen, Feuer, Metall, Erde, Wasser und Holz, sind vielfältig anwendbar. Zum Beispiel werden Bewegungsrichtungen, wie vorne, hinten, rechts, links und Mitte, nach ihnen bezeichnet. Die acht Trigramme kommen zum Beispiel in den acht grundlegenden Techniken des Tuishou, der Partnerübung der schiebenden Hände, zur Geltung.

Die theoretischen Hintergründe von chinesischer Kampfkunst, Medizin und Philosophie bilden also eine Einheit. Es gibt Schriften im Taijiquan, die man als Kampfkunsttexte verstehen kann. Gleichzeitig kann man sie aber auch durchaus als philosophische Schriften verstehen und als solche lesen. All dies basiert auf den Lehren des Daoismus, die sehr komplex sind. In der chinesischen Sprache machen wir einen Unterschied zwischen philosophischem Daoismus, *dao-jia*, und religiösem Daoismus, *dao-jiao*. Die Theorien des philosophischen Daoismus und die Lehren der religiösen Richtung sind zwei verschiedene Dinge, die man unterscheiden muss. Der religiöse Daoismus verehrt Laozi als Gründervater, doch Laozi hat zu seinen Lebzeiten keine Religion gegründet. Laozi wurde erst dann zum Objekt religiöser Verehrung, als Zhang Jian und andere Menschen daoistisch-religiöse Schulen, wie die *Fünf-Scheffel-Reis-Schule*, gründeten und Laozi für ihre religiösen Ziele einsetzten. Der philosophische Daoismus des Laozi war eine Denkrichtung, die zusammen mit anderen philosophischen Schulen zur Frühlings- und Herbst-Periode und zur Zeit der streitenden Reiche in China existierte, das war vor mehr als 2.200 Jahren.

Neben dem Daoismus sind zum Beispiel der Konfuzianismus und der Legalismus zwei andere bekannte philosophische Strömungen aus jener Zeit. Daoismus und Konfuzianismus sind die beiden Richtungen, die bis heute überlebt haben und einen wichtigen Teil im Leben der Chinesen ausmachen. Im Konfuzianismus spricht man von den drei Grundregeln ›Der Herrscher herrscht über seine Untertanen, der Vater über den Sohn, der Mann über die Frau‹ und von den fünf Grundtugenden: Mitmenschlichkeit, Pflichtgefühl, Anstand, Wissen und Treue. Diese Regeln und Tugenden bilden den Maßstab für sämtliche Beziehungen zwischen den Menschen in unserer Gesellschaft. Natürlich werden die Regeln an unsere moderne Gesellschaft angepasst, so hat sich die Rolle der Frau im Vergleich zu früher schon stark gebessert, doch im Grunde regiert dieses System auch heute noch unser Leben. Das Denken des Konfuzius befasste sich hauptsächlich mit dem Menschen in der Gesellschaft, also in Bezug auf seine Mitmenschen. Gemäß der eigenen Stellung in der Gesellschaft haben die Menschen den Himmel, die Erde, den Kaiser, die Eltern und den Lehrer zu ehren. Mit der heutigen Sprache ausgedrückt ist die Lehre des Konfuzius eine Sozialwissenschaft. In diesem Punkt unterscheiden sich Konfuzianismus und Daoismus voneinander. Dem Daoismus geht es nicht um den Menschen in der Gesellschaft, sondern um den Menschen in der Natur. Der Mensch soll sich nach der Lehre des Daoismus an der Natur ausrichten und von ihr lernen.

Dao selbst zu definieren ist sehr schwer. Das *Daodejing*, der wichtigste Text der Daoisten, wird dem Weisen Laozi zugeschrieben. Es heißt wörtlich *Buch vom Dao und seinem Wirken*. Der erste Satz dieses Buches lautet: ›Das Dao, von dem gesprochen werden kann, ist nicht das ewige Dao.‹ Das bedeutet, man kann nicht vom Dao sprechen, es ist sprachlich nicht fassbar. Verständlicher ist ein wichtiges Kennzeichen des Daoismus, nämlich die Nähe zur Natur, indem vom Menschen gefordert wird, im Einklang mit der Natur zu leben. Taijiquan ist eine daoistische Kampfkunst und deshalb hat man im Taijiquan viele Kampfprinzipien aus der Natur übernommen. Zum Beispiel ›Das Weiche besiegt das Starre‹ ist ein Kernsatz des Taijiquan, welcher aus dem Daoismus kommt. Die Daoisten erkannten, dass das Wasser, eine sehr weiche Substanz, sehr große Kräfte birgt, dass es große Hindernisse fortschwemmen kann, dass es einen Felsen aushöhlen kann. Deshalb nutzen wir die Prinzipien des Wassers für unsere Kampfkunst. Manche Menschen sagen, dass die fließenden Bewegungen des Taijiquan aussehen, als bewege man sich im Wasser. Damit haben sie nicht ganz Unrecht. Auch die Orientierung an den Bewegungsarten und Kampfmustern der Tiere zeigt, dass sich die chinesischen Kampfkünstler sehr stark an der Natur orientierten.

Die Tierbewegungen wurden zuerst von chinesischen Ärzten geschaffen. Die berühmteste Übung ist *Das Spiel der fünf Tiere* des Arztes Hua Tuo aus der Han-Dynastie. Man machte die Bewegungen der Tiere nach und übte so seinen Körper. Die Tiernamen im Taijiquan beschreiben die Techniken, doch sie sind anders als die Bewegungen aus dem *Spiel der fünf Tiere*. Die Tierbewegungen der anderen Stile bauen auf den besonderen Charaktereigenschaften des jeweiligen Tiers auf. Man trainiert den Körper durch Imitation der Bewegungen des Tiers und auf diesem Fundament fügt man Kampftechniken hinzu, die ebenfalls von Tieren abgeschaut wurden. Ich glaube, dass die chinesischen Kampfkünstler eine sehr reiche Tradition an Techniken während ihrer Ausbildung lernten und dass diese auch gymnastische Formen wie *Das Spiel der fünf Tiere* beinhalteten, die die Kampfkünstler dann ausbauen konnten. Viele Kampfkünste Chinas kamen ins Ausland, nach Japan, Korea und in andere Länder. Diese Länder entwickelten aus den chinesischen ihre eigenen Kampfkünste, jedoch hatten sie wahrscheinlich nicht alle Lehren Chinas gelernt, sondern nur einen kleinen Teil davon. Wahrscheinlich fehlen die Tierbewegungen im Karate oder Taekwondo deshalb, weil nur ein kleiner Teil des Wissens über chinesische Kampfkunst und Philosophie ins Ausland überliefert wurde.

Wenn ich Dao kurz definieren und es mit den eigenen Worten ganz einfach ausdrücken soll, dann würde ich sagen, dass das Dao eine Art Weltgesetz darstellt, das sich in der Natur offenbart. Wenn man mit dem natürlichen Fluss der Dinge geht, dann geht man mit dem Dao. Wenn man natürlich handelt, dann handelt man im Einklang mit dem Dao und wird erfolgreich sein. Das Dao ist unsichtbar, doch die Welt und die Menschen sind seinen Gesetzen unterworfen.

Um das mal mit einem Beispiel verständlich zu machen: Der Globus ist eingeteilt in Längen- und Breitengrade. Obwohl wir sie nicht sehen können, existieren diese Grade. Einmal ist ein Bekannter von mir hingefallen und ich fragte ihn: ›Wieso bist du denn hingefallen?‹, worauf er antwortete: ›Ich bin über einen Breitengrad gestolpert.‹ Natürlich hat er einen Witz gemacht, doch mit dem Dao verhält es sich ganz ähnlich. Das Dao ist unsichtbar wie die Breitengrade. Doch wenn man sich als Mensch nicht im Einklang mit dem Dao bewegt, wird man stolpern. Deshalb ist es für alle Menschen wichtig, den Regeln der Natur und des Dao zu folgen. Sich dagegen aufzulehnen ist zwecklos, denn dann stellt man sich praktisch gegen das ganze Universum und gegen seine eigene Natur, die auch aus dem Dao kommt.

Im Daoismus spricht man von *wuwei*, dem absichtslosen Tun, dem Vertrauen, dass alles getan wird, wenn man mit dem Dao lebt. Der Mensch muss nicht alles selbst in die Hand nehmen, denn nicht er schafft die Regeln, sondern das Dao. Der Mensch mischt sich heute in zu viele Dinge ein, er tut zu viel, was überflüssig ist, und zu wenig, was nötig wäre. Das Zu-viel-tun-Wollen mündet im Stress, im gehetzten Alltag, wo man von morgens bis abends nicht zur Ruhe kommt. Ruhe ist ein wichtiges Prinzip des Daoismus. Nur ein ruhiges Gewässer ist klar. Wie soll unser Geist klar sein, wenn er dauernd beschäftigt ist? Das chinesische Zeichen für ›beschäftigt‹ besteht aus zwei Bestandteilen. Der erste ist das ›Herz‹, der zweite der ›Tod‹. Wenn wir rastlos sind und gestresst, dann tun wir uns also nichts Gutes. Stress bedeutet, dass das Herz stirbt. Die chinesische Schrift ist sehr weise. Diese daoistische Philosophie schlägt sich auch in der chinesischen Medizin nieder. Wer im Einklang mit der natürlichen Ordnung des Kosmos lebt, dessen Körper, also dessen innerer Kosmos, wird dann auch gesund sein. Krankheit entsteht, wenn das natürliche Gleichgewicht des Körpers durcheinander gebracht wird. Ziel einer Therapie nach chinesischer Medizin ist daher immer, den Menschen wieder in seinen natürlichen Zustand zu versetzen.

Der Körper des Menschen wird durch die Gesetze des Dao regiert. Deshalb muss ein guter Arzt diese Gesetze kennen und entsprechend handeln. Auch Taijiquan stellt den natürlichen Zustand eines Menschen wieder her. Dadurch wird nicht nur der Körper gestärkt, sondern der Schüler lernt ebenfalls, gemäß daoistischer Prinzipien wie ›Weichheit‹ zu handeln. Diese Prinzipien kann man auch gut in den Alltag einbauen.

Taijiquan ist eine philosophische Kampfkunst, die die alte chinesische Philosophie in sich aufgenommen hat und in Bewegung umsetzt. Damit unterscheidet es sich von den gewöhnlichen Sportarten, aber auch von vielen anderen Kampfkünsten in China und der Welt. Taijiquan ist eine Wissenschaft des Kampfes und es ist auch eine Wissenschaft der Kultur, der alten Kultur Chinas. Alles in allem ist Taijiquan die Wissenschaft vom Menschen, da es zu Selbsterkenntnis führt und die natürlichen Fähigkeiten des Menschen steigert.«

Kendō – Das Schwert steht für Leben

Rainer Jättkowski

Rainer Jättkowski ist ein Kämpfer – auch ohne Rüstung und Bambusschwert. Seine drahtige Gestalt vermittelt den Eindruck von Willen und Energie. Ein Leben lang hat er Kämpfe ausgetragen und schwierige Situationen gemeistert. Als Jugendlicher macht er im Ruhrgebiet eine kaufmännische Lehre und beginnt mit Jūdō. Wenn andere sich nach langen Arbeitstagen ausruhen, lernt er am Abendgymnasium. Trotz der Doppelbelastung meistert er das Abitur. Er zieht nach Berlin und studiert Physik, Mathematik und Philosophie. Mit dem Staatsexamen wird er Lehrer an einem Gymnasium. Auch der Lehrerberuf ist ein Kampf – viele erliegen ihm vorzeitig, Rainer Jättkowski nicht. Mit 63 Jahren steht er noch voll im Beruf. Zum Ende seines Studiums startet Jättkowski neben der beruflichen eine zweite Karriere: Er findet seinen Weg im Kendō. Schon bald kämpft er mit der deutschen Nationalmannschaft auf Europa- und Weltmeisterschaften. Auch nach seiner Zeit als aktiver Wettkämpfer setzt er sich nicht zur Ruhe. Er pflegt sein Kendō im Dōjō und ist weltweit als Kampfrichter aktiv. So verliert er nie den Kontakt zu dem, was für ihn Kampfkunst ausmacht – dem Kampf. Auf der Stelle zu treten kommt für Rainer Jättkowski nicht in Frage. Regelmäßig lässt er sein Können von erfahreneren Meistern überprüfen. Heute trägt er den siebten Dan Kendō Kyōshi und den fünften Dan Iaidō. Neben Familie, Beruf, Training und dem Hobby Segelfliegen bleibt Rainer Jättkowski nicht viel Zeit. Trotzdem schafft er es, den Deutschen Kendōbund als Präsident zu leiten. Denn: Kämpfen heißt für ihn nicht nur, selbst immer technisch perfekter zu werden, sondern auch, Verantwortung für andere zu übernehmen.

Tautropfen

Ich sehe Kendō als runde Sache. Ein Tautropfen, der je nach Standpunkt im Lichte des Bewusstseins andere Farben zeigt. In der Physik kann man in ihm die Brechungen des Sonnenstrahls durch Reflexionen beschreiben, aber nicht erklären. So auch im Kendō. Die Feinanalyse der farboffenbarenden Wechselwirkung zwischen Licht- und Wasserteilchen ist langwierig. Man hätte danach die Einzelheiten in der Hand und suchte nach dem geistigen Band. Ein Trainer ist weder Soziologe noch Psychoanalytiker. Die Teile im Ganzen, das Ganze im Teil. Die Einzelheiten im Kendō, Kendō in der Einzelheit. Kendō erscheint im Ausüben als persönliche Handschrift, doch nur die schreibende Hand macht Schrift sichtbar und damit den Gedanken, der zur Mitteilung drängt. Kendō existiert ohne Menschen nicht und Menschen können ohne das, was Kendō besonders intensiv ausdrückt, nicht existieren. Im Kendō steckt irgendein »Ur«, ein Ursprung, aus dem es sich erzeugt. Ohne mich in japanischer Seele und Geschichte zu vergrübeln, setze ich das »Ur« als blinden Fleck, den ich beschreibend umfahre, um seinen Kern genauer zu ahnen. Der erste Weltumsegler fand nach den nimmermüden Stürmen um Kap Hoorn die halbe Erde voll scheinbar friedlichen Wassers, das man deshalb Pazifik taufte. Eine grenzenlose Monotonie der Weite. Darin fielen wilde, weiß schäumende Brandungen auf. Dahinter vermutete man festen Halt. Wer der nervtötenden, lebensfeindlichen Monotonie entkommen wollte, musste durch die Aufgeregtheiten des Meeres an seinen Grenzen. Wer landen will, um sein Zuhause zu finden, muss überwinden. Was wir vom Kendō sehen, ist Brandung. Lange Jahre Kendō Praktizierende sehen ihr Leben diesseits, wähnen aber ihr Zuhause jenseits der Brandung.

Für Trennungen muss man Grenzen definieren und begrenzt zwangsläufig so die Betrachtung. Die Grenzen spuken nur im Kopf. Kendō und das Herz kennen sie nicht. Ein Sufi-Kōan mag das Problem im Kendō augenscheinlich machen:

Wenn ich ich bin, weil ich ich bin,
und wenn du du bist, weil du du bist,
dann bin ich ich und du bist du –
hingegen, wenn ich ich bin, weil du du bist,
und wenn du du bist, weil ich ich bin,
dann bin ich nicht ich und du bist nicht du.

Wir sehen zwei in Rüstungen vermummte Gestalten einander gegenüber, mit Bambusstöcken aufeinander bezogen. Zwei Individuen, zwei Ichs. Dennoch ist ihr gemeinsamer Kampf mehr als die Summe seiner Teile. Gegensatz und Gemeinsamkeit sind verwoben. Beide stehen und fallen gemeinsam. Im Kendō muss man seine Partner häufig wechseln. Man sucht sich die Unbequemen. Gegensätze müssen sich im Kendō anziehen. Nur so kommt es ans Licht.

Jūdō – Joggen – Kendō

Ende meiner Zwanziger versuchte ich es mit Joggen. Das konnte ich mir selbst zeitlich einrichten, frei von den verabredeten Trainingszeiten mit Jūdōpartnern auf der Matte. So ziellos das anfangs für mich aussah, stellten sich meine alten Leistungszwänge als ungebetene Partner sehr bald wieder ein. Die alte Tapete kam unter der neuen durch. Die Zeitkontrolle der Laufstrecken ergab schnell eine persönliche Rekordliste. Das flüchtige Schielen bei Etappenmarken auf die Uhr verkrampfte Lauf und Atem. Es kam eine Lästigkeit hinzu, die ich vom Jūdō nicht kannte: Mein Kopf hatte während des Laufens nichts zu tun. Die Beine erzeugten eine Relativbewegung, in der die Bäume an mir vorbei rannten, ich in Gedanken aber auf der Stelle trat. So schnell und weit der Lauf war, die Gedanken schwirrten in mir, die Mücken um mich herum. Beim Jūdō wie beim Kendō ist das anders. Mein Gegenüber im Gegeneinander – ich könnte ebenso sagen »im Miteinander« – macht mir Beine und Probleme. Seine Eigenwilligkeit lässt meine Gedanken vergessen. Einzig Hier und Jetzt stellen ihre Ansprüche und wenn ich nicht zur Stelle bin, liege ich auf der Matte. Wir kommen zusammen, um uns auseinanderzusetzen. In der Auseinandersetzung leben wir unsere Bewegungslust. Wir toben uns aus. Rajneesh in Poona nannte das eine reinigende Meditation, besonders reinigend durch unverhoffte Erschütterungen. Nach dem Partnertraining sieht die Welt anders aus und meist entspannter als vorher. Also kehrte ich zum Jūdō zurück.

Anfang meiner Dreißiger spürte ich trotz sportlicher Ambitionen Müdigkeit in den Muskeln, fehlende Geschmeidigkeit der Gelenke. Besonders körperlich aufblühende Teenies, für die meine Jūdōtechnik nicht reichte, machten mir zu schaffen. Nach dem Jūdōtraining übten einige Leute Kendō, da machte ich mal mit. Die brauchten einen Dummy zum Treffen. So steckte ich am dritten Abend schon in einer Rüstung. Heute warten Kendōlehrer viel länger, bis sie ihre Schüler das erste Mal mit einem Partner kämpfen lassen. Ich bin vor 33 Jahren vom Jūdō zum Kendō gewechselt. Einfach, um mich frei von Alltagsgedanken zu bewegen. Anfangs ohne Ehrgeiz, doch bald wachte er wieder in mir auf. Der Dummy zuckte mit seinem Shinai unwillkürlich nach vorne und traf. Das fiel auf, denn in der Regel benutzen Anfänger das Shinai wie einen Scheibenwischer. Aber ich war über Dreißig, hatte Beruf und Frau, war unter Achtundsechzigern an der Uni mit dem Mundwerk zynisch schlagfertig geworden: Also warum sollte ich nicht zurückschlagen, sogar wenn es den Trainer traf? Dazu waren Stock und Gegner doch da. Zu einer Zeit, als man auf Doktoren- und Professorentitel pfiff, kam das Wort »Meister« für einen deutschen Trainer niemandem in den Sinn. Formprägendes und durch die Form gereiftes Charisma lernte ich erst später bei Kendōlehrern aus Japan kennen.

Obwohl nicht übermäßig bewegungsbegabt, konnte ich so weit kultiviert werden, dass ich mich bald auf Kendō-Länderkämpfen herumschlug. Auf mich passte, was der Flieger Manfred von Richthofen, der Rote Baron, über seinen Kampfstil schreibt: »Es ist das Schöne beim Jagdflieger, dass es auf keinerlei Kunststücke bei ihm ankommt, sondern lediglich persönlicher Schneid das Ausschlaggebende bleibt. Es kann einer ein ganz herrlicher Sturz- und Loopingflieger sein. Er braucht deshalb noch lange keinen abzuschießen. Meiner Ansicht macht das Draufgehen alles (...).« Aus mir ist bis jetzt kein Filigrantechniker geworden. Das japanische Nachkriegs-Kendō ist kein kriegerischer Zweikampf mehr. Regeln, Schlagstock und Rüstung machen es für Leib und Leben praktisch ungefährlich. Damit habe ich die Gelegenheit, trotz meiner Entschlossenheit zum Schlag mir die erforderlichen Techniken anzueignen. Das erfordert passende geistige und körperliche Bewegung.

Kendō lebenslänglich

Ich lebe mit Kendō so lange wie mit meiner Frau und fast so lange ich Lehrer am Gymnasium bin. Ehe, Kendō, Lehrer – seit über dreißig Jahren. Eine jahrzehntelange Integrationsarbeit, nicht nur, um alles unter einen Hut und in den Wochenplan zu bringen, sondern um mich damit zu gestalten. Es ist weder Anhängsel noch Ausgleich. Es ist eine meiner Beziehungen, lebenserfüllendes Tun. Meine Frau und meine Schüler müssten bezeugen können, ob mein zeitintensives Training mich gestaltet hat, oder ob ich noch derselbe bin wie zu Beginn. Ich selbst meine, Kendō hätte mich wenigstens leiblich gesund und mental stabil gemacht. Andere meinen, so sei ich schon immer gewesen und nur deswegen hätte ich es so lange in meinen Beziehungen ausgehalten. Ehe, Kendō, Lehrer – ein Programm für mein Leben hat sich ergeben. Die Lebensbereiche schienen anfangs isoliert voneinander. Jedoch stellen sie mich bis heute alle in Frage und allmählich wurden mir ihre Gemeinsamkeiten bewusst. Auf der Kendō-Kampffläche ergeben sich Laborsituationen meines Lebens, so dass ich mein Verhalten in Konflikten beobachten kann. Dafür bieten die Trainingspartner ausreichende Projektionsflächen. Ich hatte meine Form fürs Leben gefunden. Schon als Anfänger faszinierten mich am Kendō sechzig- bis neunzigjährige Lehrer aus Japan. In vielen Sportarten hört das aktive Training an den körperlichen Leistungsgrenzen auf. Im langen Kendōleben kommt man an mehrere solcher Leistungsgrenzen. Die zwingen jedes Mal zu neuen Sichtweisen. Vor allem, weil Kendō durch die Dan-Prüfungen strukturiert wird. In der Prüfung zum achten Dan stellen sich noch Siebzigjährige einem Fachkollegium. Nach jeder bestandenen Prüfung geht die Selbsterziehung weiter, weil man sich seiner Graduierung würdig erweisen will und jeder Trainingsteilnehmer darauf brennt, am höheren Dan sein Shinai zu wetzen. Im Budō haben Meister zeitlebens ihren Zeitgenossen ihr Können im Wortsinn in die Luft geschrieben. Der Schreibstift ist im Iaidō und Kendō das Schwert. Heute können wir diese Vorbilder mit der Kamera dokumentieren, aber so wenig kopieren wie ein Maler seine Vorgänger. Bei höheren Dan-Prüfungen muss man schöpferisch sein. Der Lehrer schreibt nur vor, um die Schrift aus dem Schüler kommen zu lassen. In den persönlichen Erfahrungen muss sich jeder selbst bilden. Erfahren, er-fahren, fahren – ich bin ein Boot, das allein auf dem Ozean fährt. Es ist gefährdet, ihm ist nichts garantiert. Aber ich kann es darin bis zum Kapitän bringen.

Kendō als Therapie

Der praktische Nutzen für körperliche Selbstverteidigungen ist beim Kendō gleich Null. Davon kann keine Budōschule leben. Verteidigungen mit einem Stock in der städtischen Enge müssten an den Haaren herbeigezogen werden. Im Stockkampf Jōdō gibt es Kata gegen das Schwert, das ist genauso weltfremd in heutiger Zeit. Beim Kendō ist Angst sichtbar, doch nicht die Angst vor Überfällen. Zum Kendō kommen Menschen mit Urvertrauen. Um ihre leibliche Sicherheit besorgte Menschen zerstören den Zweikampf, indem sie vorwiegend abwehren und in aggressiven Angriffen zu langsam sind. Ihre verspannten Schläge erfordern zu viel Kraft und tun dem Partner weh. Wer das nicht als Hinweise für die Kultivierung seiner Technik nimmt, wird von den lockeren, aber scharfen Schlägen seiner Partner frustriert. Er fühlt sich getroffen und meint, alle seien gegen ihn. Irgendwann bleibt er weg. Einige werfen uns noch vor, wir hätten sie nicht verstanden. Aber im Kendō therapiert sich jeder nur selbst. Die Aktionen und Reaktionen sind Rückkoppelungen. Der Trainer kann sie auf technische Probleme zurückführen. Außerhalb des Wettkampfs werden sie methodisch behoben. Treten sie aber im Wettkampf auffällig häufig und unverhofft auf, weisen sie auf ein mentales Problem hin. Das kennt jede Sportart, außerdem wird jeder Schreckreflexe bis zur jüngsten Kindheit in sich wieder erkennen. Auch Kendōka ohne Wettkampfkarriere fühlen sich oft in depressiven Löchern. Kein Wunder, wir sind alle Individualisten mit hohen Ansprüchen an uns. Doch hier reicht das normale Vereinstraining mit seinen Anforderungen. Die Aufforderungen des Trainers reichen aus, um nicht aufzugeben. Das therapeutische Potenzial des Kendō wird bis jetzt nur individuell und auf sehr private Weise genutzt. Dabei ist Kendō für den Schulsport geeignet, es war in Japan einmal Pflichtfach.

Ebenbürtigkeit

Da man nur mit einem starken Partner Probleme hat, zielt das Anfängertraining auf Ebenbürtigkeit. Fremde und befremdliche Charaktere sind willkommen, weil sie schon früh ihre eigene

Handschrift entwickeln. Selbst bei technischen Ungeschicklichkeiten sind eigenwillige Angriffe für den Trainer lehrreich, weil er unbefangenem Anfängergeist gegenübersteht. Auf einer Deutschen Meisterschaft stand mir ein Kämpfer ohne Rang und Namen so unbeeindruckt und unerschütterlich gegenüber, dass ich aus dem Häuschen geriet, den Siegtreffer erzwingen wollte und plötzlich den entscheidenden Hieb aufs Dach bekam. Ein Kyūträger hatte einen siebten Dan aus der K.o.-Runde geworfen. Der Lernfaktor ist der Kehrwert des Schmerzfaktors. Die Korrektur des Anfängers im Vereinstraining soll ihn nicht verunsichern, sondern ihm die Annahme und Verinnerlichung der Technik erleichtern. Der Trainer dagegen steht unter ständiger Selbstkontrolle. Im Übungskampf simuliert er bewusst die Gelegenheiten, die für ihn selbst problematisch sind. So gehe ich auf einen explosiven Partner ohne langes Abtasten zu, so dass der verzögerungslos schlagen muss. Ich suche die schnellen, kraftvollen Schläge, um mich in Techniken zu schulen, die mir selber nicht liegen. Im Wettkampf wäre so ein Spiel viel zu riskant. Dagegen gibt es abwartende, kühl kalkulierende Pokerspieler, die schon als Anfänger mich aus der Reserve locken wollen, um dann zu verteidigen oder mich ins Leere laufen zu lassen. Erfolg oder Misserfolg des Angreifers zeigt seine Stärken bzw. Schwächen. Ich prüfe mich im Übungskampf auf meine Schwächen. Anfänger müssen ihre gefährliche Kampflust behalten und damit ihre Technik entwickeln. Der Trainer lernt im Lehren. »Gelegenheiten hat man nicht, Gelegenheiten schafft man sich« – Kommentar eines Kendōlehrers aus Japan. Nur die tägliche Praxis an Widerständen erhält und fördert die Substanz.

Kendō ist alterslos. Im Verein trainieren alle Generationen gemeinsam, vom Schulkind bis zum Rentner. Mein ältester Trainingspartner war 92 Jahre alt und hatte den neunten Dan. Er starb kendōaktiv mit 94 Jahren. Natürlich konnte ich, fast fünfzig Jahre jünger, ihn mit Gewalt treffen, bis ich die zweigzarten Berührungen seines Shinais an mir bemerkte, an den entscheidenden Punkten und immer schon vor meinem Treffer. Der alte Knabe erteilte mir wortlose Lektionen und begnügte sich mit Andeutungen. Er war früher bei mir als ich bei ihm, stellte sich dem Schlaggewitter des Jüngeren und war in seinem Element, tanzte mit altersschwachem Körper vor meiner Gewalt, so dass ich ihm ungewollt auch mal vor den Füßen lag. Eine andere Kendō- und Iaidōlegende nahm meine gewaltsamen Angriffe noch voll an. Er war 82 Jahre und in beiden Budō neunter Dan, ich war 52 Jahre alt und hatte den sechsten Dan. Kein ästhetisches Kendō, sondern Kampf. Er suchte meine Ebenbürtigkeit durch Provokation: »Junge komm, zeig, was in dir steckt. Ich will dich erleben!« Wir treffen uns gegenseitig, ich schlage ihm das Shinai aus den Händen, schneller als ich mich bücke hat er es wieder in der Hand und nagelt mich an die Wand – Kehlkopfstich, einhändig. Mit gestrecktem, linken Arm schiebt er mich vor sich her, bis ich rücklings an der Wand klebe. Danach klopfte er mir auf die Schulter, ich müsse noch viel lockerer werden. So mit dem Kopf durch die Wand ginge es nicht.

Der »absolute Lehrer« in japanischen Legenden ist mir im Lauf der Zeit fragwürdig geworden. Er erscheint dem Schüler als unerschöpfliche Quelle des Lernens. Die für uns schier unerreichbare Meisterschaft wurde irgendwann erreicht und kann uns nur Wegweiser sein. Herrigels Kyūdōmeister erscheint als Inkarnation eines platonischen Ideals. Solche Vorbilder befriedigen unsere Autoritätssehnsucht. Dessen sollten wir uns bewusst sein. Es gibt zum Glück viele japanische Lehrer, die uns vermitteln: Nur wer un-perfekt ist, kann perfekt sein. Also ist auch der Lehrer nicht perfekt und weiterhin auf dem Weg. Da ich als Schüler einer seiner Wegbegleiter bin, bin ich in meinem Anderssein auch Lehrer meines Lehrers. Nur durch die Jugend kommt Neues ins Zusammenleben. Das Neue ist die Herausforderung des Bestehenden, der stärkste Partner, den man ehrfürchten muss. Also ist die Jugend in Form des Schülers dem Lehrer ebenbürtig. Vor dem Schwert sind alle gleich. Wenn wir im Sufi-Kōan »ich« durch »Lehrer« und »du« durch »Schüler« ersetzen, wird uns die Problematik schlagartig klar, ohne in Worten vollständig beschreibbar zu sein. Der Lehrer erzieht zur Ebenbürtigkeit mit dem für unser Schulsystem politisch unkorrekten Anspruch: Wenn ich einem Schüler etwas an einer Ecke erkläre und er kann von dort nicht allein auf alle anderen Ecken schließen, ist er nicht mein Schüler. Solche Meister sind nicht leicht zu verdauen. Sie haben weniger Schüler, als Schüler von sich glauben machen, sie hätten solche Meister. So kann es unausgesprochene Vermittlungsschwierigkeiten zwischen deutschen Kendōka und konservativen japanischen Lehrern geben, denn in der Fremde diskutieren Japaner ungern. Bedrängt, endlich die Anforderungen für die verschiedenen Dan-Prüfungen klar zu Papier zu bringen, wie von der deutschen Schule gewohnt, hüllt sich der Lehrer in den Kokon des erfahrungssatten Schweigens. In solchen Fällen muss man auf den Gast Rücksicht nehmen. Dann hilft Selbstbewusstsein, das Rücksicht zur Einsicht werden lässt, denn das Verhalten des Lehrers hat seine Gründe. Worte ersetzen keine Erfahrung. Schüler müssen irgendwann aus ihrem Traum erwachen, es gäbe auf der Welt ein absolutes Dasein diesseits des Todes. Die sicher führende Hand für sein Leben sucht er vergebens. Mit dem Shinai nimmt er sich selbst an der Hand. Im Segelflugzeug nimmt mich mein Steuerknüppel an die Hand. Aber er und das Shinai sind haltlos. Ich bin der eigenverantwortliche Halter. Ich habe das Landen sehr langsam und zaghaft gelernt. In Angst vor der Landung habe ich lieber wagemutig jeden Aufwind ausgereizt. Fliegen heißt landen, sagen die Flieger und wünschen einander dazu Hals- und Beinbruch.

Autorität

Sachautorität ist spürbar. Die meisten Anfänger sind nicht unbefangenen Geistes, wenn sie beginnen. Rutscht ihnen die Anrede »Meister« oder »Sensei« zu unbedacht heraus, weise ich das sanft zurück. Natürlich kenne ich viel von der Grammatik und Interpretation der Bewegungen im Kendō. Das kennt jeder Trainer einer beliebigen Sportart. Mehr ist ein Kendōtrainer in Deutschland auch nicht. Ob die Anrede »Sensei« aus Autoritätssucht kommt, sieht man an der Beflissenheit, mit der Schüler Hals über Kopf sofort alles können wollen. Da glaubt so mancher, er hätte endlich die Form seines Lebens gefunden und will nun alle vermeintlich versäumten Jahre übereifrig nachholen. Solche Leute sind Dünnbrettbohrer und bleiben nicht lange. Sie überstehen den Rüstungsschock nicht und suchen weiter. Einige kommen aber doch mit der Rüstung und stellen sich dem Schlagwechsel, bei dem der Kopf selten mitkommt. Es dauert lange, bis solche Selbstsucher ein Erfolgserlebnis in sich spüren.

Selbst wenn der Trainer ihnen schon oft Fortschritte und Erfolge bestätigt hat, sieht sich manch einer durch die Ego-Brille überkritisch. Es geht ihm mit sich selbst zu langsam. Manchmal ist angeblich der Trainer schuld, der Schüler wechselt ihn, bis er die Widerstände in sich auch im neuen Gewand erkennt. Schließlich bleibt er wortlos weg. Unselbstständige suchen den Ausweg in Autoritäten, die scheinbar garantieren, man übe sich in der einzig richtigen Form. Und man kann obendrein den Namen des Meisters als Legitimation für die eigene Unterwerfung angeben. Unmündige Anfänger sind eine Last, besonders Erwachsene. Wüsten, die man nur durch Impfungen begrünen kann: einzelne Löcher buddeln, neues Pflänzchen rein, regelmäßig gießen. Die Hoffnung, die Pflanzen schlagen Wurzeln und pflanzen sich im Wachstum fort, ist oft vergebens. Jede neue Einzelheit wird isoliert gespeichert. Dass man sie auch auf andere Situationen übertragen kann, wird nicht gesehen. Die Passiven nennen mich gläubig Meister, die Aggressiven dreschen auf andere ein. Kendō verlangt einen guten Teil des Lebens, wenn man sich wirklich selbst kennen lernen will. Kendō verlangt Geduld mit sich selbst.

Meine über dreißigjährige Kendōpraxis schrumpft gegenüber der gleichaltriger oder älterer Lehrer aus Japan. Die reden wir alle mit »Sensei« an. Wenn sie seit ihrem zehnten Lebensjahr trainieren, haben sie eine fünfzig- bis siebzigjährige Kendōpraxis. Solche Koryphäen stehen in einer Kette namhafter Vorgänger, die oft in Japan Kendōlegenden sind. Deren Überlieferungen hört man zu, ihre Schriften liest man, aber zitiert sie nicht. Habe ich sie verinnerlicht, kommt es aus mir mit eigenen Worten heraus. Ich habe erst etwas gelernt, wenn ich nicht mehr weiß, ob es auf meinem oder fremdem Mist gewachsen ist. Im Üben muss ein Kompostieren stattfinden. Bei Prüfungen zum siebten Dan bestehen von hundert Kandidaten ungefähr zehn, beim achten Dan sind es von tausend auch nur zehn. Man kann erfahrene Prüfer nicht mit auswendig gelernten Zitaten blenden. Sie versuchen, ein ihnen seit Jahrzehnten vertrautes Niveau durch die Zeitläufte zu tragen wie eine Fackel, die nicht erlöschen darf.

Kampf ist Drama

Am Gegeneinander im Miteinander kommt keine Budōkunst herum. Jede Form von Partnerschaft kennt dieses Wechselspiel. Siehe Oper, Schauspiel, Tanz, alle Wettkampfsportarten, alle Beziehungen einschließlich der Ehe. Da fliegt Porzellan, brennt die Bühne, tobt sich das Ego im Wettkampf aus. Lese ich die fundierten Überlegungen der Aikidōgrößen Kōichi Tōhei oder Morihei Ueshiba, sehe ich keinen Unterschied zwischen den Budōarten. Dagegen beziehe ich hier Stellung gegen »Budō light«, wie ich es aus der Werbung für ein Dōjō herauslese: »*X* ist eine Kampfkunst aus Japan, in der die Energie eines Angreifers umgeleitet wird, so dass der Angriff wirkungslos bleibt. *X* ist kein Kampfsport, es gibt keine Wettkämpfe, keine Alters- und Gewichtsklassen. Wir kämpfen nicht gegeneinander, wir trainieren miteinander.« Nein, im Kendō wird gekämpft, dass die Fetzen fliegen. Der Turniersport Kendō ist für die meisten Trainierenden die Kür. Es gibt Regeln, damit es zum Breitensport zählen kann. Unfälle sind selten. Obwohl Kendō martialischer aussieht als Fußball, sind die Kämpfer viel besser geschützt, äußerlich durch die Rüstung, innerlich durch die Technik. Die erfordert ununterbrochene Übung. Der Anfänger ist zwar verleitet mit Kraft zu schlagen, aber er gewöhnt es sich ab, weil solche Angriffe frühzeitig erkannt werden und zu langsam sind. Die Treffer müssen in günstigen Situationen mit Lockerheit kommen, wie bei Boxern, denen lockere und ansatzlose Wirkungstreffer gelingen. Kraftmeierei scheitert im Kendō von allein. So gibt es im Kendō keine Gewichts- oder Größenklassen. Leicht und Schwer, Groß und Klein treffen im Turnier aufeinander. Jedoch hat sich in den letzten zwanzig Jahren die Trennung von Frauen und Männern in Turnieren bis hinauf zur Weltmeisterschaft durchgesetzt.

Durch die Internationalisierung ist Kendō gerade dabei, Blüten zu treiben, die in Japan durch Traditionen nicht sichtbar wurden. Betrachten wir nur die schwertgebundene Tradition. Das Schwert war Männersache. Als Shinai ist es jetzt auch Frauensache. Das Shinai ist leichter, anders geformt und bietet damit andere Möglichkeiten des Treffens. Was beim Schwert blutiger Ernst ist, tendiert beim Shinai zur Spielerei. Form und

Funktion des japanischen Schwertes sind nicht zu trennen. Der Nachwuchs in Japan wie in der Welt kommt aber mit dem geraden Gerät auf Bewegungsmöglichkeiten, die das Schwert prinzipiell nicht bietet. Die Diskussionen darüber sind in Japan so alt wie das Shinai. Zum Schutz der Form »japanisches Kendō« sind die Wettkampfregeln aus japanischer Sicht erstellt. Aus internationaler Sicht sind andere denkbar. Es bedarf feinfühliger Wachsamkeit, wie weit die Regeln geändert werden können, ohne dass die Schwertgebundenheit verloren geht.

Im Jūdō ist die Nutzung der Angriffsenergie Prinzip. Wie im Kendō findet die Kampf-Kunst ihre Identität in der Kampf-Form, mit Partnerkämpfen in Dan-Prüfungen, auf Turnieren, Deutschen Meisterschaften, Europa- und Weltmeisterschaften. Im Jūdō begreift man sich durch Anfassen und Angreifen. Vom ersten Griffkontakt ist man im Vollkontakt bis zum Wurf, Halte-, Hebel- oder Würgegriff. Und es gibt Lebensabschnitte, da stimmen Jūdōka und Kendōka sinngemäß mit Rocky Graziano überein: »Mann am Boden, jutet Jefühl.« Die Wahrheit tritt in vielen Gestalten auf. Der im Wettkampf nötige Kampfgeist, die mentale Stärke sind ohne Ich-Stärke nicht denkbar. Das Ego ist immer dabei. Im Kendō ist die Form auf den ersten Blick übersichtlicher als im Jūdō. Wegen der Shinailänge von circa 1,20 Meter haben die Kämpfer einen Abstand von 2,30 bis 2,50 Metern. Beide stehen für sich, zueinander, gegeneinander. Sie stehen auf Standpunkten, verteidigen sie und greifen von dort aus an. Wie oft habe ich mir vor Kämpfen eingehämmert, wenn mich Zweifel annagen wollten: »Steh, geh, steh, geh – dein Problem steht vor dir – nimm es an! Du musst im Kampf deine Rolle spielen!« Der treffende Schlag ist der Vollkontakt im Kendō. Oft prallen danach die Körper aufeinander, so dass die Entschlossenheit sichtbar wird. Man muss regelrecht zu seinem Schlag stehen. Die Rüstung schützt vor Verletzungen. Aber das Ego fühlt sich zutiefst getroffen und ist betroffen – »Au, das tut weh.« Das Ego ist voller blauer Flecken. Und die sind das Motiv für Wettkämpfer, immer wieder den Zusammenprall zu suchen. Es tut nicht leiblich weh, aber es geht einem nach. Etwas in mir will treffen und nicht getroffen werden. Beide suchen wir das Miteinander, weil wir das Gegeneinander zur Selbstbeobachtung brauchen. Dafür bedanken wir uns voreinander. Scheinbar ist das Sonnenlicht gelblich weiß. Es braucht den Gegenstand im Wassertropfen, um das Rot, Gelb, Grün, Blau darin zu sehen. Und sehen wir die Erdgeschichte an, lässt sich ihr Entstehen auf die Sonne zurückführen. Sie schuf sich Gegenstände, um ihren eigenen Farbreichtum zu sehen. Also sprach Zarathustra die Sonne selbstbewusst an: »Du großes Gestirn! Was wäre dein Glück, wenn du nicht die hättest, welchen du leuchtest!« Hier sind wir unserem »Ur« sehr nahe: Setzen wir statt Gestirn den Schwertkämpfer Miyamoto Musashi, dann könnte jeder Kendōka sagen: »Du großer Musashi! Was wäre dein Leben, wenn du nicht die hättest, welche du erschlägst!«

Kultiviertes Kendō

Ein Kendōlehrer riet mir jüngst in Japan, ich solle den Gegner als Bewohner eines Hauses mit Vorgarten sehen. Ich bin eingeladen und der Ausgang des Besuches hängt schon davon ab, wie ich mich dem Vorgarten nähere. Ich beträte ja das Gebiet eines anderen Menschen. Natürlich wohne auch ich in einem Haus mit Vorgarten und lade ebenfalls zu Besuch. Man fällt also nicht mit der Tür ins Haus, man bewahrt Haltung, ist aufeinander neugierig und zur Begegnung bereit, steigert die Spannung und hält sie aus. Gast und Gastgeber wollen einander nicht langweilen. Im Wettkampf ist regelgerecht Gewalt zulässig, um sich Zugang zu verschaffen. In Danprüfungen fällt man damit durch. In der Prüfung stellt der Kandidat seine Lösungen der Probleme vor. Man erwartet von mir eine Bereicherung des Kendō mit meinen ureigenen Möglichkeiten. Das Prüfungskollegium besteht aus personifizierter jahrzehntelanger Erfahrung. Keine Diskussion, keine Beratung. Nur bestanden oder durchgefallen. Selbst der eigene Trainer weiß nicht immer, warum die fünf, sieben oder 14 Prüfer nicht mehrheitlich für mich gestimmt haben. Irgendetwas an mir hat sie gestört. Also weiterüben, weiter mich beobachten, warum ich noch Zweifel an meiner Authentizität wecke. Ich muss glaubwürdig wirken, jedem Gegner gerecht zu werden. Zwei zweiminütige Prüfungskämpfe sind Etüden, die gemeinsam mit den Konkurrenten komponiert werden. Aber sie stehen exemplarisch für viele Situationen. Zitate von

Vorbildern müssen mit mir verwachsen, eine eigene schöpferische Leistung sein. Werde nicht getroffen, aber vermeide Treffer nicht krampfhaft. Treibe die Situation auf die Spitze und halte sie solange aus, bis der gültige Treffer geschieht. Erzwinge ihn nicht mit sichtbarer Absicht. Sei absichtslos. Bleibe anders als alle anderen, wie du es von Geburt bist. Alles Kōan, die zum Üben anhalten, bis dass der Tod mich scheidet.

Lass Es es machen

Einer meiner Gegner bei meiner Prüfung zum siebten Dan war ein mir noch heute lieber Freund. Wir kennen und beharken uns seit Jahrzehnten und wissen um unsere Stärken und Schwächen. Zuvor lag in unserem Händedruck das Versprechen, wir geben einander eine faire Chance. Er steht wie eine Wand, aber ich glaubte mich schließlich in meiner Distanz, um diese Burg zu nehmen. Mein Angriff zielt meist auf den Kopf, der Königstreffer. Ich fühlte mich auch gut beim Angriff, von der Gelegenheit her konnte ich jetzt nur noch angreifen, er war herausgearbeitet. Zudem fühlte ich in mir die gute Haltung. Aber der Kerl hat doch in letzter Hundertstelsekunde wie so oft sein Shinai oben und quer und fängt meinen Schlag ab. Kann daraus allerdings seinerseits auch nichts machen. »Oho«, dachte ich mir, »so etwas dürfen wir uns heute nicht noch einmal leisten.« Immer noch diese Burg vor mir. Unwillkürlich kehrt in mir ein seltener Zustand der kühlen Ruhe ein – »So, nun komm!« – ich stehe völlig entspannt vor ihm und gehe, ja spaziere fast auf ihn zu. Da ergreift er gegen seine Gewohnheit die Initiative und ich sehe seinen Men-Schlag voraus. Wie ein Pfeil schießt mein Shinai waagerecht weit nach vorn, der Körper geht von allein mit, steht und das Handgelenk des Ausholenden prallt gegen mein Shinai. Im selben Augenblick entlädt sich mein explosiver Schrei. Das war Es. Noch heute nach zehn Jahren spüre ich den Aufprall in meiner linken Hand, von da aus noch im ganzen Leib, und ich fühlte damals sofort, ich habe ihn ins Herz getroffen. So muss es sein.

Ideale Aktionen sind: den Gegner beim Besuch in einer mentalen Lücke antreffen und ihn skrupellos treffen, ihn zum Angriff verleiten und ihn trotzdem vorher treffen, in seinen

Angriff hineingehen, wobei sein Shinai zur Weidenrute wird und meines zum Eichenstock, der sich durchsetzt. Doch das sind noch Regeln. *Seme* ist jenseits von Rat und Regel. Auf Deutsch heißt *seme* »Angriff«. Gemeint ist der unsichtbare Angriffsgeist, der Geist des Angriffs. Es ist meine Kunst, dem Gegner eine Gunst abzugewinnen. Dazu ist gesunde Aggressivität wichtig, aber kein übereiltes Draufhauen. Der Geist verbietet mir, den ersten Schritt zu tun, und er gebietet mir, nicht auf den Angriff des Partners zu warten. Die Fußarbeit, um günstige Positionen im Stellungsspiel sich ergeben zu lassen, ist frei. Der Körper ist entspannt, scheinbar friedlich. Die Haltung ist ungespielt edel. Der Schlag findet die Situation, in der er sich löst. Dahin bringt mich kein erklügeltes Stellungsspiel wie im Schach, kein Trick, keine Taktik. Wenn der Gegner etwas tut, was mir entgegenkommt, ohne meine Nötigung, dann war mein Seme wirksam. Der Kampfplatz ist eine Begegnungsstätte. Wer die betritt, weiß, dass etwas passieren muss. Das Wie muss sich ergeben. Dass sich günstige Situationen von allein ergeben, ist das eigentliche Ziel des Trainings. »Gelegenheiten hat man nicht – Gelegenheiten schafft man sich«, wurde oben zitiert. Leicht zitierbar, aber wehe, man ertappt mich beim Schaffen meiner Gelegenheiten. Also was tun? Seme geschieht tagtäglich. Jemand bittet mich unvermutet so um einen Gefallen, dass ich nicht nein sagen kann. Punkt für diesen Jemand. Das ist ein Wechselspiel. Jeder gewinnt mal in diesem Spiel. Verliert man immer, fehlt einem die gesunde Aggressivität. In jedem Augenblick kreativ zu sein erfordert die stete Achtsamkeit darauf, was mir mit Menschen geschieht. Seme hat etwas mit Charme gemeinsam und ist genauso schwierig zu lernen. Seme im Kendō erfordert ein Vorwärtswollen wie beim Fahrradfahren, sonst muss man es schieben, einen gesunden Selbstbehauptungswillen wie beim Autofahren. Ich bin auch wer. Niemand will die übrigen Verkehrsteilnehmer verbeulen. Aber ich kann im Edelmut versinken, wenn ich stets anderen die Vorfahrt lasse. Ich bin verpflichtet, meine Rechte wahrzunehmen. Dabei gehe ich nicht über Leichen. Trete ich jemandem auf den Fuß, ist er zu weit in meinen Weg gestellt. Habe ich Seme verinnerlicht, habe ich auch ein Gespür für die Interessen anderer. Höflichkeit kann eine Verkleidung von Angst sein: »Ich will keine Verantwortung übernehmen, bitte nach Ihnen.« Im Kampf steht beim Gegner die Ampel auf Rot. Ich will sie aber auf Grün haben. Dafür muss es doch beim Partner Knöpfe geben. Die muss ich finden und aktivieren. Sesam öffne dich! Das probieren ja schon Kinder bei Eltern, Schüler bei Lehrern. Dieses Spiel ist lebenswichtig.

Geist, Schwert und Körper sind eins

Im Kendōkampf sieht und hört man viele Treffer, die von den Kampfrichtern nicht gewertet werden. Das verwirrt Laien und auch Fachleute sind geteilter Meinung. Doch die Kampfrichter haben die Kriterien durch jahrzehntelange Praxis verinnerlicht und sind selbst noch aktiv. Die Merkregel *ki ken tai ichi* bedeutet »Geist-Schwert-Körper-Einheit« beim Treffen. Das Ganze ist mehr als die Summe seiner Teile. Schwert und Shinai sind keine bloßen Gegenstände. Menschenhände verlangten danach, haben es geschaffen und im Tun entwickelt. Es ist aus Menschen gewachsen und verschmilzt mit ihnen wieder in der Praxis. Schwert und Kämpfer bilden gemeinsam eine Waffe. Zufallstreffer oder schwertfremde Gewaltschläge zählen nicht. Benutzt man das Schwert wie eine Axt, wird es zerbrechen. Die Impulsübertragungen auf den Trefferflächen beim Gegner müssen Schnittcharakter haben. Das Ki äußert sich am deutlichsten im Urschrei. Die Stimme verrät die Stimmung, eine explosive Hochstimmung. Der Urschrei ist ein Nat-urschrei. Ein schreiendes Baby alarmiert seine Umgebung bis zur Hysterie. Das Röhren des Platzhirsches löst bei seinen Kühen den Eisprung aus. Gerät ein Kampfrichter mit dem Schrei eines Kämpfers nicht in Resonanz, zeigt er den Treffer nicht an. Wäre es dem Treffenden um Leben oder Tod gegangen, hätte es jeder gespürt. Stand und Haltung des Körpers müssen eine saubere, flatterfreie, treffsichere Schlaglinie ermöglichen. Beim Prall auf einen massiven Gegner bleibt die eigene entschlossene Haltung bestehen. Ich falle nicht auseinander. Kampfrichter sind Kritiker der Protagonisten wie Theaterkritiker. Spielt auf der Bühne jemand Richard III nicht so, dass man ihn als Zuschauer impulsiv erschießen möchte, ist es nicht Richard III. Dann spielt er nur zum Zeitvertreib. Da Kendōzeit Lebenszeit ist, ist uns die

Zeit heilig. In der Dan-Prüfung hat man nur zwei Minuten, um zu überzeugen. Kendō ist eine Kunst, die unser Gemüt bewegt. Bei einem Kendōkampf bleibt keiner ruhig sitzen. Sitzt ein Orchestergeiger nicht auf der Stuhlkante, steht ein Sänger nicht auf den Ballen, haben darstellende Künstler kein Kiai, schlafen die Zuschauer ein. Kunstfertigkeit allein reicht nicht. Steht ein Kampfrichter nicht federnd auf den Ballen, ist er nicht in der Einheit, die auf der Kampffläche stattfinden sollte. Dort befinden sich fünf Kämpfer, zwei mit, drei ohne Shinai. Ein Kampfrichter ohne Ki ist ein Strohmann, wie ein Lehrer ohne Kiai. Beide erreichen nicht das übliche Pensionsalter – jeweils 65 Jahre. Ohne Ki keine Authentizität. Jeder hat das als Passiver wie als Aktiver erlebt. Wir wissen um dieses Problem unserer Existenz. Viele Sucher nach Ruhe, Frieden, Harmonie, Heiligkeit oder Weisheit aktivieren nicht ihre Energie und behaupten sich nicht im Kendō. Sie finden in sich nicht genug Kraft zur Verdichtung bis zum Urknall. Ihnen fehlt ein Innendruck, der den Druck der Gegnerschaft aushält. Solche Menschen implodieren statt zu explodieren. Klein beigeben wird oft mit Friedfertigkeit verwechselt, verhüllt mit dem Schleier der Nächstenliebe. Ki äußert sich im Ausdruck.

Kata

Der Sinn von Kata ist uns vertraut: Partituren von Musikkompositionen, Choreographien im Tanz, Gedichte, Schauspieltexte von Aischylos bis zur zeitgenössischen Dramatik, paradigmatische Übungsaufgaben im Ingenieurstudium, Kopieren von Gemälden auf Kunstakademien. Der Deutsche Kendōbund lädt Lehrer aus Japan ein, die ihren achten Dan in der Kendōkata deutlich machen. Als Partner solcher Lehrer in der Kata spüre ich eine gebändigte, aber bedingungslose Entschlossenheit, die ich aushalten muss – eine Aufforderung, die Form mitzugestalten. Wir haben zwar nur Holzstücke in der Hand, aber die verwandeln sich bei starken Lehrern in Schwerter. Das ist keine Spielerei, kein So-tun-als-ob. Danach bin ich hellwach und schweißgebadet. 1979 haben wir in der Vorbereitung für die Kendō-Weltmeisterschaft jeden Morgen Kata geübt, was die mentale Vorbereitung auf den Punkt gebracht hat. Die Partner fokussieren einander. Jeder steht im Brennpunkt des anderen, alle ablenkenden Gedanken und Eindrücke sind ausgeblendet. Kata ist Zweikampf.

Dorffrauen haben sich gegen Samurai mit Sicheln an langen Stangen, den Naginata, verteidigt. Eine Naginata ist länger als ein Schwert und kann schnell die Achillessehne des Angreifers erreichen. Da in Japan alles zur Kata werden kann, sind Naginata-Kämpfe schon längst in Kata geronnen. Die japanische Polizei hat Kata im Ausbildungsprogramm für die Selbstverteidigung. Polizisten müssen intuitiv auf unverhoffte Situationen reagieren. Ich habe in Tōkyō Polizeitraining mit allen möglichen Waffenimitationen gesehen. Das Gerüst dieser Ausbildung sind zwar einzelne Grundsituationen, verdichtet in Kata, aber es sind Kämpfe möglich. Einzige Begrenzung ist, den Partner nicht fahrlässig zu verletzen. In solcher Ausbildung geht Kata in Kür über. Ähnlich habe ich es beim Segelfliegen erlebt. Start und Landung auf dem Platz sind wie in einer Kata choreographiert. Da ein Flieger in Bodennähe am meisten gefährdet ist, muss die Kata konzentriert ausgeführt werden. Wen das nicht zur Demut anhält, bleibt nicht lange am Platz. Eine gelungene Landung ist keine Garantie für die nächste. Einst sah ich eine Landung, die ein Absturz hätte sein müssen. Das Flugzeug gleitet, viel zu früh abgefangen, in zwei Meter Höhe parallel zum Boden, sinkt kaum, segelt immer weiter, nach einer Unendlichkeit schwebt es noch in fünfzig Zentimetern Höhe, wehe die Strömung reißt jetzt ab, dann fiele es senkrecht auf den Boden und es bräche Flieger wie Flugzeug die Wirbelsäule, aber es schwebt und schwebt, viel zu langsam und liegt endlich, endlich sanft auf der Erde. Ein Engel muss es getragen haben. Der Platz hielt den Atem an, stand, starrte, betete still. Ehe jemand etwas sagen konnte, hörten wir die ruhige Stimme des Fluglehrers: »Vergesst das nicht, das könnte einer eurer künftigen Fehler sein.« Fahrt, das heißt Geschwindigkeit, ist das halbe Leben. Ihr müsst pfeilgleich ran an den Boden, doch nicht auf ihn starren, bis der Grashalm groß wird wie ein Baum. Kommt der Boden näher, gleitet euer Blick zwanglos zum Horizont, der in Augenhöhe erscheint und schon landet eure Hand das Flugzeug sanft von allein. Die Blickkontrolle heißt in Japan *metsuke*. Im Iaidō und Kendō sind die Augen oft am Horizont. Musashi Miyamoto beschreibt das im *Buch der fünf Ringe*.

Die Situation im Dōjō ist sicher, erfordert aber wie bei einem Schauspieler oder Tänzer eine verlebendigende Vorstellungskraft für Kampfsituationen mit dem Schwert. Damit hat man vergleichbare Probleme wie beim Landen im Segelflugzeug. Man kann nicht durchstarten und es nochmals versuchen. Wenn die Höhe fehlt, muss man heil runter. Ich halte mich für dieses Problem wach, indem ich abends viele mögliche Störungen geistig durchspiele. In Danprüfungen beim Kendō darf man höchstens einmal eine Kata wiederholen. Beim Iaidō fällt man durch. Schwert ist nun mal Schwert. In genügender Höhe dagegen kann man seine Kurven und Kreise in der Thermik fliegen, eine genussvolle Kür voller Kampf mit den unsichtbaren, nur fühlbaren Elementen. Bei blauem Himmel sind die Aufwinde über der Landschaft nur zu vermuten, doch ob dort der Lift nach oben steht, ist das gleiche Risiko, wie wenn ich im Kendō meinen Gegner in einer vermeintlich günstigen Gelegenheit angreife. Ich kann unvermutet in ein Loch fallen. Iaidō scheint zwischen Segelfliegen und Kendō zu liegen. Wie im Segelflugzeug ist der Iaidōka mit sich allein. Er hat ein Schwert, das zur Demut erzieht. Tausende ausgeklügelter Kata versuchen alle möglichen Kampfsituationen zu simulieren und ihre ständige Übung soll uns allen Situationen gerecht werden lassen. Die werden in unserem zivilisierten Leben nicht eintreten. Also dienen sie der eigenen Erziehung. Ist im Kendō mein Gegenüber mein Spiegel und mein Bild darin Anlass zum Nachdenken, muss man im Iaidō alles in sich selber erfahren. Der Kendōpartner deckt meine Fehlhaltungen sofort auf, im Iaidō können sie jahrelang verborgen bleiben, im fleißigen Üben sogar unausrottbar vertieft werden. Hier hilft nur das erfahrene Auge eines Lehrers, der nicht nur rein äußerlich korrigiert, um uns formgerecht funktionieren zu lassen, sondern auch geistige Fehlhaltungen in uns sieht. Sie zu erkennen lässt uns selbstständiger werden in der Interpretation anderer Formen. Orchestermusiker und Schauspieler befolgen die Anweisungen der Dirigenten und Regisseure, die den Ausdruck verantworten. Im Iaidō ist man Solo-Instrumentalist. Der geht nicht bei jedem neu einzustudierenden Musikstück zu seinem Lehrer. Irgendwann muss er allein fliegen können.

Kata ist Kalligrafie. Irgendwann wird es gelingen, sie dreidimensional im Raum zu filmen und auch dort wieder abzuspielen. Diese Technik heißt Holographie. Rauch- oder Lichtspuren am Schwert bilden eine Art Kondensstreifen für die Bewegungen. Gelänge es, den Film wie ein Diabild im Raum stehen zu lassen, könnte man an der eingefrorenen Bewegung entlangschreiten, sie als Skulptur betrachten, von allen Seiten. An ihr ließe sich feilen, wie es Bildhauer tun. Michelangelo soll seine Skulpturen im Marmorblock gesehen und allmählich freigelegt haben. So hat der Übende die Kata vor dem geistigen Auge. Bei einer Iaidōkata wäre es zunächst die Kalligrafie eines Solisten. Hinzukommen müsste die Kata seines unsichtbaren, nur vorgestellten Gegners. Beide in einer Skulptur verschränkt, würden Aktion und Reaktion korrigierbar zeigen. Üben, das sich nicht kritisch selbst beobachtet, ist Zeitverschwendung. Der Gegner ist in mir. Kata erzieht.

Angst

Natürlich hat jeder Angst. Die Sonne kreist um alle Welt, sieht niemals einen ihrer Schatten, ihr bleiben Einsichten verstellt, die Ängste in der Nacht gestatten. Das Ungemach hat viel Gemächer, drin wirtet Schlafes Bruder Tod und reicht uns oft genug den Becher zum neuen Wurf ins Morgenrot. Das Shinai ermöglicht die täglichen Neuanfänge, so dass Kendō seine menschlichen Züge zeigen kann. Ärger, Argwohn, Aggression, Argumentation, Autoritätssucht quellen aus der Angst. Kendō bietet genügend Gelegenheiten, diese fünf A an sich zu beobachten. Man muss die Gegner nehmen wie sie kommen, nicht an ihnen herummäkeln. Der Partner hat immer Recht. Trifft er mich an ungeschützter Stelle, ist es meine Offenheit ihm gegenüber in einer Situation, für die mir Intuition und verinnerlichte Reaktion fehlen. Jeder Kendōkampf ist ein Abenteuer. Und dazu gehört nun mal Herzklopfen. Im Kendō wird nicht argumentiert: »Wenn du dich so verhalten hättest, dann hätte ich so … hättest du nicht so, dann hätte ich auch nicht so.« Der Mount Everest lässt nicht mit sich diskutieren. Er nimmt alle gleichmütig. Also ist einer der wichtigsten Formen des Mutes der Gleichmut. Ich habe bisher keinen Kendō-Lehrer getroffen, der nicht Zeichen der Angst gezeigt hätte – als Wettkämpfer, als Danprüfling, als Trainer, als Kampfrichter oder im privaten Leben. Ungewollt, denn es gilt der Grundsatz, andere nicht mit der eigenen Angst anzustecken. Mit der Angst ist es ähnlich wie mit der Liebe. Beide sind sehr persönlich und verlangen persönliche Lösungen. Daher finden detaillierte Gespräche darüber nicht statt, im Kendō und unter Männern habe ich sie jedenfalls nicht erlebt. Kendōkämpfer können nicht gegeneinander ohne miteinander sein. Sie bilden auf der Kampffläche eine Einheit. Ein Kick im Kopf – wahrscheinlich bei allen Extremabenteurern ersehnt –, und beiden wird klar: Es ist piepegal, wer gewinnt. Auf die Einheit kommt es an. Beide sind nur Diener für etwas Höheres, das nur so sichtbar wird. Wer in einer Ehe sollte gewinnen? Lampenfieber bezeichnet das Problem treffender als Angst. Nach einem ausgiebigen Training fällt die Angst sehr schnell ab. Ist man sich seiner Technik sicher, ist man auch im Kampf selbstsicher.

Dan und Shōgō – Technik und Ethik

Dan betitelt den Stand der Technik, *Shōgō* den Stand der ethischen Reife. *Dan* läuft von eins bis zehn, *Shōgō* hat die drei Stufungen *renshi*, *kyōshi* und *hanshi*. So sieht man auf der Visitenkarte eines Kendōka sofort den Stand seiner technischen Meisterschaft und den Grad seines Engagements für die Gemeinschaft. Kendō zeigt seine Schwertgebundenheit auf mehrere Weise: Erstens im Ringen mit sich selbst, um die Form zu erfüllen, so dass der Treffer wie ein reifer Apfel fällt. Zweitens im Ringen mit dem Gegner, der einem, von seinem Standpunkt aus und in seinem Hochgefühl, das eigene Hochgefühl streitig macht. Zwei hochmögende Seelen in verschiedenen Brüsten prallen aufeinander. Drittens im Ringen mit der Gemeinschaft, aus der ja die Gegner zu Wettkämpfen kommen. Diese Gemeinschaft muss gepflegt werden. Besiegt man sie alle wie Musashi, ist man allein und kann sich nur noch selbst begraben. Konzentriert sich jemand, was legitim ist, auf seine Dan-Karriere, wurde er früher ein einsatzwilliger und fähiger Samurai. Shōgō aber erinnert an Shōgun. Ein Herrscher hat immer Verantwortung für sein Volk. Auch wenn beide Wörter wortgeschichtlich nicht zusammenhängen, sollte ein Shōgun deshalb Shōgō-gerecht handeln. Ein General gibt einer Gemeinschaft Halt und Richtung für den effektiven Einsatz der gemeinschaftlichen Kräfte. Nicht jeder gute Einzelkämpfer ist auch ein Mannschaftskämpfer. Nicht jeder Turniermeister ist befähigt eine erfolgreiche Mannschaft aufzustellen. Wir spüren es im Kleinen, wenn wir die Solokämpfer beobachten. Sie übersehen den Eigenwillen im Gegenüber. Das kann zur Entfremdung von der Realität führen. So kann im Kendō die eigene Dan-Karriere nur der eigenen Nabelschau dienen, bei der die Gegner aus der Gemeinschaft nur als Trefferflächen benutzt werden, ohne sich um Nachschub zu sorgen. Das nennt man Raubbau an der Gemeinschaft. Privatleute beuten die Gemeinschaft aus. Nun muss nicht jeder General sein wollen oder sollen. Die Schwertidee ist ja im japanischen Nachkriegs-Kendō nur noch im übertragenen Sinn spürbar. Die sportliche Oberfläche lässt eine demokratische Organisierung zu. Und die ist so fein gegliedert, dass Generalsfähigkeiten wiederum nur im übertragenen Sinn nötig werden: Übungsleiter, Trainer, Vereins- und Verbandsfunktionäre. Für den Breiten- bis zum internationalen Wettkampfsport sind vielfältige Positionen zu besetzen, die sowohl das Einzelkämpferische eines Samurai wie auch die integrierende Kraft eines Politikers erfordern – ganz friedlich. Bei Seme darf man den Angriffsgeist nicht sehen, bei Shōgō nicht den Ehrgeiz. Shōgō heißt sozialverträgliche Verantwortung. Wort und Antwort stehen im Gegensatz. Shōgō bedeutet die Kultivierung der gesellschaftlichen Gegensätze. Shōgōgrade erwirbt man sich in Interessenskonflikten. Dagegen kann ein reiner Dan-Kendōka noch so hart trainieren, um die roseste Kendō-Rose in und mit sich selbst zu züchten – man kann ihm vorwerfen: »Er tut nichts!« Kendō würde mit ihm sterben. Er hat noch nicht bemerkt: Kendō ist eine Form der Liebe. Man muss schon lange Kendō trainiert und viel Sake mit den japanischen Lehrern getrunken haben, bis sie uns ins Vertrauen ziehen – ja, Kendō ist eine Form der Liebe.

Im deutschen Kendō wurde vor dreißig Jahren noch überlegt, ob die Dan-Prüfungsanforderungen auch persönliche Eigenschaften des Kandidaten berücksichtigen sollten. Da das schwer zu formulieren ist, beschränkte man sich nur auf die Technik, die objektiver prüfbar ist. Wir trösteten uns in der

Überzeugung, Kendō sei eine ganzheitliche Form, die uns nicht nur physisch, sondern auch »menschlich« erzieht, von innen heraus durch die hingebungsvolle Pflege der Form im Training. Kendō als Gebet. Dabei wird gesundheitsfördernd geschwitzt. Das Es im Sinn von Zen steigt phoenixgleich aus der Asche unseres Ego, das uns stets unsere schönen Lebensgelegenheiten vermasselt. So die Lehre. Jahrzehntelange Kendōpraxis und das Leben haben inzwischen gezeigt: Ganz ohne Ego geht es nicht. Mag sein, das ist Resignation. Aber auch Resignation ist ein Schritt zur Weisheit, zumindest gibt sie Muße zur Besinnung. Der Wettkampf basiert auf den Gesetzen des Schwertes. So steht es in der Präambel der Wettkampf- und Kampfrichterregeln. Konsequent wäre, Kendō und Iaidō gemeinsam zu trainieren. Das hat sich in Japan nicht durchgesetzt. Wahrscheinlich auch, weil sich Iaidō seine eigene kostenpflichtige Scheinchenhierarchie in Form von Dan geschaffen hat. Kendō bekam zwecks Erziehung als Anhang die *Nihon Kendō Kata*. Die kann in der Tat so konzentriert geübt werden, dass die Übenden dabei schweißnass in simulierten Kampfsituationen stehen. Dazu bedarf es erfahrener Kendōlehrer, denen man glaubt, sie könnten diese Formen auch im Existenzkampf mit dem nackten Schwert ausführen. Wir haben solche Lehrer kennen gelernt. Inzwischen sind wir selbst soweit, dass wir gegenüber Anfängern in der Kata so wirken können. Dabei spüren wir immer noch nicht die Potenz in uns, es mit dem blanken Schwert aufnehmen zu können. Kein Papst kann sicher sein in den Himmel zu kommen, wie er in Dantes Göttlicher Komödie nachlesen kann. Wir fühlen uns trotz technischer Präsenz nicht im Es. Das gibt zu denken. Woran liegt es, dass etwas fehlt? Eine eingehende Analyse führte uns damals auf den alten Gegensatz zwischen Technik und Ethik, ob man alles darf, was technisch möglich ist. Vor dieser Diskussion werde ich mich hier hüten. Aber D .T. Suzuki weist den westlichen Leser in *Zen in der Kultur Japans* darauf hin, dass man trotz Erleuchtung, *satori*, amoralisch ist, wenn Zen nicht ethisch gebunden ist. Ein Widerspruch, weil doch das Ziel ist, alles Anhaften sein zu lassen. Das Tun muss gemeinschaftsfördernd sein, also ethisch. Kant versucht das mit seinem kategorischen Imperativ grundsätzlich zu regeln – handle stets so, dass dein Handeln Vorbild für die

Allgemeinheit sein könnte. *Dan* dient der Selbstpflege, ist also Privatsache, *Shōgō* dient der Fremdpflege, ist also öffentlich. Vor dreißig Jahren hofften wir, am Anfang unseres Kendōlebens, die Dan-Idee enthalte beides. Die Entscheidung des japanischen Kendōverbandes, beides zu trennen, machte uns hellhörig. Wie kann sich, was ursprünglich eines Geistes ist, später trennen?

Die Kendō-Idee ist zwar schon in den Manageretagen der Wirtschaft ventiliert worden, aber noch nicht in der Politik. Dabei kann man sie nackt und unverblümt in den Dramen Shakespeares nachlesen. Man muss nicht Japanisch lernen, um zu verstehen, was gemeint ist. Hamlets »Sein oder Nichtsein«: Soll er der persönlichen Rache ungestüm freien Lauf lassen, wie der Geist des toten Vaters drängt, oder soll er es mit der Realität bewenden lassen, weil die Hintergründe außer dem Mörder ja kein Lebender kennt, oder soll er sich in den Schlaf flüchten? Hamlet ist besonnen und spielt im Geiste Möglichkeiten durch. Er ist gehemmt, scheint von des »Gedankens Blässe angekränkelt«. Aber er findet bedachtsam Plan und tatkräftig Gelegenheit, den Mörder zu entlarven und trotzdem das Gemeinwesen zu erhalten. Und ganz im Sinn europäischer und japanischer Ritterromane kann ihn nur Heimtücke töten. Das Schwert steht für Leben und Tod. Nimmt man es im Kendō als Maß der Dinge, findet man es in allen aufgesplitterten Alltagsformen wieder: im Privat-, Berufs-, Vereinsleben und im Leben ganz allein mit sich selbst. Wo man auch sei, jeder Augenblick verlangt Kreativität und Achtsamkeit. Gleichzeitig die unfixierte Wachsamkeit des *mu*, des Symbols des Nichts, sowie ansatzlose, gedankenfreie, angemessene Aktion und Reaktion. Das Schwert sollte also ganz von allein zur Demut und Verantwortung erziehen. Ein Merkpunkt für uns alle: Die Demokratie lässt bei Abstimmungen Enthaltung zu. Man schaffe die Enthaltung ab, reduziere die Demokratie auf Entweder-oder, dann spürt man den innewohnenden Schwertkampf.

Kendō – ein Geschenk Japans

Kendō ist ein Geschenk Japans an die Welt. Ich sehe keine andere Form, die all das lebenslang kultiviert, was uns von Kindheit an zu Handgreiflichkeiten im Streit verleitet. Wir sind erzogen worden, an uns zu halten. Dabei haben sich die Triebe irgendwo in uns verkrochen. Ihre Reizung und Kanalisation in Armeen bis zu Kriegen wäre anders nicht möglich. Wem Kendō nicht zusagt, erinnert sich dieser Triebe nicht mehr, die bei Kindern und Schülern noch das Verhalten beherrschen. Sie lassen sich gehen, können nur schwach unterscheiden, sind aber auch bestechend authentisch. In unserer Sozialisation haben wir schließlich gelernt, uns selbst hinzubiegen. So ist unsere scheinbare Friedlichkeit nur ein Burgfrieden, zunächst mit den Erziehern, dann mit uns selbst, weil wir vor unserem Potenzial erschrecken. Außerdem haben wir eingesehen, dass kaum ein bürgerliches Leben denkbar ist, wenn wir unsere Triebe ausleben. Ohne Aggressionen, die in primitiver Selbstbehauptung zum Ausdruck drängen, wäre ein anderes Menschenbild möglich. Es müsste angstfrei sein, doch bisher habe ich es nur im Traum gesehen.

Ich liege irgendwie verfolgt ungesehen im Graben eines Weges. Über mir zu meiner Rechten stehen drei mönchische Gestalten, schlank und aufrecht, waffenlos. Keine Aggression geht von ihnen aus. Ihr Anführer in der Mitte ist mittelgroß und hat ein durchgeistigtes Gesicht voll Menschenadel. Ihnen gegenüber zu meiner Linken steht eine Rotte kampferprobter, zum Hauen und Stechen bewaffneter Männer. Ihr Häuptling ein Majestix-Typ. Sich ihrer Sache sicher versperren sie mit verschränkten Armen breitbeinig den Weg. Das scheint ein verabredetes Treffen zu sein. Der Geistliche hat ein Büchlein in der Hand. Zusammengeklappt passt es in eine Streichholzschachtel. Er schreibt mit einem gespitzten Bleistiftstummel, nur noch haltbar zwischen Daumen und Zeigefinger, etwas hinein und reicht es voll Anmut, Demut, Großmut, Langmut, mit dem unaufdringlichen Mut, der zu seiner Sache steht, dem Häuptling. Der lehnt sich abschätzig zurück, nimmt mit längstem Arm, der ihm möglich ist, das vor seiner Gestalt winzige Buch, wirft keinen Blick hinein, sieht nur den Geistlichen an. Der reicht ihm nun den Stummel nach, das spitze Ende auf sich gerichtet. Widerwillig nimmt der Häuptling mit der freien Hand auch den, hält ihn in einer Kunstpause am gestreckten Arm, fasst dem andern unter die Nase und wirft ihm den Stift verächtlich vor die Füße. Hämische Bestätigung stärkt ihm den Rücken. Der Geistliche bleibt ganz Geste, geht aufrechten Rückens in die Knie, hebt den Stummel auf, steht wieder unbeirrt zu seiner Sache, sein Gesicht strahlt von innen voller Menschlichkeit – mehr noch als beim ersten Mal. Ohne eine Miene zu verziehen und mit freimütig zugewandter Grazie reicht er ihn dem Häuptling wieder dar. Majestix stutzt, sieht dem Geistlichen ins Auge, befreiendes Erkennen gleitet über sein Gesicht. Sein Arm kommt unwillkürlich dem anderen entgegen, Daumen und Zeigefinger nehmen vorsichtig den Bleistiftstummel. Er ist einverstanden. Verständnis entspannt den Haufen Männer, Freundschaft hellt sie auf. Es folgt eine überirdische Begeisterung, die man in Rohlingen nicht vermutet. Vor Freude verrate ich mich fast im Graben, wache erschreckt auf – und sehe hilflos verzweifelt zu, wie sich das Schlussbild vor meinen Augen verliert. Die Gruppe entfernt sich in nie gesehener Eintracht und löst sich unhaltbar in Luft auf. Und mir ist so, als drehten sie sich in der Auflösung geschlossen alle zu mir um im stummen Wink zu folgen, als hätten sie von meiner Zeugenschaft von Anfang an gewusst.

Der Geistliche erinnert mich an einen achten Dan, der Kendō und Zen praktizierte. Er zeigte uns einmal im Videofilm einen seiner Meisterkämpfe. Ruhig steht er da, tut scheinbar nichts, der namhafte Gegner vor ihm wird unruhig, verliert seine innere Haltung und will den Treffer erzwingen. Es hält ihn nicht mehr und er macht im Angriff eine sehr unglückliche Figur, der man sich zeitlebens schämt. Völlig aus dem Häuschen steht er entblößt für einen Gegenschlag – »Jetzt! Jetzt!«, rufen wir Anfänger, die den Film sehen. »Ja«, sagt unser Meister, »wenn selbst ihr die Gelegenheit seht, für wen muss ich denn jetzt noch schlagen? Mein Gegner hat sich selbst geschlagen und alle haben es gesehen. Im Kendō muss man nicht schlagen! Übt so lange, bis der Schlag überflüssig ist. Ich habe mich während des ganzen Kampfes nur auf meinen Atem konzentriert. Mein bekannt starker Gegner konnte ihn mir nicht rauben. Atmet also. Übt euren Atem im Dōjō, prüft eure Atemsicherheit im Wettkampf, dann seid ihr vorbereitet für Stürme, die euch an den Rand eurer Existenz bringen.« – So steuere ich mein kleines Boot immer wieder in das weißschäumende Chaos. Kendō ist Brandung, zum Schutz der Oase dahinter. Will ich landen, muss ich da durch.

Das Herz nicht bewegen – Die Geisteswelt der Kampfkünste

Florian Markowetz und Uschi Schlosser-Nathusius

Andere Länder, andere Sitten – ein uralter Spruch mit einer tiefgründigen Wahrheit. Meist wird er auf Äußerliches bezogen, auf Sprachen, Feste und Verhalten im Alltag. Innen drin, im Denken und Fühlen, glauben die meisten von uns aber an die Gleichheit aller Menschen. Auch Wissenschaftler teilten lange die weit verbreitete Meinung, dass grundlegende Denkvorgänge bei allen Menschen gleich ablaufen. Erst seit wenigen Jahren vergleichen Psychologen, wie Menschen aus verschiedenen Kulturen denken und wahrnehmen. Es zeigt sich, dass Versuchspersonen aus asiatischen oder europäisch-amerikanischen Kulturkreisen schon in einfachen Experimenten ganz unterschiedlich reagieren.

Ein leicht verständliches Experiment verlief folgendermaßen: Psychologen präsentierten Testpersonen am Computer realistisch animierte Unterwasserwelten. Im Vordergrund einige große Fische, im Hintergrund ein Gewimmel von kleineren Tieren, Wasserpflanzen und Steinen. Als erste Aufgabe sollten die Probanden beschreiben, was sie gesehen hatten. Amerikaner erzählten fast nur von den großen Fischen im Vordergrund, der Rest kam erst spät in ihren Berichten vor. Japaner schilderten von Beginn an ebenso Merkmale des Hintergrunds. Woher kommt dieser Unterschied? Um die Frage zu beantworten, untersuchten die Forscher in einem zweiten Experiment, wie sich Amerikaner und Japaner die Bilder eingeprägt hatten. Sie zeigten den Testpersonen Standbilder von Fischen, die sie mit dem gesehenen Film vergleichen sollten. In einigen Fällen war der Fisch bereits in der Animation vorgekommen, manchmal unterschieden sich sowohl Fisch als auch Hintergrund vom Film und ein andermal entsprach der Hintergrund dem Original, nicht aber der Fisch. Die Probanden sollten entscheiden, ob sie den Fisch in der Originalanimation schon gesehen hatten. Amerikaner lagen öfter richtig, wenn der Fisch in einer veränderten Umgebung erschien. Japaner waren besser, wenn sowohl Hintergrund als auch Fisch dem Original entsprachen. Sie hatten sich die Fische zusammen mit dem Hintergrund als Ganzes eingeprägt. Ergebnis des Versuchs: Menschen aus »Ost« und »West« unterscheiden sich darin, worauf sie ihre Aufmerksamkeit richten. Amerikaner – und wohl auch Europäer – konzentrieren sich schon bei ganz einfachen Aufgaben mehr auf prägnante Details, während Japaner alle Bestandteile in ihrer Beziehung zueinander verarbeiten, also das Ganze im Blick haben.

Blick aufs Ganze

Andere Forscher konnten die These in vielen weiteren Experimenten belegen wie etwa in Versuchen mit Deutschen und Chinesen. Immer fanden sich die gleichen Unterschiede: Menschen aus dem Westen konzentrieren ihre Aufmerksamkeit auf einzelne Objekte, Menschen aus Asien darauf, wie diese zusammenhängen. Wie lassen sich die Unterschiede erklären? Dazu muss man wissen, wie sich unsere westliche Kultur von der fernöstlichen unterscheidet. In der chinesischen Schrift, Philosophie und Medizin finden sich die gleichen Unterschiede, die Psychologen im Denken und Wahrnehmen festgestellt haben.

Die chinesische Schrift ist vielschichtig. Auf den ersten Blick fallen uns die ungewohnten, komplizierten Zeichen auf. In den Kampfkünsten taucht zum Beispiel oft das Zeichen für Kampf auf: 武 (chinesisch *wu*, japanisch *bu*). Wer genau hinsieht, bemerkt, dass es aus drei kleineren Teilen zusammengesetzt ist: »anhalten« (*zhi*, 止) und »zwei« (*er*, 二) »Lanzen« (*ge*, 戈). Die Einzelteile des Schriftzeichens *wu* haben eine eigene Bedeutung. Auf dieser Beobachtung baut die friedliebende Deutung der Kampfkünste auf. Das Zeichen *wu* wird dabei interpretiert als die Forderung: »Halte beide Lanzen auf – die des Gegners und deine eigene.« Eigentlicher Zweck der Kampfkunst ist also, den Kampf zu beenden, und nicht, ihn zu führen. Ein Zeichen – eine Geschichte; die chinesische Schrift kann nur verstehen, wer die Teile in ihrer Gesamtheit und Beziehung zueinander sieht.

Die Besonderheiten chinesischer Sprache und Schrift haben Auswirkungen auf die gesamte ostasiatische Geistes- und Kulturgeschichte. In der chinesischen Philosophie finden sich wenige abstrakte Gedankengänge und viele Geschichten. Dadurch wurde die Art und Weise zu schreiben im ganzen Fernen Osten geprägt. Wer sich für die Hintergründe der Kampfkünste interessiert, kennt sicher einige der vielen Parabeln. Die alten Meister und Stilbegründer haben keine theoretischen Traktate verfasst, sie haben ihre Botschaft in Geschichten verpackt. Sehr bekannt ist *Karate-dō, Mein Weg* von Funakoshi Gichin, aber auch Richard Kim und Tōhei Kōichi haben viele dieser Kampfkunst-Geschichten gesammelt und veröffentlicht. Sie erzählen von Mut und Demut, Treue und Friedenswillen, ohne diese abstrakten Begriffe zu verwenden. Stattdessen liest man Geschichten aus ihrem Leben, Anekdoten von den Verfassern und ihren Meistern.

Der deutsche Regisseur Wim Wenders stört sich als kreativer Mensch daran, dass hierzulande gern eingeordnet und getrennt wird: »Erst die Arbeit, dann das Vergnügen! Wie oft habe ich meine Mutter das sagen hören und dabei schon als Kind gewusst, dass dort eine Kluft geschaffen wurde, wo keine sein sollte, durfte, musste.« Wir denken im Entweder-oder-Schema: entweder Arbeit oder Vergnügen; entweder Verstand oder Gefühl. Das eine schließt das andere aus, beides zusammen geht nicht. Dabei hätten wir zu beidem gleichermaßen Zugang. Wim Wenders: »Diese Freiheit zu beschneiden ist völlig unnötig und willkürlich.« Statt Entweder-oder steht im ostasiatischen Denken ein Sowohl-als-auch. Das zeigt schon das berühmte Zeichen von *yin* und *yang*, die beide den Kern des anderen in sich tragen. Die chinesische Kultur kann mit Widersprüchen gut leben. Im alten China galt der Grundsatz: »Nur wer Widersprüche aushält, kann die Wahrheit erkennen.« In der ostasiatischen Tradition werden Ideen danach beurteilt, ob sie sich in der Praxis bewähren, bei uns geht es meist um die große Theorie. Mit intuitivem Ausprobieren hatten chinesische Erfinder großen Erfolg, immerhin gab es Schießpulver, Porzellan, Magnetkompass und auch die Schubkarre dort viel früher als in Europa.

Den Unterschied zwischen dem Blick aufs Ganze und westlichen Vorstellungen sieht man deutlich in der Medizin. In der westlichen Chirurgie unterscheidet einen Menschen nicht viel von einem Auto: Ein kaputtes Teil wird repariert oder ausgetauscht. Die fernöstliche Medizin dagegen heilt, indem sie die Harmonie der Kräfte wiederherzustellen versucht, die im Kranken gestört ist. Zwei Menschen, die an der gleichen Krankheit leiden, können völlig unterschiedlich behandelt werden – je nachdem, wie es zu Person und Leidensgeschichte am besten passt. Der Kranke wird als ganze Person ernst genommen.

Auch die Philosophie wird in China als einheitliches Ganzes behandelt. Alle philosophischen Themen sind Teil einer Weisheitslehre, die sich mit dem Menschen und seiner Stellung in der Gesellschaft beschäftigt. Chinesische Philosophie stellt damit den Menschen in den Mittelpunkt und ist lebensnäher als die westliche, die mehr abstrakte und theoretische Fragen kennt. Das chinesische Denken erklärt die Welt damit, dass sich die unterschiedlichsten Dinge entsprechen können. Wacht zum Beispiel ein Patient regelmäßig nachts um vier auf, weiß der chinesische Arzt, dass etwas mit der Lunge nicht in Ordnung ist; denn vier Uhr früh ist der Zeitpunkt, an dem das Lungen-*qi* am stärksten fließt. Das theoretische Gerüst dafür sind die komplexen Beziehungen und Entsprechungen der Fünf-Phasen-Lehre, wie sie im Text von Thomas Schmidt-Herzog dargestellt werden. Mit wenigen Grundprinzipien wie *yin* und *yang* und den fünf Phasen wird die ganze Welt erklärt.

Uns im Westen scheint das suspekt. Wir kennen so ein assoziatives Denken nur aus Esoterik und Astrologie, wo die Bewegungen von Sternen und Planeten auf das menschliche Leben bezogen werden. In China aber prägt Entsprechungsdenken die traditionelle Weltsicht. Schlussfolgerungen ergeben sich nicht aus logischen Regeln, sondern durch Assoziationen, Ähnlichkeiten und Beziehungen. Überraschend ist, wie systematisch scheinbar völlig getrennte Gebiete in einem gemeinsamen Ordnungsschema erklärt werden. Am Ende ist das Weltbild nicht weniger komplex als unsere weit verzweigte westliche Philosophie und Wissenschaft.

Folgerichtig sind die Kampfkünste in das große Ganze der chinesischen Kultur eingebunden. Das Acht-Trigramme-Boxen (*baguaquan*) zum Beispiel übernahm das komplexe System von Symbolen und ihren Entsprechungen aus dem Weissagebuch *Yijing* (*I Ging*, 2.800 v. Chr.), dem *Buch der Wandlungen*, und ordnete jedem Orakelzeichen bestimmte Kampftechniken zu.

Das daoistische Weltbild fand seine Entsprechung in der Kampfkunst. Das ist so, als würde heute jemand eine Kampfkunst auf der Basis von Einsteins Relativitätstheorie entwickeln. Das chinesische Weltbild mit seinen zahlreichen Zuordnungen war unerschöpfliche Inspirationsquelle für die Begründer der Kampfkünste. Daher kommt der Reichtum an verschiedenen Stilen; er zeigt, wie eng Kampfkunst mit spirituellen Lehren verbunden ist.

Spiritualität der Kampfkünste

Bei vielen Entscheidungen des Alltags beschwören moderne Chinesen gerne ihre uralten Geister. Man denke hier nur an die magischen Handlungen des Feng Shui, die sogar in den Metropolen Taiwans und in Hongkong zu finden sind. Weltläufige Konzerne müssen die Regeln beim Bau ihrer Hochhäuser beachten, um Naturgeister nicht zu verärgern und dem Drachen den freien Flug vom Berg zum Meer nicht zu versperren. Noch heute benutzen Chinesen das Jahrtausende alte Orakelbuch *Yijing* mit großem Respekt. Die frühesten Schriften der Chinesen beschäftigen sich – ähnlich wie die der alten Griechen – mit Orakelzeichen. Für Orakel wurden Zeichen auf Schildkrötenpanzer oder Knochen geritzt, dann hielt man sie ins Feuer und deutete nach den entstehenden Rissen die Zukunft. Schamanen – zuständig für die Auslegung der Orakel – waren häufig Schreiber der Kaiserpaläste. Sie überlieferten die Orakelzeichen, die zur Grundlage für die Schrift der Chinesen wurden. Da Menschen in Sprache denken, prägten sie grundlegend das Denken.

Das traditionelle chinesische Denken richtet seinen Blick gerne in die Vergangenheit. Die Philosophen des Altertums sind Vorbilder. Die bekanntesten heißen Laozi, Zhuangzi und Kongzi (Konfuzius). Eine Kunst, auch eine Kampfkunst, muss sich stets über die Vergangenheit legitimieren. So kann es nicht ausbleiben, dass historische Personen oft verklärt und vergöttert werden. Das funktioniert sogar, wenn ihre Existenz oder die Autorenschaft der ihnen zugeschriebenen Schriften nicht belegt werden kann.

In der Kampfkunst sind Bodhidharma und Zhang Sanfeng zentrale Figuren sagenhafter Legenden. Als Begründer des chinesischen Chan-Buddhismus (japanisch: Zen) eignete sich

Bodhidharma hervorragend, gleichzeitig als Begründer eines Kampfkunstsystems zu gelten. Lässt sich ein Kampfstil mit dem Namen des berühmten Mönchs aus dem Shaolinkloster verbinden, gewinnt er ungemein an Prestige; denn es legt nahe, dass es sich um eine wahre und echte Überlieferung handelt. Diesen Anspruch erheben zu können, ist in chinesischen Kampfkünsten sehr wichtig.

Auch die daoistischen Kampfkünste, die wir als die weichen Stile kennen, haben eine sagenumwobene Gründergestalt: Zhang Sanfeng. Er gilt als Gründer des *taijiquan*. Im daoistischen Kloster auf dem Wudang-Berg soll er den Kampf zwischen einer Schlange und einem Vogel beobachtet und aufgrund seiner Erkenntnisse eine völlig neue Boxmethode entwickelt haben, die auf den Prinzipien des Daoismus beruht. Dass Zhang Sanfeng zudem phantastische Fähigkeiten zugesprochen werden, ist ein typisch chinesisches Phänomen. Es ist überliefert, dass er auf Schnee laufen konnte, ohne Fußspuren zu hinterlassen. Mit übermenschlichen Kräften konnte er Tiger mit bloßen Händen zerreißen, tonnenschwere Steine heben, Holz mit der Handkante spalten, Vögel im Flug fangen und auf ihn abgeschossene Pfeile mit dem Mund stoppen. Die Legenden und mystischen Geschichten wirken offenkundig übertrieben. Sie basieren auf den spirituellen Erfahrungen des Daoismus und Buddhismus, ihr Kern ist der Glaube an die Energie *qi*. Solche Geschichten sind die Seele der chinesischen Kampfkünste, daher ist es müßig, sich über Dichtung und Wahrheit zu streiten.

In der neueren Zeit beflügelte Ueshiba Morihei, der Begründer des Aikidō, die Phantasie. Im Gegensatz zu Bodhidharma und Zhang Sanfeng, die posthum verherrlicht wurden, hat Ueshiba selbst zur Mythenbildung beigetragen. Er nährte den Glauben, dass shintōistische Gottheiten ihre Kraft auf ihn übertragen hätten. Wie alle spirituellen Einflüsse sind auch die shintōistischen Mythen lebendig geblieben und wirken in Japan noch in der modernen Politik. Das zeigt das Beispiel Jinmu-Tennōs. Der Legende nach ist er Sohn der Sonnengöttin und erster Kaiser Japans. Die Japaner feiern seinen Todestag am 3. April jedes Jahres, mit dem Jahr seiner Thronbesteigung beginnt die traditionelle japanische Zeitrechnung. Von Jinmu-Tennō stammen angeblich alle späteren Kaiser ab, sie gelten deshalb als göttliche Söhne des Himmels. Zu behaupten, Jinmu Tennō habe nicht wirklich gelebt, sondern sei eine Mythengestalt, zog noch vor wenigen Jahrzehnten eine Anklage wegen Majestätsbeleidigung und Verbrechen gegen den Staat Japan nach sich.

Die spirituellen Bewegungen Asiens haben sich gegenseitig beeinflusst und teilweise vermischt, auf Menschen im Westen wirken sie deshalb unübersichtlich. Der Buddhismus brachte in China die Sonderform des Chan-Buddhismus hervor, der Einflüsse des Daoismus in sich aufnahm, um sich schließlich in Japan als Zen-Buddhismus durchzusetzen. Dort hat er sich mit der einheimischen Geister- und Götterreligion *shintō* bestens arrangiert. Auch als die Buddhisten das Sagen hatten, haben sie die Shintōgötter nicht verboten, sondern sie haben buddhistische Tempel innerhalb der Shintō-Schreine errichtet. So kann Shintōgöttern bei ihrer Wiedergeburt die Hilfe von Buddhas und Bodhisattvas zuteil werden. Umgekehrt dienen die Shintōgötter, die *kami*, als Schutzgottheiten der Buddhas.

In Japan herrscht heute ein friedliches Nebeneinander der Religionen und Weltanschauungen. Die eine Religion ist für die Hochzeit zuständig, die andere für das Begräbnis. Das war nicht immer so. Der Weg war von Konkurrenz bis hin zu kriegerischen Auseinandersetzungen geprägt. Dennoch kann man im Fernen Osten nicht erwarten, dass die Religionen so klar voneinander abzugrenzen sind wie bei uns. Auch die Chinesen hatten einen sehr pragmatischen Umgang mit den Religionen. Ähnlich wie im Westen ließen jedoch die Errungenschaften der Moderne spirituelle Werte in den Hintergrund treten. Mit der Industrialisierung orientierten sich viele Japaner an westlichen Lebensweisen, in China versuchten die Kommunisten, alles Religiöse zu unterbinden.

Im Folgenden stellen wir kurz die wichtigsten Weltanschauungen Chinas und Japans vor. Dabei konzentrieren wir uns auf die Aspekte und Schlagworte, die für die Kampfkünste wichtig sind.

Dō – der Weg

Der *Weg* beginnt in China. Dort entsteht, was später in Japan der »Weg der Kampfkünste« (*budō*) genannt wird. *Weg* heißt auf Chinesisch *dao*, auf Japanisch *dō*. Der Begriff hat bereits in China eine lange Geschichte, schon im chinesischen Altertum begannen die unterschiedlichen Philosophenschulen ihn zu drehen, zu wenden und schließlich abzuwandeln.

Dao ist oberstes Prinzip einer Jahrtausende alten Weltordnung. Es ist vielschichtig und schwer zu erklären, die Chinesen sagen deshalb: *Dao* ist das Unaussprechliche, das, was man nicht beschreiben kann. Es gilt als das Größte oder das Höchste. Es beschreibt den Zustand des Universums vor dem Sein, aber es ist auch kein Nichts. Aus dem *dao* hervorgegangen sind *yin* und *yang*. Ihnen entspricht das Dunkle und das Helle, das Weibliche und das Männliche, das Wasser und das Feuer und so weiter – alles wird diesen Prinzipien zugeordnet. Für die alten Schamanen war *dao* Mystik, für die Philosophen Weltanschauung, für das Volk war es religiöser Glaube.

Vor allem mit Konfuzius wandelte sich *dao* zu einem ethischen Prinzip, das vorschrieb, wie ein Mensch sich richtig zu verhalten habe. Aus *dao* wurde damit der *Weg*, den ein Mensch zu gehen hat. Damit ist nicht die von Menschenhand gebaute Straße gemeint, sondern eher ein natürlich vorhandener – wenn auch verborgener – Trampelpfad, den zu gehen die Menschen lernen müssen. In den chinesischen Kampfkünsten ist diese Sichtweise so selbstverständlich, dass sie nicht wie in Japan mit der Nachsilbe *dō* besonders betont wird. Deshalb steht die Silbe *dao* nicht in den chinesischen Kampfkunstnamen. Dass Kampfkunst als *Weg* fürs Leben – als Lebensweg – verstanden wird, war jedem Meister und Schüler in China zu jeder Zeit klar, es musste nicht betont werden.

Die japanische Kultur hat viele Einflüsse aus der chinesischen übernommen und weiterentwickelt, der *Weg* gehört dazu. Die Japaner benutzen die gleichen Schriftzeichen wie die Chinesen, sie haben dafür allerdings eine andere Aussprache. Das Zeichen für *dao* wurde in Japan zuerst *michi* ausgesprochen, später *dō*. Die japanischen Meister fügten *dō*, den Weg, in Kampfkunstnamen ein, um zu zeigen, wie sehr sie mit der Tradition verbunden waren. Es entsprach dem Zeitgeist zu Beginn des vergangenen Jahrhunderts, dass viele Japaner glaubten, ihre Kultur sei dem Untergang geweiht. Der Zusatz *dō* mahnte an die geistigen Inhalte der Kampfkünste. Daran erinnern heute

Namen wie Aikidō, Jūdō, Kendō, Kyūdō, Karatedō. Auch außerhalb der Kampfkünste führen traditionelle japanische Künste den Weg im Namen, wie der »Tee-Weg« (*chadō*) und der »Weg der Kalligraphie« (*shodō*).

Als *michi* taucht der *Weg* in den ersten japanischen Geschichtswerken aus der Nara-Zeit (710-794 n. Chr.) auf, die unter starkem chinesischem Einfluss entstanden sind. Damals hieß »etwas zum Weg machen« einfach nur »einen bestimmten Beruf ausüben«. Der *Weg* hatte noch keine moralischen oder ethischen Werte, er war noch kein Lebensweg. In der folgenden Heian-Zeit (794-1185 n. Chr.) vervielfachte sich die Zahl der *Wege*. Soziales Ansehen war von der Meisterschaft auf einem *Weg* abhängig: Wer etwas gelten wollte, musste sich auf einem von ihnen einen Namen machen. Der *Weg*, *michi*, war Spezialistentum, er bezeichnete herausragende Fähigkeiten in einem Fachgebiet – ein *Weg* für das ganze Leben war er noch nicht. Erst in der Kamakura-Zeit (1185-1333 n. Chr.) entwickelte sich *michi* zu *dō* und wurde zum zentralen Begriff aller japanischen Künste (*gei*). Den entscheidenden Anstoß gab die Machtübernahme der Samurai, die Japan durch eine Militärregierung unter Führung eines Shōgun beherrschten. Die Samurai festigten ihre Herrschaft, indem sie der bisherigen höfischen Kultur etwas Eigenständiges entgegensetzten. Dabei haben die Shōgune Zen besonders gefördert, eine vom Daoismus durchdrungene Form des Buddhismus. Zen stand in Konkurrenz zu älteren buddhistischen Sekten, die eng mit der höfischen Gesellschaft verbunden waren. Anders als komplizierte Wort- und Schriftreligionen äußert sich Zen schon in einfachen Tätigkeiten wie Gartenarbeit oder Teezubereiten – das machte es für die Samurai einfacher, Zen zu verstehen und zu leben.

Durch Zen kam zum handwerklichen Können ein geistiges Können hinzu: Den *Weg* zu gehen, heißt seit damals, geistige Reife zu besitzen und die vielleicht tiefgründigen Erkenntnisse aus der Kunst auf den Alltag zu übertragen. Die Ruhe der Meditation und der Tee-Zeremonie wurde auf den Schwertkampf übertragen. Der Kendō-Meister Rainer Jättkowski sagt heute: »Auf der Kendō-Kampffläche ergeben sich Laborsituationen meines Lebens. Ich kann hier mein Verhalten in Konflikten beobachten.« Er lebt Kampfkunst als Lebensweg und lernt in ihr für sein Leben. Das kann ein *Weg* leisten, weil er im Laufe vieler Generationen entstanden ist und die Erfahrungen vieler enthält, die ihn gegangen sind. Deshalb wurde in der Kamakura-Zeit Tradition zum wichtigsten Merkmal jedes *Weges*. Den *Weg* weiterzuführen, heißt für den Schüler nicht, ihn kreativ zu gestalten, sondern ihn zu bewahren. Der Meister zeigt, wie der *Weg* gegangen werden kann, der Schüler lebt ihn nach. Die Tradition von Meister zu Schüler weiterzugeben, ist vor allem wichtig bei Künsten, die sich nur schwer schriftlich überliefern lassen – wie zum Beispiel den Kampfkünsten.

Daoismus

Der Daoismus ist keine Religion in unserem Sinn, er entstand in der Frühzeit der chinesischen Philosophie und hatte immer etwas Magisches. Es gibt keinen allmächtigen Gott, auch wird nicht wie im Buddhismus eine bestimmte Person verehrt. Aber der Daoismus kennt Erdgottheiten, Orakel und Schamanen, sie sind heute noch bei Festen, in Kulten und Volksweisheiten zu finden. *Dao*, *yin* und *yang* haben das gesamte chinesische Denken geprägt. Die Lehre dieser Prinzipien wurde in China von keiner der alten Weltanschauungen grundlegend in Frage gestellt. Durch die Ideen des Konfuzius bekam der Begriff *dao* neben der spirituellen eine eher ethische Bedeutung. Aus allen diesen Einflüssen entwickelte sich *dao* zur Vorstellung von Lebensweg. *Dao* wurde zum *Weg*, Daoismus zur Lehre vom *Weg*.

Eins sein mit dem *dao* ist ein Zustand, der als beglückend und erstrebenswert angesehen wird. Zu erreichen ist er, wenn man den Dingen ihren natürlichen Lauf lässt. Das heißt allerdings nicht, alles wie gottgegeben hinzunehmen, sondern es bedeutet, nichts mit Gewalt erzwingen zu wollen. Das ist der Sinn von *wuwei*, vom Nicht-Handeln im Daoismus. Das Irdische, das Materielle muss man loslassen können. Die Daoisten sehen die Welt keineswegs als Jammertal wie bisweilen die Christen, sie lieben den Spaß und das Leben.

Ein Aspekt des Daoismus ist die Suche nach der Unsterblichkeit, ursprünglich wohl als Zustand gedacht, der den eigenen Tod bedeutungslos werden lässt, machte der Volksglaube daraus eine Tradition der lebensverlängernden Methoden. Neben allerlei alchimistischen Experimenten führte dieser Wunsch die

Daoisten zu einer wirkungsvollen Medizin und zur Bewegungsmeditation, dem *qigong*.

Qi und Ki – die innere Kraft

Wie das Interview mit der Chinesin Song Chuanyu zeigt, ist für ihre Landsleute *qi* eine wichtige Energie innerhalb ihrer Weltordnung. Der Mensch muss sich für diese verborgende Kraft sensibilisieren und sie in Einklang bringen mit den Energien des Kosmos. Das schafft er durch die Hilfe der Bewegungsmeditation *qigong* (Qi-Arbeit). Zu Beginn der Qigong-Ausbildung werden vor allem Techniken unterrichtet, die den Menschen erden. Auf dieser Stufe dominiert die Körperarbeit, sie ist im Qigong die Wurzel für spirituelle Arbeit. Später steht der Mensch mit beiden Beinen fest in der Erde (*yin*) und sein Kopf stößt in den Himmel (*yang*). Auf dieser Stufe hat er die beiden Aspekte von Yin und Yang in sich miteinander verbunden und damit das höchste Ziel erreicht: Er ist eins mit dem Dao.

Ohne *qi* gibt es keine echte Kampfkunst. Die chinesischen Kampfkünste, die Thomas Schmidt-Herzog in seinem Beitrag behandelt, basieren alle auf dieser wichtigen inneren Energie. Die Japaner kennen sie unter der Bezeichnung *ki*. So üben einige Stile des Karate Atmungskata, die helfen sollen, die innere Kraft zu pflegen. Aikidō trägt *ki* sogar im Namen. Die japanischen Kampfkünste haben mit *ki* eine eigene Interpretation des inneren Zugangs entwickelt, die Einflüsse aus Shintō und Zen zeigt.

Buddhismus

Die Welt kennt viele Buddhismen. Mit der Religion verhält es sich wie mit dem buddhistischen Ich: Sie wandern von einer Existenz in die andere. Die wichtigsten Reinkarnationen sind indisch, chinesisch und japanisch. In Indien ist er entstanden, in China und Japan war der Buddhismus zeitweise Staatsreligion. Der Religionsforscher Bernard Faure schreibt über die politische Rolle des Buddhismus: »Jahrhunderte lang stellte er in Tibet die Regenten, in China die Bankiers, in Japan die Krieger.«

Der Buddhismus ist eine der ältesten Heilsreligionen. Es ist 2.500 Jahre her, dass Siddharta (auch: Gautama oder Shākyamuni) Erleuchtung erlangte, die ihn zum *buddha* werden ließ, zum »Erleuchteten«. Danach hat sich der Buddhismus allmählich über Asien ausgebreitet.

Der Buddhismus ist wie der Daoismus keine Religion im westlichen Sinn, auch wenn eine einzelne Figur besonders verehrt wird. Buddhisten können nichts von einem Gott erbitten, der Mensch ist Schöpfer von allem. Schicksal, Glück oder Unglück – nichts wird von Gott bestimmt. Was immer Menschen widerfahren mag, es ist Folge ihrer Absichten und Handlungen. Man kann niemand anderen beschuldigen als sich selbst. Buddha hat das Gute und Richtige vorgelebt, der Mensch eifert ihm nach und hat so die Möglichkeit, zum *buddha* zu werden. Soweit die »reine« Lehre, wobei wir nicht wissen, wie sie dereinst ausgesehen hat. Von Buddha sind keine Schriften überliefert, ähnlich wie im Christentum existieren nur nachgelieferte Zeugnisse und sie werden auf unterschiedlichste Weise interpretiert. Buddhistische Rituale sehen überall anders aus, sie halten sich zudem nicht immer an die Lehre. Gläubige zelebrieren Fürbitten, wünschen sich materielle Wohltaten von den dafür zuständigen Buddhas oder Göttern und hoffen auf Erlösung. Der Buddhismus war immer sehr anpassungsfähig, deshalb ist der buddhistische Götterhimmel je nach Land und Tradition bunt bevölkert. Die alten Götter haben es allerdings nicht leicht, sie müssen sich immer wieder bewähren. Buddha, der in verschiedenen Erscheinungen vorkommen kann, ist immer am wichtigsten. Nach den Buddhas kommen die Bodhisattvas, Erleuchtete, die Buddhas sein könnten. Doch den Menschen zuliebe gehen sie nicht ins Nirvāna ein, sondern helfen ihnen, den Weg der Erleuchtung zu finden. Ins Nirvāna zu gelangen, ist das große Ziel des Buddhismus, es ist das Ende der Wiedergeburten – »Paradies« würden wir sagen.

Der Buddhismus wird oft als spiritueller Humanismus bezeichnet auch als Philosophie; doch ist dies eine Form von Buddhismus, dessen Anhänger eher unter Gelehrten zu finden sind, die sich wenig für religiöse Rituale interessieren. Auch wenn wir diesen Buddhismus, meist als Zen, im Westen und vor allem in den Kampfkünsten am besten kennen, dürfen wir nicht unterstellen, dass er in Asien weit verbreitet ist. Auch der bei uns viel gelesene Dalai Lama weiß genau, welche Literatur er den Europäern und Amerikanern zumuten kann, und er weiß ebenso, dass sie sich kaum für Rituale interessieren, die seinen tibetischen Glaubensbrüdern wichtig sind.

Zen

Zen ist der japanische Begriff für den im 7. Jahrhundert in China entwickelten Chan-Buddhismus und geht zurück auf den indischen Dhyāna-Buddhismus. Er wurde von dem Patriarchen Bodhidharma (japanisch: Daruma) nach China gebracht, in das berühmte Shaolinkloster. Um die Wende des ersten Jahrtausends wurde Zen für Japan bedeutend. Die 300 Jahre davor existierten in Japan andere buddhistische Glaubensformen, die teilweise aber als zu indisch oder zu chinesisch empfunden wurden. Mit Zen hatten die Japaner eine für sie passende Form des Buddhismus entwickelt.

Zen ist der »Weg der plötzlichen Erleuchtung« (japanisch: *satori*). Die Praxis des Zen lehrt, die wahre Wirklichkeit hinter ihrer vordergründigen Erscheinung zu erkennen. Der Grundton des Lebens wird anders, beglückender, friedvoller, freudiger – *satori* ist ein Zustand des Wohlbefindens. Er kann nicht ohne Demut, Mitgefühl und Liebe erlangt werden und schon gar nicht ohne Disziplin. Um die Ziele des Zen zu erreichen, ist es unerlässlich, Selbstverherrlichung und Dummheit zu überwinden. Ähnlich wie das Eins-Sein mit dem Dao können Zen-Erfahrungen nur unzureichend erklärt werden. Man muss sie erfahren. Grundsätzlich kann *satori* in jeder Situation eintreten. Doch lernen Zen-Schüler verschiedene Praktiken der geistigen Versenkung, die helfen, zunächst den Kopf von überflüssigen Gedanken zu leeren. Die Verfahren des Zen kann man in zwei Richtungen einordnen: zum einen in das Meditieren im schweigenden Sitzen, das *zazen*. Viele Stunden lang versuchen die Zen-Schüler an nichts Bestimmtes zu denken, aber auch nicht gewaltsam nichts zu denken, bis sie sich entspannen und schließlich in Versenkung gelangen.

Zum anderen wird das *kōan*, ein paradoxes Rätsel, zur Meditation verwendet. An dem Kōan soll sich der Intellekt so lange abmühen, bis er zu müde ist, um nach einer rein rationalen Erklärung zu suchen. Auf diese Weise sollen mentale Grenzen gesprengt werden. Als Hilfe und Kontrolle finden Gespräche zwischen Meister und Schüler statt, die *mondō* – ein Begriff, der im Japanischen auch in den Kampfkünsten für die lehrreichen Gespräche zwischen Schüler und Meister verwendet wird.

Das viel zitierte »Sein im Hier-und-Jetzt« heißt: »Konzentriere dich auf das, was du in diesem Moment tust, und denke nicht an etwas anderes!«, keine Gedanken, die die Vergangenheit bedauern, keine Ängste, die in die Zukunft gerichtet sind. Das Ziel ist der »Nicht-Geist«, ein Geist, der nicht anhaftet, nirgends Halt macht, schon gar nicht bei Dingen, die nur in der Phantasie existieren. Deswegen strebt man im Zen nach der »Leere«. Sie zu erreichen, ist nicht einfach und erfordert jahrelanges Üben. Leere bis hin zur Erleuchtung ähnelt dem Zustand, der bei einer Trance beschrieben wird. Man fühlt sich wohl, der Zustand der körperlichen Begrenzung wird aufgehoben. Psychologen erklären das so: Es wird Verbindung mit dem Unbewussten aufgenommen. Trance wirkt über das Gehirn, dort wird das Gefühl, »mit der Umwelt zu verschmelzen«, ausgelöst. Wie Lothar Ratschke erzählt, kann sich das Gefühl auch beim Üben von Kata einstellen.

Satori kann man so definieren: ein Zustand, in dem der Mensch mit der Wirklichkeit in sich und außerhalb seiner Person vollkommen übereinstimmt, und zwar der ganze Mensch, nicht nur Körper, aber auch nicht nur Geist. So können Blockaden und Ängste überwunden werden. Ähnliche Hemmnisse müssen in den Kampfkünsten überwunden werden. Zen ist genau wie Qigong eine große Hilfe, Kampfkünste aus dem tiefsten Inneren zu verstehen – nicht als zusätzliche Disziplin, sondern als Ergänzung, als Teil der Kampfkunst, wie Gerhard Walter über sein Aikidō-Zen schreibt.

Zen lernt man nur mit einem Meister. Er unterweist in verschiedenen Techniken zur Bewusstseinsbildung und erteilt Ratschläge. Ein guter Meister hat Methoden, Schüler in die Ecke zu drängen, bis sie nicht länger ausweichen können. Er entlarvt Rechtfertigungen, nimmt den Schülern eine Krücke nach der anderen weg, bis sie erkennen, was sie sich alles vormachen. Dieser Vorgang ruft oft Angst hervor, die den Durchbruch verhindert. Dann hilft die beruhigende Gegenwart des Meisters. Ein guter Zen-Meister macht seinen Schülern klar, dass er sie nicht gerufen hat und sie auch nicht daran hindern wird, ihn zu verlassen. Ein Ideal auch für die Kampfkünste.

Shintō

Der Shintōismus ist die älteste Religion Japans. Buddhismus, Konfuzianismus und Christentum wurden von außen ins Land getragen, *shintō* dagegen ist in Japan entstanden. Übersetzt heißt *shintō* »Weg der Götter«. Der Glaube ist in der japanischen Bevölkerung so stark verankert, dass keine andere Religion ihn verdrängen konnte. Shintōismus gibt es in mehreren Formen. Als organisierter Staats-Shintōismus repräsentiert er in großen Zeremonien staatliche Macht. Im Volk drückt sich der Shintōismus durch lokale Bräuche aus. Der Glaube ist eng mit der Natur verbunden, vor allem mit Flüssen und Quellen. Verehrt werden *kami* – göttliche Wesen. Sie sind nicht immer wohlwollend und gut, manche versuchen auch, den Menschen zu schaden, und müssen mit Opfern besänftigt werden. Ein *kami* ist kein Gott, wie wir ihn kennen, kein allmächtiges und allwissendes Wesen. Wenn der japanische Kaiser, der *tennō*, als Gott bezeichnet wird, dann bedeutet das etwas anderes, als wenn Christen von Gott als dem Schöpfer der Welt sprechen. Jeder Japaner wird nach seinem Tod zu einem göttlichen Wesen, das im Ahnenschrein verehrt wird. Alles kann *kami* sein, was eindrucksvoll ist und ein Gefühl der Ehrfurcht aufkommen lässt – egal, ob Mensch, Tier, Pflanze oder Landschaft.

Auf die Kampfkünste hatte der Shintōismus großen Einfluss. Sumō-Kämpfer stürzen nicht einfach aufeinander los, sondern streuen vorher Reis und stampfen ernst und würdevoll mit den Füßen. Auch andere Kampfkünste verwenden Verbeugungen und Begrüßungsrituale, um ein Klima von Respekt und Ernsthaftigkeit zu schaffen. Solche Rituale und Verhaltensweisen prägen die Atmosphäre im Dōjō, sie gehen zurück auf shintōistische Riten. Mehr als in jeder anderen japanischen Kampfkunst werden diese Riten in Ueshibas Aikidō gepflegt. Basis ist eine komplexe shintōistische Mystik, die Andreas Niehaus dem westlichen Verständnis näher bringt. Aikidō ist eine Ausnahme, unter den anderen Kampfkünsten überwiegt der Einfluss von Zen und Daoismus. Wer einen inneren Zugang zur Kampfkunst sucht, wird bald auf Methoden dieser beiden Weltanschauungen stoßen.

Innerer Zugang

Die Zen-Buddhisten versuchen Spiritualität durch stundenlanges Stillsitzen in der Meditation zu erreichen, die chinesischen Daoisten vornehmlich durch Qigong. Qigong lehrt Meditation in Bewegung – bekannt sind die Übungen der acht Brokate – und Meditation in der Stille, also im Sitzen, Stehen und Liegen. Wie können Methoden, die der reinen Vernunft eine Absage erteilen, der Kampfkunst dienen? Geht es nicht darum, dass das Schwert richtig geführt, der Schlag richtig gesetzt wird? Die Arbeit am Qi und die Meditation des Zen sind Methoden, um die eigene Mitte zu finden, Geist und Körper zusammenzuführen. Schon im frühen Daoismus wurden Leere und Ruhe des Herzens als wichtig erachtet – ganz allgemein für das Wohlbefinden und speziell als unabdingbar für die Kampfkünste: »Wenn du die Kampfkunst erlernen willst, lerne zuerst, das Herz nicht zu bewegen.« In unserer Sprache ausgedrückt: »Ruhig Blut!« Die Zen-Erfahrung der Leere bedeutet auch »ohne Absicht« oder, wie es in der Zen-Literatur oft beschrieben wird, das »absichtslose Tun«. Hier ist der Einfluss des Daoismus auf das Zen zu spüren. Die Daoisten in China sprechen von *wuwei*, dem »absichtslosen Tun«. *Wuwei* heißt nicht, dass man völlig passiv ist und überhaupt nicht handelt, sondern, dass man dann handelt, wenn es nötig ist. Es ist also eher als eine aufmerksame, wache, entspannte Grundhaltung zu sehen, die jederzeit aktiv werden kann, eine entspannte, stille Bereitschaft. *Wuwei* darf nicht als passives Überhaupt-nicht-Handeln missverstanden werden. In die Kampfkünste übersetzt: Kämpfen, ohne zu kämpfen, wie es Lothar Ratschke anhand der Parabel vom eisernen Hahn beschreibt.

In der chinesischen Kampfkunsttheorie wird die innere Kraft, das *qi*, als entscheidend angesehen. Die Kampftechnik rangiert vor allem in den inneren Kampfkünsten erst an zweiter Stelle. Chinesische Kampfkunstfilme und -literatur zeigen oft alte, gebrechlich wirkende Männer mit weißem Bart, die sich als die wahren Kampfkunstmeister erweisen. Falls es keinen anderen Ausweg mehr gibt als zu kämpfen, entwickeln sie ungewöhnliche Kampffähigkeiten und sie siegen, auch wenn sie vielleicht nicht mehr so hoch treten können wie die Jungen und nicht mehr so viele dicke Muskeln haben. Aber sie haben den inneren Zugang und sie haben den Kampf gegen sich selbst gewonnen. Der Kampf gegen andere ist zur *ultima ratio* geworden, zum letzten Ausweg – ein Ideal, das ähnlich in Japan zu finden ist, man lese etwa die Lebensgeschichte des Karatemeisters Funakoshi. Ein wahrer Meister lässt sich lieber demütigen oder als Schwächling bezeichnen als auf unsinnige Provokationen einzugehen.

Kampfkunst wird oft mit Aggression gleichgesetzt. Nach einiger Zeit des Trainings können Schüler aber erkennen, dass die Optimierung der Kampfkraft nur möglich ist, wenn Aggressivität beseitigt wird, weil Gefühle wie Wut oder Rache den Blick verstellen. Genau hier greifen die psychischen Trainingsverfahren des Zen-Buddhismus oder der Qi-Arbeit, denn nur das »Ruhen in sich selbst« ermöglicht, die Gefühlsregungen des Gegners zu spüren, seine Absichten zu erkennen.

Die mitteleuropäischen Trainings- und Bewegungslehren sind dagegen häufig festgefahren in mechanischen Denkschemata und physischen Abläufen. Um sich davon zu lösen, ist es hilfreich, sich mit der fernöstlichen Trainingsauffassung zu beschäftigen. Im Training der traditionellen fernöstlichen Bewegungskünste steht nicht das Siegen im Vordergrund.

Dieser Weg leitet sich ab von den Vorstellungen, dass die Gier nach Macht, Gewinn oder ähnlichen Zielen den Blick auf das Wesentliche verstellen. So paradox es klingt, die Methoden des »absichtslosen Tuns« steigern die Kampfkraft, ohne diesen Effekt primär zum Ziel zu haben. Für Samurai war Zen eine Methode, ihre Kampffähigkeit zu steigern. In China verleiht der Glaube an die Energie Qi zwar nicht die in Legenden beschworenen übernatürlichen Kräfte, aber doch oft beeindruckendes Können in der Kampfkunst. Im Kampf ist es wichtig, intuitiv und schnell zu reagieren, ohne sich durch Nachdenken und Überlegen selbst zu behindern.

Mit der Meditation zum Trainingsbeginn soll in den traditionellen Kampfkünsten auch heute noch die geistige Freiheit oder Leere geschaffen werden, die hilft, im Training zu einer unbelasteten Selbsterfahrung zu gelangen oder einfach konzentrierter und effizienter zu trainieren. Mit dem Schließen der Augen sollen äußere Einflüsse ferngehalten werden. Wird Kampfkunst losgelöst von ihrem ethischen Hintergrund praktiziert, kann sie schnell zur primitiven Schlägerei verkümmern. Erst der innere Zugang ermöglicht die Vervollkommnung der Persönlichkeit.

Chinesen formalisieren diesen Anspruch in ihren auf weit mehr als 300 geschätzten Kampfstilen nicht so sehr wie Japaner, die mit ihren Dō-Künsten den moralisch-ethischen Anspruch nach außen demonstrieren. Wie groß das Bedürfnis sein kann, zeigt beispielhaft der Begriff *kara-te-dō*. Karate ist eine Kampfkunst, die aus China und Okinawa nach Japan kam und weit mehr in der Tradition des *wuwei* steht als etwa die japanischen Samurai-Künste. Das Wort *kara* kann mit zwei verschiedenen Schriftzeichen geschrieben werden. Das eine bedeutet »leer«, das andere »China«. Als Funakoshi Gichin seine Kampfkunst *kara-te* in Japan etablierte, erschien es ihm aus politischen Gründen opportun, nicht mehr den Namen »China-Hand« zu verwenden. Er benutzte stattdessen die Bezeichnung »leere Hand« Damit beschrieb er nicht nur seine waffenlosen Kampftechniken, sondern brachte auch die spirituelle Bedeutung des Wortes »Leere« zum Ausdruck.

Wer sich nur mit Technik und physikalischen Abfolgen von Bewegung beschäftigt, hat keinen inneren Zugang zur Kampfkunst. Wer den inneren Zugang nicht hat, für den wird Kampfkunst nicht zum Lebensweg.

Ethik der Kampfkünste

Konfuzianismus

»Lernen ohne zu denken ist sinnlos, aber Denken ohne zu lernen ist gefährlich« – ein Leitspruch des Konfuzius. In China heißt er Kong Fu Zi, in Japan Kōshi. Er ist der erste chinesische Philosoph, von dem nachgewiesen ist, dass er gelebt hat. Gut 500 Jahre vor unserer Zeitrechnung verlangte er eine höhere Wertschätzung des Denkens und des Lernens. Damit brachte er eine gewisse Nüchternheit in die chinesische Weltsicht, die von der Götter- und Geisterwelt bestimmt war. Konfuzius formulierte Regeln für das Zusammenleben der Gemeinschaft: Die Menschen sollen intellektuelle und moralische Kräfte einsetzen, um an ihrer persönlichen Vervollkommnung zu arbeiten. Sie sollen sich stets für das gesellschaftliche Wohlergehen und den

Frieden einsetzen. Sitten, Normen und Rituale müssen unbedingt beachtet werden. Auf Loyalität in der gesellschaftlichen Hierarchie legte er besonderen Wert: von Sohn zu Vater, von Jüngeren zu Älteren und von Untertan zu Herrscher.

Der Konfuzianismus ist also ursprünglich keine Religion, sondern eine Sozialethik. Moralische Regeln sind keine göttlichen Gebote, sondern durch vernünftige Argumente zu begründen. Dieser Grundsatz klingt sehr modern, Konfuzius war seiner Zeit voraus. Heute hat der Konfuzianismus in China und Japan den Ruf, sehr konservativ zu sein, zu seiner Zeit galt Konfuzius aber als Aufklärer. Nach seinem Tod wurde seine Lehre verändert und dem Bedürfnis der Menschen nach etwas Mystik angepasst. Die von Konfuzius entworfenen ethischen Regeln galten von nun an als Teil der natürlichen Weltordnung, des *dao*. Konfuzius wurde als Heiliger und Schutzgott der chinesischen Beamten verehrt. Die rationale Ethik wandelte sich in einen religionsähnlichen Kult.

Als der Konfuzianismus im 4. Jahrhundert n. Chr. nach Japan kam, gewann er schnell an Bedeutung. Die Kenntnis der klassischen konfuzianischen Texte gehörte bald zur Grundbildung japanischer Beamter. Zeitweise lernten japanische Kinder mit diesen Texten das Lesen. Unter dem Einfluss der konfuzianistischen Lehre entwickelte sich das japanische Idealbild des kriegerischen Helden, *bushi*, der nicht nur perfekt kämpfen kann, sondern auch in Kunst und Wissenschaft gebildet ist.

Bushidō – die Ethik der Samurai

In China war Kampfkunst eine Volkskunst und in Familien, Sekten, Klöstern, Militär und Geheimbünden verbreitet. In Japan war es eine Herrschaftsschicht, die den »Weg des Kriegers« lebte. Eine Ausnahme ist die Insel Okinawa, auf der die Landbevölkerung Kampfkunst unter chinesischem Einfluss entwickelte. Aus dem okinawanischen Kempō entstand Karatedō. Die anderen japanischen Kampfkünste hingegen gehen auf den Kriegerstand der Samurai zurück.

Der »Weg des Kriegers« (*bushidō*) ist ein Sammelbegriff für die Werte und Ideale der Samurai, einer Kriegerkaste, für die der Ehrenkodex schwerer wog als die Todesfurcht. Was *bushidō* bedeutet, zeigt die in Japan berühmte Geschichte von den 47

Samurai: In der Residenz des Shōguns in Tōkyō, damals Edo, beleidigt und provoziert ein Adeliger einen anderen, der etwas tiefer in der Hierarchie steht. Der zieht sein Schwert – ein schweres Vergehen, das sofort geahndet wird. Ohne nähere Untersuchung des Falles zwingt der Shōgun den Beleidigten, noch am gleichen Tag Selbstmord zu begehen. Sein Vermögen wird eingezogen, seine Samurai verlieren Arbeit und Unterkunft. Sie werden zu herrenlosen *rōnin*. Heimlich planen sie Rache. Sie stürmen das Haus des Verursachers, schlagen ihm den Kopf ab und bringen ihn zum Grab ihres Herrn. Sein Tod ist damit gerächt, seine Ehre wiederhergestellt. Im Volk gilt die Tat als angemessen, immerhin wurden die Samurai und ihr Herr ungerecht behandelt – legal war der Mord aber nicht. Die 47 treuen Rōnin müssen durch Selbstmord ihrem Herrn in den Tod folgen. Die Nachricht darüber verbreitet sich schnell im ganzen Land. Die Tat wird von den Zeitgenossen bewundert. Schon bald bildet sie die Grundlage für Geschichten und Theaterstücke. Heute noch wird sie in Filmen und Comics nacherzählt.

Die Geschichte spielt im Jahr 1701. Die 47 Samurai erschienen schon damals als Helden aus einer vergangenen, besseren Welt. Der Stand der Samurai galt bereits als dekadent und verwöhnt. Sie waren überschuldet und von Krediten der Kaufleute abhängig. Die berühmten 47 Samurai jedoch stellten die Treue zu ihrem Herrn über die Ordnung des Shōguns. Ihre Geschichte gilt noch heute als Sinnbild für Mut, Besonnenheit, Loyalität, Opferbereitschaft und Pflichterfüllung – all das, was wir als die klassischen Tugenden der Samurai ansehen. Dieses Bild wurde im Wesentlichen von drei Texten geprägt, die entstanden, als das Samurai-Rittertum bereits dem Untergang geweiht war. Sie können als letztes Aufbäumen einer sich idealisierenden Kaste betrachtet werden.

Einer der ersten, die eine Ethik der Samurai schriftlich fixierten, war Ende des 17. Jahrhunderts der konfuzianistische Gelehrte Yamaga Sokō. Der Anführer der 47 Rōnin war einer seiner Schüler. In ganz Japan war Sokō wegen seiner Kenntnisse des Shintō, des Buddhismus und des Konfuzianismus bekannt. Die drei Weltbilder verband er in seinen Schriften, die seine Schüler unter dem Titel *shidō* veröffentlichten. Im Unterschied zum *bu-shi-dō*, dem »Weg des Kriegers«, kann man *shi-dō* übersetzen als »Weg des ehrenwerten Ritters«. Japan war befriedet und brauchte nur wenige Soldaten. Die Samurai hatten fast keine Aufgaben. Gegen den Vorwurf, nutzlos zu sein, nahm Sokō sie in Schutz. Im *shidō* definierte er für die Samurai einen neuen *Weg*: Aus den Kämpfern auf dem Schlachtfeld sollten kultivierte Erzieher werden, die als Lehrer oder Beamte den *Weg*, *dō*, vorleben. Ein Samurai dient den Bauern, Handwerkern und Kaufleuten als moralisches Vorbild – so jedenfalls forderte es Yamaga Sokō.

Viel kämpferischer und blutiger geht es in Yamamoto Tsunetomos *Hagakure* zu, das zur gleichen Zeit, etwa 1716, entstand. Yamamoto stammte aus einer Samurai-Familie, hatte selbst aber nie an einem Kampf teilgenommen. Das *Hagakure* ist eine Sammlung von Ratschlägen und beispielhaften Geschichten. Yamamoto reduziert darin die Welt der Samurai auf Disziplin und Opferbereitschaft bis zum Tod. Das *Hagakure* beginnt mit den Worten: »Ich habe herausgefunden: *bushidō*, der Weg des Kriegers, liegt im Sterben. Wird man mit zwei Alternativen konfrontiert, Leben und Tod, so soll man ohne Zögern den Tod wählen.« Der Text predigt absoluten Gehorsam gegenüber dem Herrn, Kritik und eigene Meinung sind unerwünscht. Yamamotos Glorifizierung des Todes wurde immer wieder missbraucht, um Soldaten zu selbstmörderischen Einsätzen zu bewegen. Noch im zweiten Weltkrieg wurde jungen japanischen Kamikaze-Fliegern eingehämmert, sie handelten im Sinn des *bushidō*, wenn sie sich in ihren Maschinen auf amerikanische Schiffe stürzten mussten. Heute spielt das *Hagakure* in Japan keine Rolle mehr, es taucht aber immer wieder im Westen auf – von Managerkursen bis hin zu Jim Jarmuschs Film *Ghost Dog – The way of the samurai*.

Eine moderne Version des *bushidō* vertritt Nitobe Inazō in seinem Buch *Bushidō, Die Seele Japans* aus dem Jahr 1899. Nitobe schildert den Samurai als Gentleman-Ritter und moralisches Vorbild, ganz im Geiste Yamaga Sokōs. Er geht aber noch weiter: Seiner Meinung nach haben sich die Samurai-Ideale im ganzen japanischen Volk verbreitet und sind das Fundament japanischer Kultur. Er schreibt: »Was Japan war, schuldet es den Samurai. Sie waren nicht nur die Blüte der Nation, sondern auch ihre Wurzel. Alle guten Gaben des Himmels kamen durch sie.

(…) Das geistige und das sittliche Japan war direkt oder indirekt das Werk des Rittertums.« *Bushidō* ist für Nitobe nicht beschränkt auf eine gesellschaftliche Elite, sondern ein Wertesystem für das ganze japanische Volk. *Bushidō* bildet ein pathetisch überhöhtes, stark auf patriotische Gefühle zielendes Gegengewicht zur Kultur des Westens.

Keiner der drei Autoren hat jemals als Samurai gekämpft. Dennoch sahen sie im *bushidō* eine Vision für die japanische Gesellschaft. Heute ist die Sicht auf diese Werke keineswegs einhellig. Viele gebildete Japaner halten sie für Dokumente eines überholten Militarismus. Fraglos ist aber, dass die konfuzianischen Grundgedanken, die *bushidō* geprägt haben, bis in das heutige Japan nachwirken. Das zeigt zum Beispiel der in unseren Augen oft übertrieben hohe Stellenwert, den Bildung, Lernen und Arbeiten dort haben, und dass auf Zeremoniell, Rituale und verfeinerte Umgangsformen so viel Wert gelegt wird. Benimm-Bücher werden in Japan in riesigen Auflagen verkauft. In diesen oft reich bebilderten Leitfäden ist nachzulesen, wie man einen Raum zu betreten hat, wie Tee zu servieren ist, wie man ordnungsgemäß einen Freund verabschiedet und wie eine Visitenkarte richtig überreicht wird. Die Regeln werden meist peinlich genau, nahezu ängstlich befolgt. In den Kampfkünsten zeigen sich konfuzianische Werte vor allem in der Hierarchie zwischen Meister und Schüler und in den Regelwerken, die das Verhalten von Kampfkünstlern inner- und außerhalb des Dōjō bestimmen.

Meister und Schüler

In den Kampfkünsten gilt: Der Schüler muss den Lehrer achten und sich der Autorität des Meisters beugen. Er darf nicht kritisieren, nicht diskutieren. Die Beziehung zwischen Lehrer und Schüler steht damit ganz in der Tradition des Fernen Ostens und stößt hierzulande immer wieder auf Kritik; denn diese Vorstellungen sind zu einer Zeit entstanden, als Kampfkunst anders gelebt wurde als heute. Es gab nur wenige Meister, die Schüler aufnahmen. Zwischen Lehrern und Schülern bestanden enge Bindungen. Jeder Lehrer hatte nur wenige Schüler und konnte sich darauf konzentrieren, ihre Entwicklung zu unterstützen. Doch dieses Ideal ist sowohl in Asien als auch in Deutschland nur noch selten praktikabel. Heute sind Kampfkünste ein Massenphänomen und besonders in Deutschland oft in Vereinen mit gesetzten demokratischen Strukturen organisiert. Je größer aber die Vereine werden, desto schwieriger wird es, auf jeden Schüler intensiv einzugehen. Da wird die strenge Hierarchie gelegentlich durch Lehrer missbraucht, denen natürliche Autorität fehlt.

Erfahrene Meister erwarten heutzutage keine unterwürfigen Schüler, sondern solche, die mitdenken und eigene Vorschläge formulieren, ohne den Respekt zu verlieren. Lothar Ratschke nennt dies »mündige Schüler«.

Wer das Glück hat, bei einem erfahrenen Meister zu lernen, weiß, dass sie Respekt und Disziplin sehr freundlich weitergeben. Ein Meister der Kampfkunst ist nicht mit einem Schullehrer zu vergleichen, der an der Tafel steht und versucht, einen Lehrplan abzuarbeiten. Ein Meister steht vor seinen Schülern als Verkörperung seiner Kampfkunst. Er unterrichtet nicht nur in Worten, sondern mit seinem Körper und seiner ganzen Persönlichkeit. Die Inhalte können nicht von der Person getrennt werden, wie es in der Schule üblich ist. Englisch oder Mathematik kann von jedem geeigneten Lehrer vermittelt werden, nach einiger Zeit erinnern sich die Schüler meist nur noch an das Gelernte. Ein Sensei jedoch überliefert gelebte Erfahrungen. Er zeigt den Schülern einen *Weg*, den er selbst schon gegangen ist. Erst wenn der Schüler ebenfalls Meister geworden ist, kann er an eigene Schöpfungen denken. In Japan heißen die Stufen zur Meisterschaft *shu-ha-ri*: zuerst blind nachfolgen, dann das Gelernte festigen und erst nach jahrelanger Erfahrung den eigenen *Weg* finden. Auch in China konnte Gongfu nur lernen, wer sich ganz einem Stil hingab und ihn aufsog, ohne ihn gleich verändern zu wollen.

Dōjōkun *und* wude – *die Regeln der Kunst*

Ein *dōjō* ist in den japanischen Kampfkünsten der Ort, an dem der *Weg* geübt wird. Wie an allen Übungsorten für traditionelle Künste wurden dort shintōistische und buddhistische Schutzgottheiten verehrt. Noch heute ist in einigen Dōjō die Stirnseite (*shōmen*) besonders geschmückt, dorthin verneigen sich die Übenden zu Beginn des Unterrichts. Nachdem das Religiöse unwichtig wurde, versteht man das Verbeugen von Meister und Schülern meist als: »Wir gehen gemeinsam den Weg.«

Viele Vereine haben heute keinen eigenen Raum, den sie als *dōjō* gestalten können. Auch wenn es nur eine Schulsporthalle ist, in der das Training stattfindet: Wer sie als *dōjō* bezeichnet, drückt damit aus, dass er in Kampfkunst mehr sieht als nur sportlichen Schlagabtausch. Höflichkeitsformen wie die Verbeugungen sind Ausdruck des Respekts und kein wunderliches Überbleibsel einer fernöstlichen Tradition. Formelle Rituale und angemessene Verhaltensweisen schaffen erst ein Klima, in dem Kampfkunst ernsthaft betrieben werden kann. Das gilt gleichermaßen für die traditionellen chinesischen Kampfkünste, der Trainingsraum heißt dort *wuguan*.

In China gehören ethische Normen zur Kampfkunsttradition. Den Schülern wird vermittelt: Besondere Fähigkeiten in den Kampfkünsten kann nur erwerben, wer charakterlich und moralisch reif ist. Dieser Grundgedanke wird durch den Begriff *wude*, »Ethik des Kriegers«, ausgedrückt. Häufig wird auch das Begriffspaar *wen-wu* verwendet. Der erste Teil, *wen*, bedeutet »Bildung« und »moralische Vervollkommnung«, die zweite Hälfte, *wu*, steht für »Krieg« und »Kampf«. Beide Aspekte scheinen sich zu widersprechen, trotzdem ist es das höchste Ziel in den Kampfkünsten, Kampf und Moral zu vereinen.

In Japan wurden die Verhaltensregeln für Kampfkünstler in den *dōjōkun* formuliert. Die japanischen Meister haben die moralische Seite der Kampfkünste in fünf knappe Regeln verdichtet: »Vervollkommne deine Persönlichkeit. Sei aufrichtig. Sei fleißig und arbeitsam. Achte auf respektvolles Verhalten. Zügle deinen Kampfgeist.« Diese Botschaft gaben seit jeher Meister an ihre Schüler weiter. Erst als sich die Kampfkünste immer weiter verbreiteten und nicht mehr an einzelne Meister gebunden waren, mussten die Regeln aufgeschrieben werden. So wurden sie nicht vergessen und konnten einfacher weitergegeben werden.

Disziplin und Regeln helfen, Verletzungen zu verhindern in einer Kunst, die Techniken des Verletzens lehrt. Aber »Kampfkunst ist Charakterschule«, betont Fritz Nöpel, so können Regeln und Disziplin die Ernsthaftigkeit von Schülern testen. Von Zen-Klöstern wird erzählt, dass sie angehende Mönche tagelang vor dem Tor warten lassen, um zu erkunden, ob sie wirklich bereit sind, die Strapazen eines Klosterlebens auf sich zu nehmen. Wenn Schüler, die in der westlichen Welt ohne existenzielle Nöte aufgewachsen sind, die Regeln befolgen, akzeptieren sie häufig zum ersten Mal in ihrem Leben etwas, was ihnen nicht auf Anhieb verständlich ist. Wenn sie diese Hürde genommen haben, sind sie bereit für das langwierige Erlernen einer Kampfkunst. Disziplin und *dōjōkun* sorgen dafür, dass man sich auf das Wesentliche konzentrieren kann. Erst nach einiger Zeit erfahren Schüler, dass Disziplin ihnen zu mehr Selbstwertgefühl verhelfen kann.

Die Regeln des Dōjō gelten auch an anderen Schauplätzen des Lebens. Kampfkunstschüler sollen stets höflich, hilfsbereit und fleißig sein. Wenn sie die Regeln aus dem Dōjō auf ihr alltägliches Leben übertragen, leben sie Kampfkunst als Lebensweg.

Die Kraft des Qi – Die inneren Kampfkünste Chinas

Thomas Schmidt-Herzog

Wer Thomas Schmidt-Herzog eine Weile kennt, fragt sich: Wie alt ist dieser junge Mann eigentlich, dass er so viel Wissen sammeln konnte? Ob man ihn beim Lehren seiner Kampfkünste beobachtet, ihn bei einem Vortrag über Qi erlebt, ihn beim Meditieren sieht oder wenn er sich in fließendem Chinesisch unterhält, schnell wird deutlich: Sein Wissen ist trotz der jungen Jahre keine blanke Theorie, es ist gelebte Kampfkunst. Heute ist er 30, mit 14 Jahren begann er mit Kwoon Do, nach dem Schulabschluss reiste er ins Mekka für chinesische Kampfkünste, nach Taiwan, um direkt an der Quelle bei namhaften Meistern zu trainieren. Dangrade, Gürtelsysteme, solche Rangabzeichen gibt es in den traditionellen Künsten der Chinesen zwar nicht, aber was kann Thomas nicht alles aus dem Stegreif erklären und vorführen: den Acht-Trigramme-Stil, Gottesanbeterin-Gongfu, Langfaustboxen und noch etliche andere Kampfstile. Er kennt die energetischen Künste wie Taijiquan oder Qigong genauso wie verschiedene Stockkünste. Von Prahlerei jedoch keine Spur, ein ganz normaler Student, der mit seinem Fahrrad zur Verabredung kommt. Vor Jahren hat ihm sein Meister gesagt, nur mit Demut könne er wirklich lernen. Daran hält er sich noch heute. Dieser Mensch lebt in der Kampfkunst. Das prägt seine Laufbahn: er studiert in Heidelberg Sinologie und leitet ein Zen-Kampfkunst-Dōjō. Seine Doktorarbeit befasst sich mit den philosophischen und religiösen Konzepten chinesischer Kampfkünste.

Chinas einzigartige Kampfkunsttraditionen sind heute weltweit unter den Bezeichnungen *kungfu* (*gongfu*, 功夫), *wushu* (武術) und *wugong* (武功) bekannt. Sie erleben derzeit in China wie im Ausland eine gewaltige Weiterentwicklung und ernten internationale Beachtung und Bewunderung.

Die alten Zentren der chinesischen Kampfkünste wie die Klöster von Wudang und Shaolin öffnen sich immer mehr der Öffentlichkeit. Das Shaolin-Kloster und die dem Kloster angebundenen Schulen organisieren heute zahlreiche internationale Tourneen ihrer Kampfkunst-Teams. Seit das Kloster seine Tore der Welt geöffnet hat, findet sich dort jährlich eine große Zahl chinesischer und ausländischer Besucher ein. Angelockt durch den sagenhaften Ruhm der buddhistischen Kampfmönche, hoffen sie noch etwas von der exotischen Magie früherer Zeiten für sich zu entdecken. Das chinesische Mutterkloster schickt sich zudem an, weltweit Zweigstellen aufzubauen, in denen Shaolin-Mönche ihre Kunst weitergeben. In Berlin steht bereits eine solche Zweigstelle und ihr Angebot erfreut sich großer Beliebtheit. Die Mönche bieten neben ihrer Kampfkunst auch *qigong*, buddhistische Formen der Meditation und die Behandlung in chinesischer Medizin an. In der Nähe des Shaolin-Klosters in der chinesischen Provinz Henan wurde in den letzten Jahren eine Vielzahl von Kampfkunstschulen aufgebaut, in denen heute mehr als 15.000 Menschen im Shaolin-Kungfu ausgebildet werden.

Aufgrund der Vielfalt der chinesischen Stile, der spezifischen Art des Trainings und der Tendenz zur Geheimhaltung und Mystifizierung sind chinesische Kampfkünste viel schwieriger zu organisieren als japanische. Den traditionellen chinesischen Kampfkünsten ist zum Beispiel ein Graduierungssystem, wie man es von den japanischen Stilen her kennt, fremd. Es wird auch nicht in einheitlicher Kleidung trainiert und die stark formalisierte Struktur des Trainings, wie man sie von den japanischen Kampfkünsten her gewohnt ist, gibt es im Training der Chinesen nicht.

Während meines ersten Trainingsaufenthalts in Taiwan trainierte ich jeden Abend in einer Schule für Gottesanbeter-Gongfu (*tanglangquan*, 螳螂拳). Die Schule befand sich im Keller eines Hauses und war den ganzen Tag geöffnet. Jeder Schüler konnte diesen Trainingsraum von morgens bis abends nutzen. Das reguläre Training fand abends statt, wobei der jeweils älteste der anwesenden Schüler das Training leitete, indem er die anderen Schüler durch ein festes Programm von Standübungen, Beinschwüngen und Formen führte. Allerdings gab es keine feste Uhrzeit, wann Trainingsbeginn und wann Trainingsschluss war. Jeder kam oder ging, wie es ihm seine Zeit ermöglichte. Da es das Haus des Meisters war, schaute dieser beim Training schon mal rein, doch nur, wenn er Lust hatte. Er war damals etwas älter als achtzig. An manchen Abenden kam er, sah sich unser Training für ein paar Minuten an und ging wieder, ohne ein Wort zu sagen. Manchmal ging er auch in den Nebenraum, um dort fernzusehen. Für den Fall, dass er beim Training oder beim Fernsehen Hunger bekäme, hatte er sich einen Gasherd im Keller aufgestellt, und nicht selten umwehte uns bei unseren Übungen der Duft von chinesischem Essen, das sich der Meister gerade zubereitete. Oft saß er dann vergnügt kauend vor uns und schaute uns beim Schwitzen zu. Man erklärte mir, dass dies die traditionelle Form sei, chinesische Kampfkunst zu lehren. Und im Lauf der Zeit erkannte ich die Vorteile eines derart freien Trainings. Der Schüler betreibt hier von Beginn an die Kampfkunst in Eigenverantwortung. Der Lehrer erklärt nicht viel, der Schüler soll selbst herausfinden, wie es geht. Und wenn der Lehrer erklärt, dann ist sich der Schüler des Wertes der Unterweisung bewusst, denn das Wissen ist hier keine käufliche Ware, sondern ein Schatz, den der Meister nur an die weitergibt, die sich Mühe geben. Mit Fleiß erwirbt sich der Schüler seine Lehren, nicht mit Geld. Welch ein Unterschied zur käuflichen Kampfkunst und den verwöhnten Kampfsportlern, die erwarten, bei jedem Training etwas Neues zu lernen!

Die chinesischen Kampfkünste orientieren sich heute immer mehr an der Erfahrung der japanischen Stile, die den Westen viel früher erreichten. Alte Strukturen werden verändert, um mit anderen Kampfkünsten der Welt konkurrieren zu können. Das Wing Tsun Kungfu (WT), einer der bekanntesten chinesischen Stile, besitzt heute eine der weltweit größten Kampfkunstorganisationen. In ihr wird das Wing Tsun (*yongchunquan*) nach einem neuen, vollständig durchstrukturierten Ausbildungsprogramm gelehrt, welches früher in China nicht existierte. Auch tragen die Mitglieder dieser Organisation heute eine bestimmte Trainingskleidung und es existiert mittlerweile ein Graduierungssystem, ähnlich dem japanischen Gürtelsystem, statt mit Gürteln allerdings mit verschiedenfarbigen Aufnähern an der Brust.

Ein Phänomen der modernen Entwicklung chinesischer Kampfkünste ist, dass sie zunehmend kommerzialisiert werden. Kungfu ist heute »Big Business«, so dass viele Lehrer ihre Kampfkünste hauptberuflich ausüben können. Auch in der Volksrepublik China gehört es zu den modernen Facetten chinesischer Kampfkunst, dass es den Beruf des Wushu-Trainers gibt. Ein solcher Trainer ist jedoch kein Meister im traditionellen Sinn. Die traditionellen Meister, die ich auf Taiwan und in China besuchte, betreiben ihren Unterricht nicht hauptberuflich. Zwar verlangen auch sie Trainingsgebühren, doch dies ist mehr eine symbolische Geste. Aus Sicht der alten Meister kann Kampfkunst nicht gekauft werden.

Dass die Kampfkunstkultur Chinas floriert, zeigt sich in der blühenden Hongkonger Filmindustrie. Kampfkunstfilme wie *Tiger & Dragon* von Ang Lee sowie *Hero* von Zhang Yimou wurden zu internationalen Kassenerfolgen. Diese Filme gehen zurück auf eine chinesische Literaturgattung, die Kampfkunstromane. Ihr wichtigster Autor ist der Hongkonger Schriftsteller Jin Yong, der zu den meistgelesenen Autoren Chinas gehört. Neben den Kampfkunstromanen ist der chinesische Markt von unüberschaubar vielen Abhandlungen übersät, in denen Lehrer der chinesischen Kampfkünste die theoretischen Inhalte ihrer Künste vorstellen. Kampfkunstwissen wurde früher aus Gründen der Geheimhaltung in Merkversen zusammengefasst, die vom Schüler auswendig gelernt werden mussten. Sie wurden nur mündlich an die nächste Generation weitergegeben. Später wurde dieses Wissen auch schriftlich niedergelegt und auf diese Weise entstanden Kampfkunstklassiker. Diese Klassiker enthalten die theoretische Essenz einer Kampfkunst. Früher wurde dieses Wissen nur an ausgewählte Schüler weitergegeben. Heute ist der chinesische Markt überschwemmt von Kampfkunstbüchern mit angeblich geheimem Inhalt.

Viele dieser Abhandlungen beschäftigen sich nicht nur mit technischen Inhalten, sie sprechen häufig die innere Kraft des Menschen an, das *qi* (japanisch *ki*). Ein Kennzeichen traditioneller chinesischer Kampfkunst ist, dass sie die innere Kraft betont, die unabhängig von der Muskelkraft sein soll und die durch spezielle Übungen kultiviert wird. Ziel eines chinesischen Kampfkünstlers ist es deshalb nicht, gewaltige Muskelpakete zu entwickeln, sondern ein starkes Qi. Die innere Kraft zeigt sich nicht in der äußeren Erscheinung, da sie nicht sichtbar ist. Das Konzept des Qi ist nicht nur eine wichtige theoretische Grundlage für die chinesischen Kampfkünste, sondern bildet ebenfalls die Basis für die chinesische Medizin, Qigong, chinesische Philosophie und für die Meditationsübungen religiöser Adepten.

In China hat Kampfkunst viele Namen

Für das Wort Kampfkunst existieren in der chinesischen Sprache viele verschiedene Begriffe. Das Wort *wushu* ist ein moderner Begriff, der vorwiegend in der Volksrepublik China verwendet wird und unter dem alle modernen chinesischen Kampfkünste zusammengefasst werden. Das Zeichen *wu* (武, japanisch *bu*) steht für alles, was mit Kriegs- und Kampfkünsten zusammenhängt. *Shu* (術, japanisch *jitsu*) bezeichnet eine Fähigkeit oder Kunstfertigkeit, aber auch eine Methode und Strategie. Viele Lehrer der chinesischen Kampfkünste betonen die Bedeutung des Schriftzeichens *wu*, das aus den Bestandteilen »anhalten« (*zhi*, 止) und »zwei« (*er*, 二) »Lanzen« (*ge*, 戈) besteht. Nach ihrer Interpretation zeigt sich hier der pazifistische Grundgedanke aller chinesischen Kampfkünste. Ihr Ziel ist nicht der Kampf, sondern die Fähigkeit, einen Kampf anhalten zu können oder noch besser einen Kampf zu vermeiden. Ein Meister in Taiwan erklärte mir: »Ein Kämpfer sucht den Kampf, ein Krieger vermeidet ihn.« Bezeichnenderweise wird in der chinesischen Sprache ein »Kämpfer« ohne das Schriftzeichen *wu* geschrieben, während es im Wort »Krieger« sehr wohl vorhanden ist. Das moderne Wushu ist zwar zum Überbegriff aller Kampfkünste Chinas geworden, allerdings beschränkt sich das Wushu heute vor allem auf die sportlichen und akrobatischen Aspekte dieser Kunst und zeichnet sich durch einen starken Wettbewerbscharakter aus. Viele der traditionellen Kampfkunstelemente wurden aus dem Wushu ausgeschlossen, so dass sich moderne Wushu-Praxis stark von klassischer chinesischer Kampfkunstpraxis unterscheidet. Wushu als moderne, leistungsorientierte Vorführkampfkunst wird heute von der Volksrepublik China als eine auf chinesischem Boden geborene Sportart angesehen und als solche auch von Seiten der Regierung propagiert.

In Hongkong und auf Taiwan zeigt sich ein völlig anderes Bild von chinesischer Kampfkunst. Dort werden die chinesischen Kampfkünste nicht als *wushu* bezeichnet, sondern als *gongfu* oder *quanfa*. Sie stehen auch nicht unter staatlicher Kontrolle, sondern haben ihren privaten, traditionellen Charakter und ihre klassischen Namen weitgehend behalten. Viele der

Meister, die ich bei meinen Trainingsaufenthalten in Taiwan besucht habe, unterrichteten auf privater Basis und zu einigen von ihnen kam ich erst nach Monaten der Suche, Recherche und den in China so unabdingbaren Beziehungen.

Die chinesischen Kampfkünste wurden in den Sechziger- und Siebzigerjahren des letzten Jahrhunderts in der westlichen Welt, vor allem in den USA, zuerst unter dem Begriff *kungfu* bekannt. Dies ist vor allem der einzigartigen Karriere des Hongkonger Schauspielers und Kampfkünstlers Bruce Lee (1949-1973) zu verdanken, dessen Filme weltweit für Begeisterungsstürme sorgten. *Kungfu* ist die westliche Aussprache des chinesischen Wortes *gongfu*. Die Chinesen verwenden *gongfu* gerne als Sammelbegriff für ihre traditionellen Kampfkünste. *Gongfu* erschien in Verbindung mit chinesischen Kampfkünsten zuerst im Kontext sektiererischer religiöser Bewegungen gegen Ende der Qing-Dynastie (1644-1911). Damals bezeichnete *gongfu* Formen der geistigen Konzentration und Zirkulierung der inneren Energie (*qi*, 氣), gepaart mit Kampffertigkeiten. *Gongfu* bedeutet wörtlich »Zeit« und »Energie«, die man investiert, um eine Technik oder Kunst zu meistern. *Gongfu* ist deshalb nicht auf die chinesischen Kampfkünste begrenzt, sondern kann auf alle möglichen Tätigkeiten angewandt werden. Von einem guten Kampfkünstler kann man sagen, er habe *gongfu*, doch genau dasselbe kann man von einem Virtuosen auf einem Musikinstrument oder von einem exzellenten Koch behaupten. *Gongfu* bedeutet jedoch noch viel mehr, als nur bestimmte körperliche Bewegungen technisch zu beherrschen. *Gongfu* ist viel mehr als die Meisterung körperlicher und spiritueller Aspekte einer Kunst. Es ist ein Schulungsweg, der den Menschen in seinem ganzen Mensch-Sein anspricht. Die reinen Kampftechniken bilden nur einen Teil dessen, was *gongfu* in seiner Gesamtheit ist. Nur die körperlichen Elemente eines Stils zu lernen, erfordert bereits viele Jahre harten Trainings. Alle Aspekte eines Stils im Gongfu zu durchschauen, ist jedoch eine Lebensaufgabe. Aus diesem Grund ist es auch in China schwer, einen Meister zu finden, der die Überlieferung eines Stils vollständig erhalten hat. Solche Meister werden Linienhalter genannt, da sie die Traditionslinie der Meister seit dem Gründer des Stils fortführen. Sie besitzen das gesamte kampftechnische, medizinische, meditative und spirituelle Wissen ihres Stils und geben es natürlich nicht leichtfertig an die Schüler weiter. Nur der Schüler, der die strapaziösen ersten Jahre des Trainings durchhält und sich gleichzeitig auch charakterlich qualifiziert, wird nach und nach in die höheren Techniken eingeführt. Deswegen wählten die Meister ihre Schüler sehr genau aus und auch heute noch unterrichten einige Meister sehr selektiv. Doch auch der Schüler tut gut daran, sich seinen zukünftigen Lehrer gut anzuschauen, bevor er bei ihm lernt, denn in China gibt es sicherlich genauso viele Kampfkunstscharlatane wie überall auf der Welt. Deshalb hat sich unter den chinesischen Kampfkünstlern eine Weisheit verbreitet, die besagt: »Lieber drei Jahre nach einem guten Meister suchen als zehn Jahre bei einem schlechten Meister lernen.« Besonders für Ausländer schnappt in China die Kungfu-Falle häufig zu. Für gutes Geld verkauft der Chinese alles, doch auch in China verkauft ein Meister nicht seine Kunst! Um zu den wirklichen Größen der chinesischen Kampfkunstwelt zu gelangen, bedarf es einer Menge Geduld, Mühe und der Beziehungen. Auf diesem Weg war es mir möglich, auch hinter die Kulissen der nach außen hin bunten und flimmernden Kampfkunstwelt zu schauen.

Während der Begriff *gongfu* auf alle handwerklichen oder künstlerischen Tätigkeiten angewandt werden kann, existiert noch ein anderer Begriff, der ausschließlich für die Kampfkünste verwendet wird, nämlich *quanfa*. *Quanfa* (拳法) bedeutet wörtlich übersetzt »Faust« (*quan*) – »Methode« (*fa*). Die chinesischen Kampfkünste verwenden gerne am Ende ihres Namens das Schriftzeichen für »Faust«. Damit stellen sie dar, dass es sich um einen Boxstil handelt, was natürlich den Einsatz von Beintechniken, Würfen und Hebeln sowie Waffentechniken mit einschließen kann. Die Shaolin-Kampfkunst heißt deshalb *shaolin-quan*, also Shaolin-Boxen, der Affenstil heißt *hou-quan*, also Affen-Boxen, und so weiter. *Quanfa* ist ein neutraler Begriff, der sowohl in der Volksrepublik China als auch auf Taiwan verwendet wird. Fast alle mir bekannten Namen chinesischer Kampfkünste enden mit *quan* und unterscheiden sich damit von den japanischen Künsten, die meist mit dem Zeichen für *Weg* (japanisch *dō*) enden. Die chinesischen *Quanfa*, die nach Japan überliefert wurden, heißen dort *kempō*. Der bekannteste Stil des

Kempō ist das *shōrinji kempō* des Dōshin Sō, ein Stil, der heute in Japan einige Millionen Mitglieder zählt.

Mythen und Geheimnisse: Die Traditionen der chinesischen Kampfkunst

Ein Meister des Weißer-Kranich-Stils (*baihequan*) aus der Nähe von Taizhong auf Taiwan empfing mich erst nach langwieriger Empfehlung eines seiner langjährigen Schüler. Er ist mittlerweile weit über siebzig Jahre alt, lebt zurückgezogen in einem kleinen Haus auf dem Land und unterrichtet als Linienhalter seines Stils ganz bescheiden nur eine kleine Schar ausgesuchter Schüler, deren Gongfu ganz vorzüglich war. Die Gruppe trainierte auf dem Flachdach des Hauses des Meisters. Vor dem Training saßen wir beisammen und unterhielten uns. Die Stimmung war entspannt und lustig. Als das Training begann, änderte sich die Atmosphäre schlagartig. Schüler und Meister wirkten konzentriert und aufmerksam und es war, als atme die ganze Gruppe Gongfu. Hier sah ich mehr als nur Technik. Ich hatte vielmehr das Gefühl, Zeuge zu sein von dem, was chinesische Kampfkunst sein kann – in all ihrer Grazie und Effektivität. In Taibei habe ich lange Zeit jeden Morgen bei einem Meister des Acht-Trigramme-Boxens (*baguaquan*) trainiert. Er unterrichtete offiziell eine Gruppe von Schülern, doch er lehrte auch im Geheimen eine kleine Anzahl von wenigen inneren Schülern. Das merkte ich aber erst, als er mir eines Tages erklärte, dass ich nun für das richtige Training qualifiziert sei, welches er bei sich zu Hause abhalte. Ich hatte noch nicht einmal gewusst, dass es ein solches Training für Fortgeschrittene überhaupt gab! Ein Wing-Chun-Meister aus Taibei empfing mich erst gar nicht, weil ich Ausländer bin und er aus Prinzip nur Chinesen unterrichtet. Es gibt viele weitere Beispiele, wie chinesische Meister aus ihrer Kunst ein Geheimnis machen – insbesondere gegenüber Ausländern. Bruce Lee, der in den Sechzigerjahren bei Yip Man in Hongkong Wing-Chun-Kungfu gelernt hatte, wurde von seinem Meister verstoßen, als dieser hörte, dass Lee in den USA das Wing Chun an Ausländer unterrichtet hatte. Wer hätte damals gedacht, dass Leung Ting, der angeblich letzte Schüler des großen Wing-Chun-Meisters Yip

Man, eine der international größten Kampfkunstorganisationen aufbauen sollte, die heute weltweit mehrere Millionen Mitglieder zählt!

In Taiwan traf ich außerdem auf Stile, die heute auf dem Festland Chinas nicht mehr zu finden sind. 1949 – nach der Machtübernahme der Kommunisten – hatten sich viele Kampfkunstmeister entschieden, nach Hongkong, Taiwan oder in die Chinatowns anderer Länder auszuwandern. Taiwan spielt hier eine besondere Rolle. Die *Ilha Formosa*, die »schöne Insel«, wie sie von den portugiesischen Seefahrern getauft wurde, war bereits über mehrere Jahrhunderte hinweg Zufluchtsort für alle, denen es auf dem Festland zu brenzlig wurde. Dazu gehörten politisch Verfolgte, Mitglieder von Geheimgesellschaften, Piraten und auch viele Meister der Kampfkünste. Besonders während der letzten Dynastie in China, der Qing-Dynastie (1644-1911), waren von den neuen Herrschern, einem mandschurischen Reitervolk, die Praxis der Kampfkünste unter den Chinesen verboten worden. Viele Gongfu-Meister und Rebellen sahen sich gezwungen, nach Taiwan zu flüchten, wohin der Arm der neuen Fremdherrscher nicht reichte. Deshalb findet sich auch heute noch auf Taiwan eine hohe Dichte von traditionellen Kampfkünsten aus ganz China. Zu den seltenen Stilen, die ich auf Taiwan traf, gehörte zum Beispiel das Sunbin-Boxen (*sunbinquan*), ein sehr alter Stil, von dem mein Lehrer in dieser Kunst, Meister Cai, behauptete, dass er in der Volksrepublik China nicht mehr zu finden sei. Im Gegensatz zu den Meistern, die es ablehnen, mit Nicht-Chinesen über Kampfkunst auch nur zu reden, begrüßt es Meister Cai, wenn Ausländer bei ihm lernen wollen. Er hat nämlich die Erfahrung gemacht, dass viele Nicht-Chinesen, die zu seinem Training kommen, bereit sind, wirklich hart zu arbeiten – eine Grundvoraussetzung für Erfolg im Gongfu. Die meisten Chinesen, besonders die jungen Leute, haben seiner Meinung nach überhaupt keine Disziplin mehr und jammern, sobald sie müde werden oder Schmerzen haben. Deshalb sieht Meister Cai die Zukunft des traditionellen chinesischen Boxens im Ausland. Einer seiner besten Schüler ist Amerikaner und Meister Cai fährt häufig in die USA, um dort Lehrgänge zu geben. Als er von einem dieser Lehrgänge zurückkam, erklärte er mir, er habe nun erkannt, dass ihn sein amerikanischer Student bei weitem übertreffe. Als er mein erstauntes Gesicht sah, entgegnete er lächelnd: »Ich bringe es gerade mal auf zehn Schüler, doch er hat hunderte von fleißigen Schülern.«

Die meisten traditionellen Kampfkunstlehrer, die ich in Taiwan und Hongkong, aber auch in Chinatowns außerhalb Chinas getroffen habe, betrachten die moderne Entwicklung der chinesischen Kampfkünste allerdings sehr skeptisch. Zwar erfüllt sie es mit Stolz, wenn *wushu* international anerkannt ist, aber für sie ist es kein wahres *gongfu*. Viele der spektakulären Techniken des Wushu sind in den klassischen Kampfkünsten nicht zu finden. Die traditionellen Meister nennen sie »Blumentechniken«, da sie, sicherlich für das Auge ein ästhetischer Genuss, ohne kampftechnischen Nutzen sind. Was dem westlichen Publikum von Wushu-Teams und in Hongkong-Movies als chinesische Kampfkunst vorgeführt wird, darf keinesfalls mit dem riesigen kulturellen Schatz verwechselt werden, den chinesische Kampfkunst traditionell darstellt.

Die Waffenstile im Gongfu

Heute gibt es mehrere hundert Stile des Gongfu. Die Vielfalt der chinesischen Kampfkünste hat verschiedene Ursachen: Eine ergibt sich daraus, dass jeder Stil eine für ihn charakteristische Eigenschaft besitzt, so betonen manche eine bestimmte Kampftechnik, andere eine besondere Waffenart, wieder andere legen besonderen Wert auf Methoden, mit denen sie äußere Kraft oder innere Energie entwickeln. Trotzdem existieren in den chinesischen Kampfkünsten Grundelemente, die sich in fast jedem Stil wieder finden. Dazu gehören: Stände und Schrittarbeit (*bufa*), Tritttechniken, Schlag- und Blocktechniken, Wurftechniken (*shuaifa*), Hebeltechniken (*qinna*), Bodentechniken (*ditang*) und Waffentechniken.

In den chinesischen Kampfkünsten kennt man rund 200 verschiedene Waffen. Dieses umfangreiche Arsenal ist eines der vielfältigsten der Welt, was wohl daran liegt, dass chinesische Kampfkünste auch im Volk trainiert wurden und nicht auf eine privilegierte Klasse von Kriegern oder Rittern beschränkt waren. So konnte sich die Kreativität im Gebrauch aller möglichen Gegenstände frei entfalten.

Eine traditionelle Einteilung der Waffen in China ist die der »achtzehn Waffengattungen« (*shibaban bingqi*, 十八般兵器). In den klassischen Militärhandbüchern und Abhandlungen über die Kampfkünste wird dieser Begriff häufig verwendet, allerdings unterscheiden sich die Waffen von Fall zu Fall. Weitere Einteilungen unterscheiden Waffen in die Kategorien Langwaffen/ Kurzwaffen, flexible Waffen, Einzelwaffen/ Doppelwaffen, Fluggeschosse, geheime Waffen und so weiter. Die Waffen, die in den chinesischen Kampfkünsten verwendet werden, sind einerseits altertümliche Waffen, wie sie früher in der Armee eingesetzt wurden, wie Schwerter, Säbel, Lanzen, oder andererseits Gegenstände des alltäglichen Gebrauchs, die etwa aus der Landwirtschaft stammten und für kämpferische Zwecke umfunktioniert wurden. Diese zweite Waffenkategorie entwickelte sich besonders stark während der Epochen in der chinesischen Geschichte, in denen die Regierung Waffenverbote erließ. Dazu gehören Gegenstände wie Sitzbänke (*deng*), Fächer (*shan*), Peitsche (*bian*), Hammer (*chui*), Schaufel (*chan*), Heugabel (*cha*), Sense (*lian*) und auch der Dreschflegel (*erjiegun*, bei uns als Nunchaku bekannt), der durch die meisterhafte Darstellung Bruce Lees in seinen Filmen weltweit bekannt wurde. Die vier Hauptwaffen der chinesischen Kampfkünste sind Schwert, Speer, Säbel und Langstock. Nahezu alle chinesischen Stile unterrichten den Umgang mit diesen Waffen. Die chinesischen Kampfkünstler nennen das Schwert auch den »Herrscher der hundert Klingen« (*bairen zhi jun*). Damit drücken sie aus, dass das Schwert die wichtigste der schneidenden Waffen ist. Wie mir ein Vertreter des nördlichen Gottesanbeter-Boxens (*beipai tanglangquan*) erklärte, wird in den Kampfkunstzirkeln auch der Speertechnik besondere Bedeutung beigemessen, was folgender Vers verdeutlicht: »Ein Jahr Training für das Boxen, einen Monat für den Stock, unendlich lange für den Speer« (*nianquan yuegun jiuchangqiang*). Hat man es zu einer gewissen Könnerschaft an den vier Hauptwaffen im Grundprogramm gebracht, lehrt die weitergehende Ausbildung auch den Umgang mit den anderen Waffen der Achtzehn-Waffen-Gattungen. Viele Stile des chinesischen Gongfu unterrichten an Spezialwaffen, die für ihren jeweiligen Stil oder den Meister charakteristisch sind. Meister Cai aus Taiwan, bei dem ich das Sunbin-Boxen trainiert habe, hat sich auf die neunteilige Peitsche (*jiujiebian*) spezialisiert. Das Wing Chun verwendet hauptsächlich die beiden Waffen Langstock (*liudianbangun*) und Schmetterlingsmesser (*bazhandao*). Die Adepten des Acht-Trigramme-Boxens bevorzugen die Mandarinentenaxt (*yuanyangyue*), eine sehr seltene Waffe. Für diesen Stil charakteristisch ist ebenfalls der Acht-Trigramme-Säbel, ein überlanger Säbel mit sehr breiter Klinge, der mit beiden Händen geführt wird. Shaolin ist in China für seine Stocktechniken bekannt geworden, während das daoistische Wudang-Boxen besonderes Augenmerk auf das zweischneidige Schwert legt. In den chinesischen Kampfkünsten werden die Waffenkünste gelehrt, wenn die Schüler die waffenlosen Techniken bereits beherrschen. Die Prinzipien des waffenlosen Kampfes werden dann auf die Waffentechniken übertragen. Damit unterscheiden die chinesischen Waffenkünste sich von denen auf den Philippinen, wo der Umgang mit der Waffe zuerst gelehrt wird.

Ursprung, Geschichte und Systematisierung der chinesischen Kampfkunst

Während ihrer Geschichte von mehreren tausend Jahren waren die Chinesen immer wieder in kriegerische Auseinandersetzungen mit anderen Völkern und auch untereinander verwickelt. Kriegs- und Kampfkünste waren deshalb wichtig für das chinesische Volk. Bis zur Einführung von Feuerwaffen im 17. Jahrhundert wurde in der chinesischen Armee mit den gleichen Waffen trainiert wie in den privaten Kampfkunstzentren. Waffenverbote wie zur Zeit der Dynastien Yuan (1271-1368) und Qing (1644-1911) führten verstärkt zur Praxis des waffenlosen Kampfes und zum Einsatz von Gegenständen, die nicht als Waffen galten, aber zu solchen umfunktioniert werden konnten, wie etwa Wanderstab und Dreschflegel. Verschiedene Denkweisen, Auffassungsgaben und Talente sowie unterschiedliche körperliche Voraussetzungen ließen die verschiedensten Techniken des Zweikampfes mit und ohne Waffe entstehen. Diese wurden von den nachfolgenden Generationen geprüft, angewandt und entsprechend der Umgebung und den Gewohnheiten verändert. Da in der chinesischen Kultur die Vergangenheit hoch geschätzt und die Vorfahren sehr verehrt wurden, bildeten sich auch in den Kampfkünsten Traditionen aus, die sich auf einen Gründer beriefen, welchen man teilweise sogar religiös verehrte. In manchen Fällen lag die Tradition dermaßen im Dunkel, dass man sich entschied, eine solche neu zu schaffen. Dabei wählte man als Vorvater des eigenen Stils gerne historisch sagenhafte Personen wie den daoistischen Einsiedler Zhang Sanfeng aus, der heute als Gründer des Wudang-Boxens verehrt wird. Beliebt waren auch berühmte religiöse Figuren wie Bodhidharma, der den Chan- (japanisch: Zen-)Buddhismus nach China gebracht haben soll und als Gründer der Shaolin-Kampfkunst verehrt wird. Man geht heute davon aus, dass sich der waffenlose Kampf in China am Rande militärischer Übungen entwickelte. Für einen Soldaten war es überlebenswichtig, dass er im Fall des Verlusts seiner Waffen immer noch verteidigungsfähig war. Weiterhin ist anzunehmen, dass die Soldaten, die nach Hause zurückkehrten oder aus Altersgründen aus dem Militärdienst ausschieden, auch in ihrer Heimat die Kampfkunst weiter betrieben und die eigenen Familienangehörigen unterrichteten. Darauf deuten die Familienstile hin, die man vor allem in historischen Aufzeichnungen seit der Ming-Dynastie (1368-1644) findet. Eine Kriegerkaste, wie man sie aus Indien (*kshatriyas*) oder Japan (*samurai*) kennt, gab es in China jedoch nicht. Die frühesten Aufzeichnungen in China zeigen darüber hinaus eine enge Verbindung von Tanz (*wu*, 舞) und Kampf (*wu*, 武). Pantomimische Darstellungen deuten auf die Nachahmung von bestimmten Kampfbewegungen von Kriegern im Tanz hin. Die moderne Forschung hat gezeigt, dass vor, während und nach Kampfhandlungen zwischen verfeindeten Stämmen oder Armeen Tänze aufgeführt wurden, in denen die Kampfereignisse nachgetanzt wurden und die somit eine Wiederholung der Sieg bringenden Techniken und Manöver enthielten. Die chinesischen Kampfkünste spielten nicht zuletzt eine wichtige Rolle bei der Ausbildung der Darstellungsformen innerhalb der chinesischen Oper. Bis heute hat sich der tänzerische Charakter der chinesischen Kampfkünste erhalten. Weltweit zeichnen sich viele Kampfkünste durch tänzerische Darbietungen aus, wie das brasilianische *capoeira*, das indonesische *pentjak silat* und das indische *kalarippayat*. All dies deutet auf eine Verwandtschaft zwischen Kampfkunst und Tanzkunst hin. In der Ming-Dynastie (1368-1644) erlebten die chinesischen Kampfkünste einen rasanten Aufschwung. Dies zeigt sich an einer umfassenden Differenzierung der Kampfkünste in verschiedene Stile sowie an einer bis dahin nicht gekannten Fülle an Publikationen über Kampfkünste. Diese Publikationen wurden durch den Fortschritt im Buchdruck ermöglicht und zeugen von einer theoretischen Beschäftigung der Kampfkünstler und Militärexperten mit diesen Künsten. Dies führte zu einer Systematisierung der Kampfkünste in verschiedene Haupt- und Unterkategorien.

Nord- und Südchinesische Stile

Wichtiger Ausdruck dieser Systematisierung der Kampfkünste während der Ming-Periode war die Einteilung in nordchinesische und südchinesische Kampfkünste. Sie orientiert sich am »langen Fluss« (*Changjiang*), der China geographisch in einen nördlichen und einen südlichen Teil spaltet. In den chinesischen Kampfkunstkreisen ist bis heute der Spruch: »südliche Faust, nördliches Bein« (*nanquan beitui*) verbreitet. Dieser Spruch weist darauf hin, dass die meisten nordchinesischen Stile (*beipai quanfa*) Beintechniken (Schritte und Tritte) betonen, während in südchinesischen Stilen (*nanpai quanfa*) Armtechniken überwiegen. Die bekanntesten nordchinesischen Stile sind das Langfaustboxen (*changquan*), der Stil der nördlichen Gottesanbeterin (*beipai tanglangquan*), der Adlerklauen-Stil (*yingzhaomen*) und das Affenboxen (*houquan*, auch *dashengquan*). Zu den bekanntesten südchinesischen Stilen gehören Wing Chun, Hung Gar, der Stil der südlichen Gottesanbeterin (*nanpai tanglangquan*), das Weiße-Augenbrauen-Gongfu (*bai meimao*) sowie der Drachenstil. Von einigen Stilen wie dem Gottesanbeter-Gongfu gibt es nördliche und südliche Schulen. Das Weißer-Kranich-Boxen (*baihequan*) sieht seinen Ursprung in Tibet, doch ist es heute hauptsächlich in Südchina verbreitet. Manche Stile wie das Choy Lay Fut sind Mischsysteme, die sich sowohl aus nördlichen als auch aus südlichen Traditionen speisen. Andere Stile wie das Tanglangquan sind ihrerseits Überbegriffe von etlichen Tanglang-Stilen, wie etwa dem Sieben-Sterne-Tanglangquan, dem Pflaumenblüten-Tanglangquan, dem Taiji-Tanglangquan, dem Jadering-Tanglangquan, dem Tanglangquan der sechs Verbindungen etc. Innerhalb eines einzigen Stils kann es auch lokale Unterschiede geben. In Taibei hatte ich die Grundformen des Sieben-Sterne-Tanglang-Stils gelernt. Als ich sie mit einem Chinesen verglich, der denselben Stil in der inneren Mongolei gelernt hatte, stellten wir fest, dass es zwei völlig unterschiedliche Stile waren. Die einzige Gemeinsamkeit war die Tanglang-Handhaltung, bei der man die Fangarme einer Gottesanbeterin imitiert.

Vergleiche mit den Kampfkünsten chinesischer Nachbarländer beweisen, dass die technischen Besonderheiten nord- und südchinesischer Stile jeweils einen starken Einfluss auf ausländische Kampfverfahren hatten, vor allem in Korea, Japan, Okinawa und Vietnam. Bei einem Vergleich der Techniken, die diese Stile verwenden, fällt auf, dass die Koreaner in ihrem *taekwondo* mit Vorliebe Beintechniken einsetzen. Damit ähnelt es den in Nordchina praktizierten Kampfkünsten. Das japanische Karate kam ursprünglich aus Okinawa und hieß dort »China-Hand« (*tangshou*, 唐手), bevor der Titel von den Japanern in »Leere Hand« (*kong-shou*, 空手) umgewandelt wurde. Karatedō (chinesisch *kongshoudao*, 空手道) zeichnet sich durch intensiven Gebrauch der Arme aus und ähnelt damit den südchinesischen Stilen. Auch die in Vietnam beheimateten Kampfstile (*vietvodao*, *vovinam*, *nga mi*) ähneln sehr stark den in Südchina vorhandenen Systemen.

Innere und äußere Kampfkünste

Ende der Ming-Periode formierten sich in China zwei wichtige Boxschulen, die die technisch eher schlichten Boxstile der frühen Ming-Zeit weiterentwickelten. Dies waren die Schulen der buddhistischen Shaolin-Tradition und der daoistischen Wudang-Tradition. Die Chinesen unterscheiden seitdem zwischen inneren und äußeren Kampfkünsten. Das Shaolin-Boxen steht dabei für die äußeren, harten Kampfkünste (*waijiaquan*, 外家拳), während Wudang die inneren, weichen Kampfkünste (*neijiaquan*, 内家拳) repräsentiert. Die harten/ äußeren Kampfkünste befassen sich vor allem damit, physische Kraft zu entwickeln, das heißt, wichtig sind der Aufbau von Muskelkraft, Kondition und körperliche Abhärtung, während die weichen/ inneren Kampfkünste größeren Wert auf die Entwicklung der inneren Energie, des *qi*, legen.

Das Shaolin-Kloster und die Geschichte seiner Kampfkunst

Nach einer chinesischen Redensart haben alle chinesischen Kampfkünste in Shaolin ihren Ursprung. Tatsächlich spielte das Shaolin-Kloster bei der Entwicklung der chinesischen Kampfkunst eine herausragende Rolle und bildet auch heute wieder eines der weltweit wichtigsten Kampfkunstzentren. Hier hat sich eine Kampfkunst entwickelt, die durch eine Vielzahl von Stilen geprägt ist, welche unter dem Überbegriff »Shaolin-Boxen« (*shaolinquan*, 少林拳) zusammengefasst werden. Im zwanzigsten Jahrhundert erlangten die chinesischen Kampfkünste in Europa und den USA eine enorme Popularität. Der ständig wachsende kulturelle Austausch ist in erheblichem Maß auf den Ruhm der shaolinischen Kampfkunsttradition zurückzuführen, die sich heute durch die Praxis einer einzigartigen Verbindung von kampftechnischen, therapeutischen und religiösen Elementen auszeichnet.

Das Shaolin-Kloster wurde in der nördlichen Wei-Dynastie (386-534) unter Kaiser Xiaowen (regierte 471-499) gegründet.

Es heißt, dass der indische Mönch Bhadra (chinesisch: Batuo) nach China kam, wo er von Kaiser Xiaowen empfangen wurde. Um seine Ehrerbietung auszudrücken, ließ der Kaiser für Mönch Bhadra das Shaolin-Kloster errichten. Das Gründungsjahr des Klosters war das neunzehnte Jahr der Ära Taihe (477-499). Das Kloster von Shaolin liegt in der Provinz Henan, südöstlich von Luoyang, am westlichen Ausläufer des Songshan-Bergmassivs. Damit steht es an derselben Stelle, an der es auch im fünften Jahrhundert zuerst erbaut worden war. Trotz wiederholter Zerstörung wurde es immer wieder aufgebaut.

Die für das Shaolin-Kloster bis zum heutigen Tage wichtigste Persönlichkeit ist die Figur des indischen Mönchs Bodhidharma (?-536). Bodhidharma gilt als der 28. Patriarch des Buddhismus und als der Begründer des Chan-Buddhismus (japanisch: Zen) in China. Darüber hinaus wird er als der Begründer der Shaolin-Kampfkunst verehrt.

Der Legende nach, wie sie in Kampfkunstkreisen verbreitet ist, waren die Übungen, die Bodhidharma seinen Mönchsschülern beibrachte, vor allem gymnastischer Art und als Hilfsmittel für die Meditation gedacht. Bis zur Ankunft Bodhidharmas in China hatten sich die buddhistischen Mönche vorwiegend auf das Übersetzen von buddhistischen Sūtren und deren Rezitation konzentriert. Bodhidharmas Chan-Lehre war jedoch völlig anders. Er betonte die Meditation im Sitzen. Seine Methode verlangte ein Höchstmaß an Disziplin und Durchhaltevermögen. Doch diese Tugenden fehlten seinen Schülern, so dass er sich Verfahren überlegte, die Mönche körperlich und geistig zu stärken. Heute spricht man in Shaolin von drei Übungsformen, die direkt auf Bodhidharma zurückgehen sollen. Dabei handelt es sich um die *Kampftechnik der 18 Lohan-Hände* (*shiba luohanshou*), den *Klassiker der Sehnentransformation* (*Yijinjing*) und den *Klassiker der Spülung des Marks* (*Xisuijing*).

Die Shaolin betonen die Bedeutung dieser Übungen für drei verschiedene Anwendungsgebiete. Erstens führen die Übungen zu körperlicher Kräftigung und Gesundheit. Zweitens sind die Übungen mit dem Zweikampf verbunden. Und drittens sind die Übungen ein unabdingbares Hilfsmittel und Voraussetzung für die Chan-Meditation, sie haben also auch eine religiöse Tragweite. Noch heute bestehen die drei genannten Übungsformen aus einer Mischung von Körperübungen, Atemübungen und Übungen zum Leiten der inneren Energie *qi*. Diese Übungen werden auch als *shaolin qigong* bezeichnet.

Moderne Vertreter des Shaolin-Boxens glauben an die enge Verbindung von Qigong und Boxen. Sie gehen davon aus, dass durch die Qi-Übungen auch die Effektivität in der Kampfkunst gesteigert werden kann. Darin sehen sie den Hauptzweck der Übungen, wie sie im *Klassiker der Sehnentransformation* enthalten sind. Die Übungen, die im *Klassiker zur Spülung des Marks* beschrieben werden, sollen dazu dienen, *qi* durch das Knochenmark des Körpers zu leiten, das Mark auf diese Weise zu reinigen, Blut- und Immunsystem zu stärken und das Gehirn zu vitalisieren, um so einen reinen körperlichen und geistigen Zustand zu erreichen, der schließlich zur buddhistischen Erleuchtung führen soll.

In Shaolin wurden die Kampfkünste also mit dem Chan-Buddhismus verbunden, was ihnen einen besonderen spirituellen Charakter verlieh. Kampfkunst wurde hier neben dem passiven Sitzen zu einer Möglichkeit buddhistischer Praxis in Bewegung umgeformt, wobei sich beide Elemente gegenseitig bereichern. Kampfkunst stärkt den Willen und die Kraft, wichtige Voraussetzungen für die langen Übungsstunden in der sitzenden Meditation. Ruhe, innere Zentriertheit und Egolosigkeit hingegen, die durch die Sitzmeditation erreicht werden, haben ihrerseits einen positiven Einfluss auf die Kampffertigkeiten. Letzten Endes sind sowohl das Sitzen als auch die Kampfkunst Wege, sich spirituell zu bilden. Dies ist wohl das größte Verdienst, das man Shaolin zuschreiben darf.

Es ist überliefert, dass die Shaolin-Mönche dem Gründer der Tang-Dynastie Li Shimin (598-649) halfen, seinen Gegner Wang Shichong auszuschalten. Ihr Kloster stand danach unter kaiserlicher Protektion. Seit dieser Zeit wuchs der Ruhm der Shaolin-Kampfkunst enorm. In der Qing-Dynastie (1644-1911) soll das Kloster der Legende nach Schlupfwinkel für antimandschurische Rebellen gewesen sein. Dadurch zog es sich wahrscheinlich den Unwillen der herrschenden Mandschus zu. Tatsache ist, dass sie es schließlich zerstörten. Die Zerstörung des Shaolin-Klosters durch die Qing gilt heute als Geburtsstunde der Geheimgesellschaften wie etwa des »Weißen Lotos«, der antiausländische Gedanken mit religiösen Vorstellungen und der Praxis der Kampfkünste verband.

Die Shaolin-Kampfkunst ist Synonym für die harten chinesischen Kampfkünste, die sich unter anderem dadurch kennzeichnen, dass sie den Körper extrem abhärten. Viele Shaolin-Kampfkunstlehrbücher beschreiben Methoden, mit denen man seinen Körper angeblich derart konditionieren kann, dass er hart wie Eisen wird. Diese Formen der Abhärtung, bei denen der Adept seinen Körper Schlägen aussetzt oder gegen harte Gegenstände schlägt und tritt, bis Arme und Beine schmerzunempfindlich werden, nennt man »äußeres Gong« (*waigong*). Dazu gehören Verfahren wie das »Eiserner-Arm-Gong« (*tiebigong*) und das »Eiserner-Besen-Gong« (*tiesaozhougong*). Die Shaolin-Demoteams, die heute die Welt bereisen, zeigen viele dieser besonderen Techniken, die so etwas wie das Markenzeichen von Shaolin geworden sind. Heute hat das Shaolin-Kloster seine Türen der Welt geöffnet und es finden sich jährlich eine große Zahl an chinesischen und ausländischen Besuchern ein, die, angelockt durch den sagenhaften Ruf der buddhistischen Kampfmönche, dort noch etwas von der Magie zu entdecken hoffen, die die Kampfkünste bis heute umgibt.

Die inneren Kampfkünste Chinas

Während das buddhistische Shaolin-Boxen zum Synonym für die harten, äußeren chinesischen Kampfkünste geworden ist, stand bei den weichen oder inneren Kampfsystemen Chinas die Lehre des Daoismus Pate. Der Daoismus ist eine in China entstandene Philosophie, die sich vor allem auf die Schriften der beiden Gelehrten Laozi (alte Umschrift: Lao-tse) und Zhuangzi (Chuan-tse) beruft. Laozi ist eine geheimnisumwitterte Gestalt des alten China. Er soll das *Daodejing* (Tao te king) geschrieben haben, eines der wichtigsten philosophischen Werke Chinas. Der Titel *Daodejing* bedeutet »Buch (*jing*, 經) vom Weg (*dao*, 道) und seinem Wirken« (*de*, 德). Im Zentrum der Philosophie Laozis steht das *dao*. Für Laozi ist das *dao* eine Weltordnung und der Urquell allen Seins. Da es für ihn ein Weltgesetz ist, findet sich das *dao* als Prinzip in allem, was in dieser Welt vorhanden ist. Das *dao* ist damit zugleich auch

Richtschnur für richtiges Handeln. Der Daoismus rät dem Menschen ein einfaches, bescheidenes Leben im Einklang mit der Natur. Dabei kristallisiert er bestimmte Prinzipien heraus, die auch für die daoistischen Kampfkünste von Bedeutung sind, wie zum Beispiel Weichheit und Nachgiebigkeit. Dazu heißt es im *Daodejing*:

»Ein Mensch kommt zart und nachgiebig zur Welt,
Bei seinem Tode ist er hart und starr.
Frische Pflanzen sind weich und voller Lebenskraft,
Bei ihrem Tode sind sie verdorrt und trocken.
Daher ist der Starre und Unbeugsame der Schüler des Todes,
Der Weiche und Nachgiebige ist der Schüler des Lebens.«

Für die weichen daoistischen Kampfkünste ist charakteristisch, dass sie, im Gegensatz zu den harten Stilen, den Einsatz von Kraft gegen Kraft vermeiden. Stattdessen geben sie der gegnerischen Kraft nach, leiten sie an sich vorbei und lassen sie ins Leere laufen, um dann selbst anzugreifen. Jede direkte Konfrontation mit der gegnerischen Kraft wird vermieden, denn das Ziel dieser Künste ist es, »die Kraft von einer Tonne mit einer Kraft von nur einhundert Gramm zu besiegen«.

Unter den Vertretern der inneren chinesischen Kampfkünste ist die Meinung verbreitet, dass sich der Entwicklungsstand eines Kampfkünstlers daran misst, wie stark er sein Qi kultiviert hat. Doch was genau hat man unter dem Begriff des *qi* zu verstehen und welche Bedeutung hat das *qi* für die chinesischen Kampfkünste?

Die Lebensenergie Qi

Das chinesische Schriftzeichen *qi* (氣) hat eine Vielzahl von Bedeutungen. In der chinesischen Medizin steht *qi* für die Lebensenergie, die den Menschen und alle Lebewesen durchströmt. *Qi* ist die Energie, die Leben hervorbringt und Leben erhält. *Qi* steht deshalb auch für Wärme. Mit dem Tod weicht das *qi* aus dem Körper, der Körper erkaltet. Das *qi* ist für unsere Gesundheit verantwortlich. Ein gesunder Mensch hat einen starken, harmonischen *qi*-Haushalt, bei einem kranken

Menschen ist diese Harmonie aus dem Gleichgewicht gekommen. *Qi* ist eine innere Kraft, die den Körper des Menschen durchströmt. Die Daoisten stellen sich den Körper als Mikrokosmos vor, als eine innere Welt, durch die innere Energie wie Wasser durch eine Landschaft fließt. Das *qi* fließt jedoch nicht willkürlich, sondern ähnlich wie das Blut auf bestimmten Bahnen, die man Meridiane nennt. Der Mensch besitzt zwölf Hauptmeridiane und acht Nebenmeridiane. Diese Energieleitbahnen sind miteinander verbunden und bilden einen großen energetischen Kreislauf. Gleichzeitig stehen sie mit den inneren Organen in Kontakt, woher sie auch ihre Namen wie Nierenmeridian, Lungenmeridian oder Herzmeridian haben. Das *qi* fließt in zyklischer Abfolge innerhalb dieser Bahnen von der Körpermitte zu den Enden der Extremitäten und wieder zurück.

Neben den Meridianen gibt es im Körper Qi-Speicher, in denen die Energie gesammelt wird. Der bekannteste und wichtigste dieser Speicher heißt »Zinnoberfeld« (*dantian*, 丹田). Er liegt im Unterbauch und ist das wichtigste Energiezentrum des Menschen. Die chinesischen Kampfkünstler und Ärzte glauben, dass man im Zinnoberfeld Energie speichern und sie bei Bedarf auch wieder von hier aus in andere Teile des Körpers schicken kann. Neben dem Energiezentrum im Unterleib gibt es noch zwei andere Energiezentren. Das »Mittlere Dantian« befindet sich in der Brust und ist verantwortlich für die Gesundheit der inneren Organe. Das »Obere Dantian« befindet sich zwischen den Augen. Hier wird die spirituelle Energie, *shen*, gebündelt. Darüber hinaus sind auch die inneren Organe wichtige Qi-Reservoire.

Die drei Hauptquellen für das Qi des Menschen sind nach der chinesischen Medizin: angeborene Konstitution, Luft und Nahrung. Die angeborene Qi-Konstitution des Menschen wird im Chinesischen »Primär-Qi« (*yuanqi*) genannt. Das Kind erbt diese Energie von seinen Eltern. Deshalb sind für die Stärke des Primär-Qi vor allem der gesundheitliche Zustand der Eltern bei der Zeugung und die Versorgung des Embryos im Mutterleib verantwortlich. Menschen mit einem schwachen Primär-Qi können als Kind oft krank sein, an Müdigkeit, Konzentrationsschwäche oder auch unter Antriebslosigkeit leiden. Wer ein starkes Primär-Qi hat, wächst hingegen gut auf, ist aktiv, hat eine gute Immunabwehr und ist geistig wach. Das Primär-Qi bestimmt also in großem Maß unser Leben.

Während nach der chinesischen Energielehre das Primär-Qi angeboren ist, kann man nach der Geburt zusätzlich *qi* aufnehmen. Das erfolgt vor allem durch Essen und Atmen. Gesunde Nahrung, Spaziergänge in der Natur und Atemübungen helfen, das nachgeburtliche Qi zu stärken. Damit können Defizite, die unser Primär-Qi aufweist, ausgeglichen werden. Da das nachgeburtliche Qi allerdings sehr leicht verloren geht oder unaufmerksam verschwendet wird, muss man regelmäßig *qigong* üben, um es zu erhalten, zu speichern und anzusammeln. Auch ein starkes Primär-Qi kann durch schlechte Lebensgewohnheiten wie ungesunde Nahrung, Drogen, Stress oder körperliche Überbelastungen verschwendet werden. Ebenso ist ein Übermaß an sexueller Verausgabung nach daoistischer Sicht zu vermeiden. Als Folge von schlechten Lebensgewohnheiten treten spätestens im Alter chronische Krankheiten wie etwa Migräne oder Bluthochdruck auf, die die westliche Medizin bis heute nur in ihren Symptomen mildern, jedoch nicht vollständig heilen kann. Mit Qigong können die meisten chronischen Beschwerden geheilt werden, denn es hilft, zu den Ursachen vorzudringen, die an einer falschen Lebensführung schuld sind.

Qigong

Das chinesische Zeichen *gong* (功) bedeutet »harte Arbeit« oder auch »Erfolg durch beharrliche Übung«. Deshalb wird der Begriff *qigong* übersetzt mit »Arbeit mit der Lebensenergie«. Qigong besitzt in China eine uralte Tradition und war teilweise unter anderen Namen wie *daoyin* (»Führen und Dehnen«, 導引) oder *yangsheng* (»das Leben nähren«, 養生) bekannt. Qigong umfasst das diffizile Wissen um die Lebenskraft und lehrt, wie ein Mensch sie aktivieren, trainieren und nähren kann, um sie für sich und andere Menschen zu nutzen. Neben der Qi-Arbeit umfasst Qigong noch viele andere Übungen. Man lernt zum Beispiel die richtige Körperhaltung, Massage- und Atemtechniken sowie Meditationsübungen. Allgemein teilt man das Qigong, von dem es mehrere hundert Stile gibt, in zwei

Hauptkategorien ein: »Übungen in der Bewegung« (*donggong*) und »Übungen in der Stille« (*jinggong*).

Die »Übungen in der Bewegung« bestehen vorwiegend aus sanften, langsamen Körperübungen mit dem Ziel, die äußere Aktivität, welche dem Yang-Aspekt entspricht, mit innerer Ruhe, welche der Yin-Aspekt symbolisiert, zu verbinden. Bei den »Übungen der Stille« verharrt der Körper reglos in einer Haltung. Die äußere Stille (Yin) wird mit der Bewegung des Inneren (Yang) kombiniert und harmonisiert. Das Qi wird durch geistige Konzentration im Körper geleitet, genährt und gesammelt.

Die meisten Chinesen üben am frühen Morgen Qigong in den Parks und auf nahe gelegenen Bergen. Es empfiehlt sich ein Übungsort in der Natur, da man so reines und starkes Qi aufnehmen kann. Die frühen Morgenstunden eignen sich besonders gut für die Qi-Praxis, weil zu dieser Zeit das Qi in der Natur am stärksten ist.

Qigong als Weg zur Gesundheit

Die Chinesen glauben, dass man mit Qigong heilen kann. Die Funktion des Qi als Schutz vor Krankheiten ist ein grundlegendes Konzept der chinesischen Medizin. In einem der wichtigsten Bücher zur chinesischen Medizin, dem *Inneren Klassiker des gelben Kaisers* (*Huangdi neijing*), heißt es: »Derjenige, bei dem eine Krankheit in den Körper eindringen kann, hat bestimmt ein schwaches Qi.« Die Chinesen haben erkannt, dass man mittels bestimmter Körperübungen, wie Dehnen, Strecken, Entspannen sowie Atemübungen und auch Übungen zum Führen des Qi, den Körper gesund und stark machen kann. Daraus entwickelte sich das medizinische Qigong, das zur Krankheitsbehandlung und zur Krankheitsprävention heute noch eingesetzt wird. Viele Ärzte der traditionellen chinesischen Medizin (TCM) praktizieren Qigong. Sie sind fähig, ihr Qi an Patienten zu übertragen und sie so zu heilen. Neben der Kräutermedizin, der Akupunktur und der Moxibustion mit glimmenden Kräuterkegeln ist das medizinische Qigong einer der Hauptpfeiler der klassischen chinesischen Medizin. Eines seiner bekanntesten und ältesten Übungsverfahren ist *Das Spiel der fünf Tiere* (*wuqinxi*), das der berühmte chinesische Arzt Hua Tuoi im zweiten Jahrhundert n. Chr. zusammenstellte.

Ebenso verbreitet sind die aus der Qigong-Literatur als »Acht Brokatübungen« (*baduanjin*, 八段錦) bekannten Techniken, von denen es mehrere Varianten gibt. Das Ziel der Brokatübungen ist, das Qi in den Meridianen zu führen und es zu nähren. Die Brokatübungen stellen gymnastische Gesundheitsübungen dar, die ursprünglich nicht mit den chinesischen Kampfkünsten in Zusammenhang gebracht wurden. Die zwei Übungen »Links und rechts den Bogen spannen, als ob man auf Geier schießt« (*zuoyou kaigong si she diao*) und »Boxen mit zornigem Blick, um Kraft und Qi zu stärken« (*zanquan numu zeng qili*) weisen jedoch auf eine Verwandtschaft zu Kampftechniken hin.

Qigong war und ist ebenso wichtiger Bestandteil der religiösen Praxis in China. Alle drei großen Lehren Chinas – Daoismus, Buddhismus und Konfuzianismus – haben ihre eigenen Varianten des Qigong gepflegt. Dabei diente es nicht nur dem Zweck, den Körper gesund zu erhalten, sondern Qi wurde auch eingesetzt, um spirituelle Ziele zu erreichen. Besonders die Daoisten haben eine Vielzahl von Qi-Übungen erdacht, die – zum Teil mit Hilfe alchimistischer Verfahren – zu einem Prozess innerer Transformation führen sollten. In diesem Zustand können – so ihre Vorstellung – spirituelle Ebenen erreicht werden, die zur Einheit mit dem Dao führen.

Das Qi in den chinesischen Kampfkünsten

Qi und Qigong spielen in den chinesischen Kampfkünsten eine wichtige Rolle. Es gibt viele Kampfkünstler, die neben ihrer Kampfkunstpraxis gleichzeitig auch Qigong betreiben. Außerdem gibt es viele Gongfu-Stile, die eigene, kampfspezifische Qi-Übungen in ihre Kampfkunst integriert haben. Das kampfkunstspezifische Qigong wird auch *wugong* genannt.

Die chinesischen Kampfkünstler hatten erkannt, dass das Qi eine Kraft ist, die man als Waffe einsetzen kann. Man glaubte in chinesischen Kampfkunstkreisen, dass man seinen Körper mit Qi vor Schlägen mit der Faust, ja sogar vor Angriffen mit Waffen schützen kann, indem man eine Art Qi-Schutzschild aufbaut, von dem alle Angriffe abprallen. Die entsprechenden Qi-Übungen erhielten so blumige Bezeichnungen wie »Goldene Glocke« (*jinzhong zhao*) oder »Eisenkleid« (*tiebu shan*). Darüber hinaus glaubten die Kämpfer, dass man Qi als Waffe einsetzen kann, indem man es mit zerstörerischer Wirkung in den Körper des Gegners projiziert. Wie ein Arzt, der Qi auf seinen Patienten überträgt, um ihn zu heilen, glaubten die Kampfkünstler, ihr Qi in die Körper ihrer Gegner übertragen zu können, um sie zu verletzen. Die berühmteste Methode ist unter dem kantonesischen Namen *dim mak* bekannt. Der von einem Dim-Mak-Schlag Getroffene soll keine äußerlichen Anzeichen einer Verwundung zeigen, jedoch soll die Energie des Schlages bei ihm zu inneren Verletzungen führen. Die zerstörerische Kraft eines solchen Qi-Schlags soll nach Angaben chinesischer Kampfkünstler bei weitem die Wucht eines gewöhnlichen, das heißt eines rein aus Muskelkraft ausgeführten Schlages übertreffen.

Gemäß der chinesischen Medizin fließt das Qi durch die Meridiane. Durch Akupunktur und andere Verfahren kann man den Qi-Fluss verändern, indem man die Nadeln an bestimmten Stellen der Meridiane einsticht, die als Akupunkturpunkte bekannt sind. Genau diese Akupunkturpunkte zu attackieren, darauf haben sich manche Stile des chinesischen Gongfu spezialisiert. Es handelt sich hier nicht um allgemein bekannte verletzliche Stellen wie etwa Schläfe, Nasenbein, Halsschlagader oder Unterleib, sondern um Punkte, durch die man Einfluss auf den energetischen Haushalt eines Menschen nehmen kann. Damit führt das Wissen um die Akupunkturpunkte weit darüber hinaus, was Kampfkünstler gewöhnlich als verletzliche Stellen bezeichnen. Führende Meister des Gongfu stimmen darin überein, dass etwa 108 von den mehr als 360 Akupunkturpunkten besonders verletzlich sind, 36 davon sind sogar so empfindlich, dass ein Treffer tödlich sein kann. Um diese Punkte angreifen zu können, müssen vor allem die Hände und Fingerspitzen in speziellen Verfahren trainiert werden. Besonders die Stile, die sich auf Hebel-, Wurf- und Festlegetechniken spezialisiert haben, wie etwa der Adlerklauenstil, trainieren in den fortgeschrittenen Stufen ihrer Ausbildung diese besonderen Techniken. Dazu gehört, die Finger abzuhärten, die exakte Lage der einzelnen Punkte zu lernen und die besonderen Techniken zu üben, mit denen sie getroffen werden können. Außerdem lernt der Schüler, alle Verletzungen, die durch seine Kampfkunst hervortreten können, wieder zu heilen. Hier vereint das Gongfu medizinisches und kampftechnisches Wissen auf hoher Ebene.

Tanglang-Meister Gao Daosheng aus Taiwan zum Beispiel benutzt beim Unterricht wenige Worte. Er beherrscht die Methode, mit seinen Fingerspitzen die Akupunkturpunkte des Körpers zu attackieren und benutzt sie nicht nur zu medizinischen Zwecken, sondern auch im Unterricht. Beim Formentraining und auch beim Partnertraining durfte ich die schmerzhafte Erfahrung machen, dass immer dann, wenn ich eine Technik nicht richtig ausführte, er mich mit dieser »Spezialmassage« korrigierte. Dann durchbrach er einfach meine Deckung und drückte oder zwirbelte einen dieser Punkte. Nach jeder schmerzhaften »Behandlung« beeilte ich mich, einen einmal begangenen Fehler nicht zu wiederholen.

Kennzeichen der in Taiwan und Hongkong betriebenen Kampfkünste ist die Betonung des Zweikampfes sowie die Entwicklung des Qi. Kumar Frantzis, der 1968 in Taiwan trainierte, traf dort auf Wang Shujin, der den Ruf genoss, einer der besten Kämpfer ganz Asiens zu sein. Wang stellte sich heraus als kleiner, untersetzter Mann von rund 120 Kilogramm Körpergewicht. Frantzis, nach eigenen Angaben zu jener Zeit bereits Schwarzgurtträger im Karate, forderte Wang heraus und erlitt eine vollständige Niederlage. Wang erklärte ihm: »Ich kann mehr essen als du, ich kann mehr Sex haben als du, und ich kann besser kämpfen als du, doch du nennst dich gesund! Nun, junger Mann, es gehört einiges mehr zur Gesundheit als nur jung zu sein, und es hängt alles davon ab, wie viel Qi man hat.«

Robert Smith, der einige Jahre vor Frantzis in Taiwan Wang besucht hatte, kann dessen Berichte bestätigen. Wang erlaubte Smith bei einer Gelegenheit, ihn beliebig zu schlagen oder zu treten. Doch selbst als Smith Wang Tritte gegen die Knie und in den Unterleib versetzte, habe sich Wang nicht von der Stelle gerührt: »Wie machen Sie das?«, fragte Smith. Wangs Antwort: »Qi.« Smith, ein Kampfkunstreisender, der schon viele Meister in verschiedenen asiatischen Ländern aufgesucht hatte, bevor er auf Wang traf, schreibt am Ende seines Berichts: »Man konnte einfach nicht mit Wang trainieren und nicht an Qi glauben.«

Kampfkunstforscher Wang Guangxi erklärt bei seiner Untersuchung der verschiedenen Entwicklungsstufen in der chinesischen Kampfkunst, dass man von Stufe zu Stufe verschiedene Arten an Kraft kultiviert, wobei der Übergang von einer Stufe zur nächsten einen Wechsel der Kraft (*huanli*) fordert. In der ersten Stufe herrscht die »grobe Kraft« (*manzhuo zhi li*) vor, deren Eigenschaft ist, dass sie mit dem Alter abnimmt. Man muss sie umwandeln in eine funktionelle und viel feinere Form der Kraft, die Wang *jinli* (勁力) nennt. Sie wird nach seiner Ansicht unter anderem dadurch entwickelt, dass der Schüler sein Qi im unteren Zinnoberfeld (*xia dantian*) sammelt. Während die Kraftform der ersten Stufe die »Kraftstufe des späteren Himmels« (*houtian zhi qi*) ist, kultiviert man in der zweiten Stufe das ursprüngliche Qi (*yuanqi*, 元氣, auch: *xiantian zhi qi*, 先天之氣). Unter dem »Qi des späteren Himmels« versteht man im chinesischen Qigong wie auch in der chinesischen Medizin die Form der Energie, die man dem Körper durch Nahrung und Sauerstoff zuführen kann. Das »Qi des früheren Himmels« bezeichnet die Form der Energie, die man bereits vor seiner Geburt hatte, weshalb dieses Qi auch »Ursprungs-Qi« (*yuanqi*) genannt wird. Die Kraftform, die sich im Blut-Qi begründet, ist die gewöhnliche Kraft (*li*, 力), die jeder Mensch besitzt. Die Form der Kraft, die ein chinesischer Kampfkünstler anstrebt, ist im Unterschied dazu eine energetische Kraft (*jin*, 勁), die aus der Kultivierung des Ursprungs-Qi resultiert. Nur die wenigsten würden diese Stufe jemals erreichen, so Wang Guangxi, denn sie setzt ein Minimum von zwanzig Jahren intensiven Trainings voraus. Wahre Könner seien deshalb mindestens vierzig Jahre alt oder älter.

Nach dieser Sichtweise setzen sogar Hochleistungssportler nur gewöhnliche Kraft ein. Moderne Sportmediziner haben zwar den Wert gesunder Nahrung für Athleten erkannt, doch leiden trotzdem viele Sportler unter dem Problem des »Ausgebrannt-Seins« (Burning-Out). Nach Auffassung der chinesischen Medizin ist dieses Problem Resultat eines zu starken Verbrauchs des Ursprungs-Qi, wobei dieser Verbrauch nicht allein durch gesunde Nahrung ausgeglichen werden kann, sondern durch Qigong-Übungen reguliert werden muss. In der chinesischen Kampfkunst ist das Burning-Out ebenfalls bekannt. In einem Merkvers heißt es: »Wenn man nur die Kampfkunsttechniken trainiert, ohne die Methoden zur Kultivierung der inneren Energie zu üben, wird man im Alter verbraucht sein.« Nach dieser Theorie ist die innere Energie also nicht nur ausschlaggebend für ein vitales Leben bis ins hohe Alter, sondern sie ist ebenso wichtig für die Kampfkraft. So heißt es bei einem Meister der chinesischen Kampfkünste: »Der Grad der Entwicklung in der Kampfkunst wird letztendlich von der Stärke der inneren Kraft entschieden.« Die Verbindung von Qi-Arbeit und Kampfkunst hat sich auf die meisten der mir bekannten chinesischen Kampfkünste ausgedehnt. Ohne Zweifel betonen jedoch die daoistischen Kampfkünste Chinas die Kultivierung der inneren Energie während des Trainings am stärksten. Aufgrund der großen Bedeutung, die dem Qi im Taijiquan beigemessen wird, gilt es in China als »höchste Vollendung der Kampfkunstfertigkeiten«. Das Taijiquan ist die im Westen bekannteste der weichen oder inneren Kampfkünste. Das Acht-Trigramme-Boxen (*baguaquan*) und das Form- und Intentions-Boxen (*xingyiquan*) hingegen sind bei uns kaum bekannt, obwohl sie in China zu den bedeutendsten der inneren Stile gehören.

Die Kampfkunst des höchsten Pols: Taijiquan

Das Taiji-Symbol ist ein altes Symbol der chinesischen Kosmologie, das eine besondere Stellung im Daoismus erlangte. Dort heißt es, dass aus dem *dao* das Eine und aus der *Ein*heit die *Zwei*heit von *yin* und *yang* entstand. Yin und Yang beschreiben die beiden Grundprinzipien des Universums, sie stehen für weich und hart, passiv und aktiv, unten und oben, dunkel und hell, weiblich und männlich, kalt und heiß, Nacht und Tag, Yin und Yang bilden aber immer eine Einheit, sie können nicht für sich allein bestehen. Darum werden sie in dem Taiji-Symbol zusammengefasst, welches die Einheit der Gegensätze darstellt. Diese Gegensätze sind nicht fest und unbeweglich, sondern in ständiger Bewegung, was durch ihre Form angedeutet wird. Wichtig ist außerdem, dass sich in Yang auch Yin befindet und in Yin auch etwas Yang, was durch die beiden kleinen Kreise verdeutlicht wird. Die Kampfkunst, die sich dieses Konzept als Leitmotiv ausgesucht hat, ist das *taijiquan* (太極拳). Heute existieren viele verschiedene Taijiquan-Stile, von denen der älteste der Chen-Stil ist, aus dem sich dann andere Stile wie der Yang-Stil, die beiden Wu-Stile, der Hao-Stil und der Sun-Stile entwickelten. Die verschiedenen Namen stammen von den Namen der Familien, die die jeweilige Taijiquan-Tradition pflegten. Der Yang-Stil wurde in der Familie Yang geübt und tradiert, der Wu-Stil in der Familie Wu weitergegeben. Seit Yang Luchan (1799-1872), dem Gründer des Yang-Stils, werden diese Stile auch öffentlich unterrichtet, wobei der Yang-Stil der weltweit meist verbreitete Taijiquan-Stil ist. Ein bekannter Spruch besagt: »Taijiquan hilft dem Schüler die Geschmeidigkeit eines Kindes, die Gesundheit eines Holzfällers und die Ruhe eines Weisen zu erlangen.« Tatsächlich ist das Taijiquan eine Kampfkunst, bei der die daoistische Philosophie in höchstem Maß in körperliche Bewegung umgesetzt wird.

Grundpfeiler der Praxis sind Formen, bei denen Kampfkunstbewegungen unglaublich langsam ausgeführt werden, wobei eine Bewegung in die nächste übergeht. Hier gibt es kein Stocken, kein Anhalten, die Bewegungen des Ausführenden sind im ständigen Fluss wie Wolken, die am Himmel vorbeischweben. Deshalb wird Taijiquan auch als »Schwimmen in der Luft« bezeichnet. Es ist ein Anblick von eigenartigem Reiz, wenn man morgens in den chinesischen Parks den überwiegend alten Menschen bei ihren Taiji-Übungen zuschaut, die sie schweigend wie feierliche Zeremonien zelebrieren. Sie üben ihr Taiji jeden Morgen zu sehr früher Stunde, da man in China glaubt, dass morgens die Lebensenergie *qi* besonders reichlich in der Luft enthalten ist und dass man sie mit den Taiji-Übungen aufnehmen kann. Das Taijiquan beschränkt sich jedoch keinesfalls auf die Übung der Form. Da die Kultivierung des Qi so bedeutend ist, wurde Taijiquan angereichert mit vielen Übungen aus dem Qigong. In alten Gräbern aus dem zweiten Jahrhundert vor unserer Zeitrechnung hat man erste Texte mit Anleitungen und Zeichnungen für Übungen gefunden, die denen sehr ähnlich sind, die heute im Qigong und im Taijiquan trainiert werden. Es handelt sich dabei um eine sehr einfache Gymnastik, deren Ziel es ist, den Körper geschmeidig zu machen und zu entspannen. Die Daoisten betrieben Gymnastik und andere Verfahren, um ihren Körper umzuwandeln und ihn auf eine materielle Unsterblichkeit vorzubereiten. Diese Hoffnungen wurden zwar nicht erfüllt, doch man erkannte bald den medizinischen Wert der daoistischen Körper- und Atemübungen. Im Taijiquan finden sich viele Haltungen, die an bestimmte Tierbewegungen erinnern. Darauf weisen die Namen der Techniken hin: »Der weiße Kranich breitet seine Flügel aus« (*baihe liangchi*), »Leopard und Tiger schieben den Berg« (*baohu tuishan*), »Das Wildpferd schüttelt seine Mähne« (*yema fenzong*), »Der goldene Hahn steht auf einem Bein« (*jinji duli*). In der Form wird das Taijiquan bewusst in äußerster Langsamkeit ausgeführt, wobei man versuchen muss, sich zu entspannen. Laut der chinesischen Medizin fließt *qi* nur in einem entspannten Körper. Entspannung bewirkt gleichzeitig, dass der Körperschwerpunkt nach unten sinkt. Es sind viele Geschichten über Taiji-Meister überliefert, die selbst von mehreren Angreifern nicht aus ihrem Stand gehoben werden konnten. Nach der Theorie der inneren Kampfkünste überwinden Weichheit und Nachgiebigkeit rohe Kraft (*yi rou ke gang*).

Im *Daodejing* heißt es: »Das Weiche und Schwache überwindet das Harte und Starre.« In Übereinstimmung mit dieser Theorie werden im Taijiquan auch Partnerübungen gelehrt, bei denen man lernt, den Angriffen des Gegners nachzugeben und sie so zu neutralisieren. Eine beliebte Übung ist das Aus-dem-Gleichgewicht-Bringen, bei der man versuchen muss, durch Ziehen und Schieben den Stand des Partners zu brechen. Diese Übung trainiert das wichtige Verwurzeln des Standes in der Erde, die Festigkeit der Beine und die Beweglichkeit des Oberkörpers.

Eine weitere wichtige Übung ist die der schiebenden Hände (*tuishou*), bei der man Kontakt mit den Armen des Partners aufnimmt und versucht, durch Fühlen eine Lücke in dessen Deckung zu finden oder zu schaffen, die man dann für sich nutzen kann. Anders als im *chisao* (Klebende Arme) des Wing Chun oder den Brückenarmtechniken anderer Stile arbeitet man im Taijiquan mehr mit runden Techniken, die nach Meinung von Taiji-Experten besser geeignet sind, Angriffe abzuwehren und zu den verletzlichen Punkten des Angreifers zu gelangen. Auch bei den Partnerübungen kommt es zuerst auf die Entspannung an. Aus ihr entwickeln sich ein stabiler Stand und ein harmonischer Qi-Fluss, welche auch im Kampf nicht aufgegeben werden dürfen. Der Schüler muss ruhig auf alle Angriffe reagieren können, ohne aus dem körperlichen und geistigen Gleichgewicht gebracht zu werden. Er sollte sich auch nicht verführen lassen, rohe Kraft einzusetzen. Sind Körper und Geist entspannt, ist der Kämpfer schneller und beweglicher. Entsprechend setzt er im Kampf seine Techniken ein, während er im Inneren völlig ruhig bleibt.

Neben den Soloformen und den Partnerübungen umfasst das Taijiquan auch ein Training mit den traditionellen Waffen. Als komplette Kampfkunst lehrt es neben Schlägen und Tritten ebenso Hebeltechniken und Würfe, die alle im Einklang mit den daoistischen Grundprinzipien ausgeführt werden. Meine Erfahrung mit dem Taijiquan in China und Deutschland ist, dass es heute kaum noch komplett gelehrt wird. Viele der Taiji-Lehrer unterrichten nur die Soloformen ohne Partnerübungen und oft auch ohne die entsprechenden Übungen aus dem Qigong. In Taiwan lernte ich den Yang-Stil nach Zheng Manqing, dem letzten großen Meister des Taijiquan, kennen. In diesem Stil spielt die Entwicklung der inneren Energie eine besonders große Rolle, so dass am Anfang des Trainings viele Qigong-Übungen stehen. Danach lernt man die *Soloform in 37 Bewegungen*. Während die Soloform dazu dient, sich selbst kennen zu lernen, dienen die Partnerübungen dazu, die Absichten des Gegners zu erkennen. Diese Reihenfolge der Ausbildung entspricht dem Satz des Sunzi in seinem Buch *Die Kunst des Krieges*: »Kennt man sich selbst und kennt man den Gegner, dann wird man in hundert Schlachten siegreich sein.«

Mein Taiji-Lehrer auf Taiwan hat die theoretische Ausbildung sehr betont. Er hat oft das Training unterbrochen, um anhand einer Technik die daoistische Philosophie zu erklären. Manchmal beschränkte er das Training auf die Lektüre daoistischer Werke oder Taijiquan-Schriften. Zheng Manqings Buch *Dreizehn Kapitel zum Taijiquan* war ständige Quelle des Wissens, das wir in unsere Bewegungen umzusetzen versuchten.

Die Boxkunst der Acht Trigramme: Baguaquan

Neben *taijiquan* ist *baguaquan* (八卦拳) einer der drei Hauptstile der inneren Kampfkünste. Während Taijiquan eine der wohl meist praktizierten chinesischen Kampfkünste der Welt ist, ist Baguaquan sogar in China recht selten vorzufinden.

Die acht (*ba*) Trigramme (*gua*) bilden die theoretische Grundlage eines der wichtigsten Klassiker der Chinesen, des Buch der Wandlungen (*Yijing*, *I Ging*), dessen älteste Teile vermutlich aus dem 8. Jahrhundert v. Chr. stammen. Das *Yijing* war ursprünglich ein Buch der Weissagung, bei der man kurze und lange (Yin- und Yang-)Stäbchen benutzte. Die Stäbchen wurden in acht verschiedenen Dreiergruppen (Trigrammen) in gebrochenen und ungebrochenen Linien angeordnet und graphisch in Kreisform dargestellt. Das Trigramm mit dem Namen *qian*, das Schöpferische, wird von drei ungebrochenen Linien gebildet, es steht für den Himmel, den Vater und die Stärke. Das Trigramm mit dem Namen *kun*, das Empfangende, wird von drei gebrochenen Linien gebildet und steht für die Mutter, die Erde und die Hingabe. Jedem einzelnen Trigramm werden bestimmte Eigenschaften, Naturphänomene, Tiere, Körperteile und Ähnliches zugeordnet, wie in folgender Tabelle dargestellt wird:

qian	*kun*	*zhen*	*sun*	*kan*	*li*	*gen*	*dui*
Himmel	Erde	Donner	Wind	Wasser	Feuer	Berg	Dampf
Vater	Mutter	1. Sohn	1. Tochter	2. Sohn	2. Tochter	3. Sohn	3. Tochter
Kopf	Bauch	Fuß	Schenkel	Ohren	Augen	Hand	Mund
Löwe	Einhorn	Drache	Phönix	Schlange	Habicht	Bär	Affe

Ursprünglich ein Orakelbuch, wurde das *Yijing* immer mehr als ein Text verstanden, mit dem durch die acht Trigramme und die aus ihrer Kombination geschaffenen 64 Hexagramme, die Grundgesetze des Universums und der Lauf der Welt dargestellt werden konnten. Grundcharakter der Welt ist nach dem *Yijing* der kontinuierliche Wandel. Somit sind die acht Trigramme nicht Abbildungen der Dinge in einem unbeweglichen

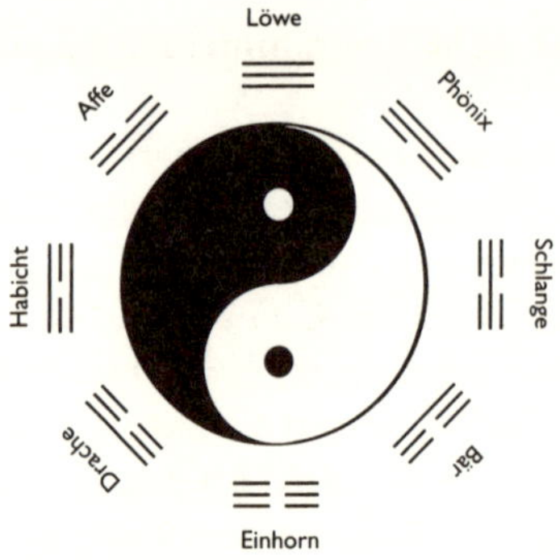

Seinszustand, sondern Abbildungen ihrer Bewegungstendenzen.

Dies ist nun auch die theoretische Grundlage der Boxkunst der acht Trigramme. Beim Bagua läuft der Adept beständig einen Kreis aus acht Schritten, wobei er bei jedem Schritt bestimmte Arm- und Beintechniken ausführt, sich um die eigene Achse dreht, weiterläuft, plötzlich die Richtung ändert, in hoher Geschwindigkeit wieder abtaucht, den Kreis durchbricht und an anderer Stelle weitergeht. Alle Bewegungen werden in großer Geschwindigkeit ausgeführt und auch sie sind, wie die Bewegungen des Taijiquan im ständigen Fluss, wobei der Ausführende sich vor allem in Kreis- und Drehbewegungen bewegt. Von einem Bagua-Meister der Vergangenheit heißt es, er habe sich so schnell bewegen können, dass sich sein Zopf während der Übungen immer in der Horizontale befand. Beim Partnertraining zeichnet sich das Bagua dadurch aus, dass man versucht, den Angreifer von den Seiten oder von hinten zu attackieren, deshalb auch die komplizierte Schrittarbeit. Im Bagua verwendet man vorwiegend Handflächentechniken, da man so die innere Energie besser auf den Körper des Gegners übertragen kann. Deshalb sind Qi-Übungen für diesen Stil wesentlich.

Bei meinem Bagua-Training in Taibei erkannte ich, welche Vorteile es hat, wenn man der direkten Konfrontation aus dem Weg geht und stattdessen unter ständigen Täuschungen und Drehungen den Gegner umkreist, bis sich eine Gelegenheit zum Angriff bietet. Allerdings verlangt das Baguaquan lange Jahre des Trainings, bis man seine Prinzipien im Kampf anwenden kann. So faszinierend Bagua als Kampfkunst ist, so faszinierend ist auch die hinter dieser Kampfkunst stehende Philosophie, deren Wurzel der Glaube an den ständigen Wandel in der Welt ist. Das Leben ist im ständigen Fluss, deshalb bemühen sich Bagua-Schüler, bei ihren Kampfbewegungen eins zu werden mit diesem Prozess der Veränderung und mit dem Fluss des Lebens und der Dinge mitzugehen. Trifft der Bagua-Könner auf einen Gegner, so ist er wie das Wasser, das auf Felsen stößt. Er vermeidet den frontalen Schlagabtausch und umfließt seinen Gegner; dabei schießt er von allen Richtungen seine Angriffe gegen verletzliche Punkte ab. Wenn man Bagua praktiziert, wiederholt man sinnbildlich den Prozess der Schöpfung der Welt. Zu Beginn der Bagua-Form ist alles still und ruhig. Dies ist der Zustand des Dao, der ursprünglichen Einheit des Kosmos. Dann breitet der Praktizierende die Arme nach oben und außen aus und teilt mit dieser ersten Bewegung den Kosmos in Yin und Yang. Aus der Einheit des Dao hat er nun also die beiden Elemente Yin und Yang geschaffen. In der Form folgen nun 64 Kampftechniken, die den 64 Hexagrammen des *Yijing* entsprechen. Die Übung der Form führt dazu, dass der Schüler eins wird mit dem endlosen Wandel, welcher die Natur des Universums ist. Am Schluss der Form kehrt er in den Zustand der Ruhe und Einheit zurück, indem er seine Hände wieder von außen zusammenführt, das Qi im unteren Dantian sammelt und damit die Form beendet.

Die Kampfkunst der zwölf Tiere und fünf Elemente, der Form und der Intention: Xingyiquan

Der Stil des *xingyiquan* (形意拳) ist der dritte in der Reihe der wichtigsten inneren Kampfstile Chinas. Der Name beschreibt bereits den Kern der Philosophie dieses Stils. Der Xingyi-Boxer versucht, hinter der Form (*xing*, 形) die Intention (*yi*, 意) und die Bedeutung zu ergründen. Im Xingyiquan werden zu Beginn der Kampfkunstausbildung zwölf Tierformen unterrichtet. Dabei lernen die Schüler, die Bewegungen von zwölf verschiedenen Tieren nachzuahmen und sie in Kampftechniken umzusetzen. Die alten daoistischen Meister, die sich in die Stille der Berge zurückgezogen hatten, studierten die Bewegungen der dort lebenden Tiere und ahmten sie nach. Daraus entstanden die Tierbewegungen, die heute auch in den gymnastischen Verfahren des Qigong und der chinesischen Medizin bekannt sind. Diese Tierbewegungen wurden auch für die Kampfkünste sehr wichtig, da die Meister von den Grundbewegungen der Tiere grundlegende Prinzipien und Haltungen für die Kampfkünste ableiteten. Anstatt jedoch die Bewegungen (*xing*) der Tiere exakt zu kopieren, übernahmen sie das Grundprinzip (*yi*) und wandelten dies in Einklang mit der Physiognomie des menschlichen Körpers in Kampfbewegungen (*quan*) um. Der Affe bewegt sich schnell und flink, die Schlange rund und geschmeidig, der Adler lehrt das blitzschnelle Niederstoßen und das Zupacken, der Tiger geschmeidige Kraft und reißende Techniken. Xing und Yi lehren die Schüler, die grundlegenden Kampfprinzipien der Tiere zu durchschauen und damit auch Stil und Intention eines Gegners. Ein ausgebildeter Xingyi-Kämpfer versucht, die Absicht aus den Bewegungen des Gegners zu erkennen, um dadurch dessen Angriff zuvorzukommen, zu kontern und ihn so mühelos zu besiegen. Für den Xingyi-Kämpfer heißt dies, dass er versuchen muss seine Absichten gut zu verbergen, um den Gegner überraschen zu können. Von einem Anfänger kann man sagen, dass er die Form (Bewegungen der Tiere) erwirbt, ohne die Absicht recht zu verstehen. Der Anfänger hat also Xing ohne Yi. Ein fortgeschrittener Schüler wird sowohl die Form als auch die Bedeutung der Bewegungen beherrschen. Von ihm kann man sagen, er habe sowohl Xing als auch Yi. Ein versierter Kämpfer wird seine Form verbergen, damit der Gegner nicht die Absicht daraus erkennen kann. Die Technik eines solchen Kämpfers hat keine Form (*xing*) mehr, aber er hat noch eine Absicht (*yi*). In der höchsten Stufe des Xingyi hat der Kämpfer weder Form noch Absicht. Solange er noch Absichten in sich trägt, bleibt sein Geist ständig beschäftigt mit Gedanken an den Kampf, den Wunsch nach dem Sieg, das Bewusstsein eines Ichs. Er muss sich dauernd neu an die ständig sich ändernde Situation im Kampf anpassen, wodurch seine Reaktionen langsam sind. Ein Kämpfer, der jedoch weder Form noch Absicht hat, ist frei von allen störenden Faktoren. Seine Aktionen sind natürlich und schnell. Von einem solchen Kämpfer kann man behaupten, dass er einen vollständigen Zyklus durchlaufen hat und nun zum Anfangspunkt zurückgekehrt ist, wobei er nun ganz ohne Xing und Yi agiert. Er ist nun in der Lage, jederzeit gemäß den Umständen zu handeln, ohne dass sein Denken dazwischentritt. Nach den Techniken der zwölf Tiere lernen die Schüler fünf weitere Formen, die den fünf Wandlungsphasen (*wuxing*, 五行) entsprechen. Diese sind Wasser, Feuer, Metall, Holz und Erde. Sie sind nach chinesischer Anschauung die Grundelemente der Welt. Allerdings sind auch sie keine statischen Elemente, sondern es handelt sich um Existenzphasen, die sich zyklisch ändern. Aus Sicht der chinesischen Medizin sind die fünf Wandlungsphasen fünf verschiedene Zustände des einen Qi, welches sich durch sie verschiedenartig manifestiert. Das Beispiel des Tageslaufs soll dies verdeutlichen: Am frühen Morgen, wenn die Sonne aufgeht, beginnt sich das Yang (Sonne) zu entfalten. Dies entspricht bildhaft dem Holz, das für Wachstum steht und für alles, was sich in einer Entwicklung befindet. Zur Mittagszeit hat sich das Yang voll entfaltet und dies bezeichnet man nun als die Phase Feuer, welches bildhaft für die volle Entwicklung der Aktivität steht. Danach wandert die Sonne nach Westen und nimmt immer mehr ab. Es folgen die Phasen Erde (Nachmittag), Metall (Abend) und Wasser (Nacht). Das nennt man den »Kreislauf der gegenseitigen Erzeugung«. Weitere Entsprechungen finden sich für die Planeten, die Himmelsrichtungen, die Körperorgane, die Sinnesorgane, Emotionen und vieles mehr:

Element	**Holz**	**Feuer**	**Erde**	**Metall**	**Wasser**
Speicherorgan (Yin)	Leber	Herz	Milz	Lunge	Niere
Hohlorgan (Yang)	Galle	Dünndarm	Magen	Dickdarm	Blase
Sinnesorgan	Augen	Zunge	Mund	Nase	Ohren
Gefühl	Zorn	Freude	Denken	Trauer	Furcht
Jahreszeit	Frühling	Sommer	Spätsommer	Herbst	Winter
Himmelsrichtung	Osten	Süden	Mitte	Westen	Norden
Lebensabschnitt	Kindheit/ Jugend	Um 30	Um 40	Um 50/60	70 Jahre und älter

Auch die fünf Wandlungsphasen werden, wie die acht Trigramme, in Beziehungssystemen angeordnet. Beim »Kreislauf der gegenseitigen Bezwingung« löscht das Wasser das Feuer, das Feuer schmilzt das Metall, das Metall fällt das Holz, das Holz durchbricht die Erde und die Erde dämmt das Wasser ein. Entsprechend dieser Philosophie lernt der Schüler auch hier, hinter der Form die Bedeutung zu ergründen. Die beiden Kreisläufe symbolisieren Werden und Vergehen, Schaffung und Zerstörung im Kosmos. In der Xingyi-Kampfkunst wird dieses Wissen kampftechnisch in der »Fünf-Elemente-Faust« (*wuxingquan*) umgesetzt und jedem Element eine bestimmte Technik zugeordnet. Jede Technik nutzt dabei eine andere Form der Energie, die entlang einer bestimmten Kraftlinie des Körpers verläuft und über diese eingesetzt wird. Wie im Taijiquan und im Baguaquan trainiert man im Xingyiquan nicht die Muskelkraft, sondern die innere Energie. Diese wird im Xingyi durch stundenlanges Meditieren im Stehen oder durch ebenso lang dauernde Wiederholungen der Technik eines Elements erreicht.

Der Meister, der mich in Taiwan in die Grundlagen des Xingyi einwies, fragte mich, ob ich hartes Training aushalte. Bei meinem Stolz gepackt antwortete ich natürlich aus voller Brust: »Ja!« Er erklärte, dass wir drei Stunden am Stück trainieren müssten, und sofort gingen wir in seinen Trainingsraum. Dort erklärte er mir eine Bewegung aus dem Komplex der Fünf-Elemente Faust und verlangte, dass ich sie übe, bis er wiederkomme. Als ich mit der Übung begann, ahnte ich noch nicht, was mir bevorstand. Der Meister begab sich in eine Ecke des Raumes, wo er in einer bestimmten Haltung eine Stunde regungslos verharrte, während ich meine Technik übte und schon nach kurzer Zeit schweißgebadet war. Nach einer Stunde kam er wieder und zeigte mir eine neue Technik, wonach er wieder eine Stunde stehend meditierte, während ich schwitzte. In der dritten Stunde kam die dritte Technik an die Reihe. Danach war ich völlig k.o. und hatte das Gefühl, diese drei Techniken nie mehr in meinem Leben zu vergessen. Der Meister erklärte mir, dass dies die traditionelle Methode sei, Xingyi zu lernen, und dass er es auch auf diese Weise gelernt habe. Als ich später selbst die Meditation im Stehen übte, erkannte ich, dass der Meister in diesen drei Stunden etwas viel Schwierigeres geleistet hatte als ich. Während ich mich bewegen durfte, stand er drei Stunden lang still da. Auf meine Frage, warum das Stillstehen so schwer sei, antwortete er: »Jeder Kämpfer weiß, wie man sich bewegt, doch nur wenige schaffen es, sich nicht zu bewegen. Schlechte Kampfkunst lebt von großen Bewegungen, gute Kampfkunst braucht hingegen nur wenige Bewegungen. Große Bewegungen sind nicht so gut wie kleine und kleine Bewegungen sind nicht so gut wie gar keine.«

Obwohl sich die drei inneren Künste Taijiquan, Baguaquan und Xingyiquan in ihren Kampftechniken voneinander unterscheiden, werden sie in China oft zusammen gelehrt. Während das Xingyiquan vor allem geradlinig funktioniert, arbeitet man im Bagua hauptsächlich mit runden Bewegungen, wodurch sich diese beiden Künste gut ergänzen. Taijiquan wirkt und arbeitet in alle Richtungen. Wie so oft in China gibt es auch dazu eine Legende. Es heißt, dass im 18. Jahrhundert ein Meister des Bagua im Kampf auf einem Meister des Xingyi traf. Nach mehrtägigem (!) Kampf soll der Bagua-Meister gewonnen haben. Nach dem Kampf wurden die beiden Meister Freunde und schworen, von nun an ihre Künste gemeinsam zu lehren.

Taijiquan, Baguaquan und Xingyiquan haben einen gemeinsamen philosophischen Kern, den Daoismus. Sie orientieren sich sowohl kampftechnisch als auch spirituell an dieser in China entstandenen Lehre, in der es um ein Leben im Einklang mit der Natur, um einen harmonischen Geist und um die Stärkung der Lebensenergie geht. Leider sind bis auf das Taijiquan diese Künste im Westen bisher so gut wie unbekannt geblieben. Doch auch das Taijiquan, das man fast überall findet, ist nur ein schwacher Schatten dessen, was es in China einmal war und heute teilweise noch ist. Es bleibt nur zu hoffen, dass sich in Zukunft immer mehr Menschen mit den daoistischen Kampfkünsten befassen und sie auch im Westen bekannt machen.

Der Geist des Weges

Aufgrund der Vielfalt der chinesischen Kampfkünste könnten reihenweise Bücher über sie verfasst werden. In dem hier gegebenen Rahmen habe ich mich bemüht, einen möglichst umfassenden Einblick in das traditionelle Gongfu zu geben. Dabei sind hier und da meine eigenen Erfahrungen eingeflossen. So können Leser, die noch nicht die Möglichkeit hatten, nach China zu fahren und dort zu trainieren, einen Eindruck bekommen, was Gongfu für die Chinesen bedeutet.

Ein lernbegieriger Schüler fragte einmal Herrn Franzolet, den Gründer der Kampfkunst Kwoon Do, ob das Gongfu, das er unterrichte, Nord-Shaolin oder Süd-Shaolin sei. Er antwortete lakonisch: »Weder noch, wir praktizieren hier West-Shaolin.« Damit brachte er zum Ausdruck, dass Gongfu sich dem Westen anpassen muss. Dabei besteht allerdings die Gefahr, dass viele seiner fundamentalen Lehren verloren gehen. In Deutschland sind mir nur wenige Einzelfälle von Meistern bekannt, die die gesamte Übertragung eines Stils erhalten haben. Eine solche Überlieferung wird nur durch jahrzehntelanges Training erworben und nur in Ausnahmefällen haben Menschen die Zeit und den Willen, diese Mühe auf sich zu nehmen. Gleichzeitig wird heute nicht mehr an den engen Meister-Schüler-Beziehungen festgehalten, sondern Gongfu ist zu einer Ware geworden, die jeder, der genug Geld hat, kaufen kann. Und meistens sind es die Schurken, die genügend Geld haben. Die Kommerzialisierung beraubt das Gongfu seiner spirituellen Ziele und alte Kampfkünste und ihre Lebensweisheiten werden somit den Regeln unserer materiellen Zivilisation unterworfen. Ironisch genug, dass viele Anfänger ins Kampfkunst-Training kommen, weil sie gerade aufgrund des materiellen Überflusses und der daraus entstehenden spirituellen Leere auf der Suche nach einem *Weg* sind, den sie jedoch in den wenigsten Trainingsstätten finden. Natürlich gibt es Ausnahmen wie das oben genannte Kwoon Do, das meiner Meinung nach eine gelungene Synthese darstellt, eben »West-Shaolin«, in dem die spirituellen Elemente der Kampfkünste in einer für den modernen westlichen Menschen adäquaten Weise vermittelt werden. Somit besteht in der Veränderung asiatischer Kampftechniken im Westen nicht nur eine Gefahr, alte Lehren zu verlieren, sondern auch eine Chance, Altes weiterzuentwickeln und Neues zu schaffen. Denn nicht alles, was alt ist, ist automatisch auch gut. Oft habe ich in China die Erfahrung gemacht, dass man zu sehr an den alten Formen und dem alten Denken festhält, ohne kritisch zu überprüfen, ob es überhaupt einen Sinn ergibt.

Kampfkunst ist ein Mittel, Menschen im Sinn des *Weges* (*dao*) zu erziehen. So erklärte mir einer meiner Lehrer: »Wenn man den *Weg* besser vermitteln könnte, indem man Basketball spielte, dann würde ich Basketball unterrichten.« Kampfkunst ist ein Schulungsweg, der körperliche und spirituelle Aspekte in sich trägt. Aus den Traditionen kann man immer lernen, aber es ist vielleicht falsch, zu sehr an ihnen festzuhalten, man darf sie nicht blind übernehmen. Viele der chinesischen Kampfkünstler, auf die ich traf und die von sich behaupteten, dass sie das echte Gongfu beherrschten, erwiesen sich als völlig unwissend um die moderne Entwicklung der Kampfkünste. Sie konnten einige Formen und bezeichneten sie als Herz ihrer Kunst, doch die in den Formen enthaltenen Techniken vermochten sie nicht anzuwenden. In Vergleichskämpfen sind die chinesischen Formenläufer modernen Kämpfern aus anderen Stilen bei weitem unterlegen.

Es geht also nicht so sehr um Kampfkunst in ihrer traditionellen *Form*, sondern um den *Inhalt*, die Lehre. Nur die lebendigen Kampfkünste, die sich an die Umstände der modernen Welt anpassen, werden überleben. Die asiatischen Kampfkünste müssen im Westen ihre Form verändern, aber auch wenn sich ihr Gesicht ändert, muss dennoch der Geist des *Weges* erhalten bleiben.

Vielleicht hat Meister Cai aus Taiwan ja Recht, wenn er sagt, dass die Zukunft des Gongfu im Westen liege. Die Kampfkünste sind ein großartiges und wichtiges Erbe der Menschheit. Deshalb hoffe ich, dass alle Mitglieder der riesigen Kampfkunstfamilie daran mitarbeiten, sie neu erblühen zu lassen und darauf achten, dass vor allem der Geist des *Weges* der Kampfkünste nicht verloren geht.

Die Öffnung der Felsenwohnung – Visionen des Ueshiba Morihei

Andreas Niehaus

Über die japanischen Kampfkünste und ihre Gründer werden viele Mythen erzählt, selten etwas Handfestes. Um Religion von Esoterik und Legende von Wirklichkeit zu trennen, benötigen wir die Hilfe von Fachleuten, die Sprache und Geschichte Japans studiert haben. Andreas Niehaus ist einer von ihnen. Er forscht an der Universität Köln über Sport und Kampfkunst in Japan. Wissenschaftliche Veröffentlichungen und Beiträge zu Fachkonferenzen weisen ihn als Experten aus. Soweit zur Theorie. Die Praxis: Andreas Niehaus trägt in zwei Kampfkünsten einen Schwarzgurt, im Shōtōkan Karatedō und im Seiryūkai Aikijūjutsu. Er verbindet also Theorie mit Praxis, Forschung mit Kampfkunst. Andreas Niehaus' Interesse gilt historischen Figuren der japanischen Kampfkünste. In seiner Doktorarbeit untersuchte er, welche erzieherischen Ziele der Jūdō-Gründer Kanō Jigorō verfolgte, als er seinen Kampfsport schuf. Ein weiteres Forschungsthema ist das Aikidō Ueshiba Moriheis, der von 1883 bis 1969 lebte. Japan erlebte zu dieser Zeit große Veränderungen. Mehrere hundert Jahre war es vom Ausland abgeschottet gewesen, jetzt musste es seinen Platz in der Welt finden. Für viele Japaner war es schwer, sich mit der neuen Lage abzufinden. Sekten und kleine Religionsgemeinschaften blühten auf und versprachen Orientierung und Halt. Andreas Niehaus zeigt in seinem Beitrag, wie sehr Kampfkunst und Weltbild Ueshibas durch sein religiöses Umfeld geprägt wurden. Ueshiba ist Sinnbild für einen sehr spirituellen und mystischen Zugang zu den Kampfkünsten, der in Asien häufig zu finden ist. Mystische Erfahrungen, esoterische Schöpfungsberichte, okkulte Sekten – für uns ist das oft sehr fremd und ungewohnt. Aber nur wer sich damit beschäftigt, kann verstehen, welchen Weg Ueshiba im Aikidō ging.

»Es war wohl im Herbst des Jahres 1921. Auf einer Wanderung, die ich allein unternahm, bebte plötzlich die Erde, und aus dem Boden stieg goldenes Fluidum empor, und während es meinen Körper umschloss, spürte ich, wie mein Körper eine goldene Gestalt annahm. Gleichzeitig waren Körper und Geist erfüllt von Leichtigkeit. Ich konnte das Zwitschern der kleinen Vögel verstehen und begriff die Gesinnung der großen Gottheit, die das Universum erschaffen hat. In diesem Moment erlangte ich die Erleuchtung und erkannte, dass die Wurzel der Kampfkünste die Liebe der einen Gottheit ist, der Geist, der alles Leben in Liebe beschützt, und die Tränen der Erleuchtung rannen mir unaufhörlich über die Wangen.« (Sunadomari 1984, 262f.) So beschreibt Ueshiba Morihei, der Begründer der Kampfkunst Aikidō (Weg zu Harmonisierung des Fluidums), eine Erleuchtungserfahrung, die zur Grundlage seiner »Religion Aikidō« werden sollte. Es ist gerechtfertigt, hier von Aikidō als einer Religion zu sprechen, da Ueshiba sich nicht darauf beschränkte, religiöse Rituale oder Elemente in die Philosophie und die Durchführung seiner Kampfkunst einzubauen. Vielmehr *ist* Aikidō für ihn eine Religion, die entsprechende kultische Handlungen beinhaltet und in der eine Einheit mit den Gottheiten herbeigeführt werden soll. Diese bedeutet letztlich die Rückführung in einen Urzustand der All-Einheit: Nur in diesem Urzustand kann nach Ueshibas Auffassung eine Reinigung der Welt erreicht werden, die in die Errichtung eines Himmelreiches (*tenkoku*) auf Erden mündet, und in dem die Menschen in friedlicher Harmonie koexistieren. Die oben zitierte Erleuchtung stellt dabei keinen Endpunkt in der Entwicklung Ueshibas dar, sondern steht vielmehr am Anfang eines Prozesses. In der Folge scheint Ueshiba zu einem Propheten mit übernatürlichen Fähigkeiten zu werden: Es finden sich Berichte von Translokation, also der Fähigkeit sich an einen bestimmten Ort zu versetzen, sowie Augenzeugenberichte davon, dass Ueshiba die Flugbahn von Gewehrkugeln vorhersehen und ihnen somit ausweichen konnte. 1940 schließlich wird Ueshiba nach eigenen Aussagen zu einer lebenden Gottheit (*ikigami*): »Die Gottheit Sarutahiko und auch der Drachenkönig Ame no Murakumo Kuki Samuhara kamen herab, und der Drachenkönig verkündete: ›Ich werde in jede Zelle deines Körpers eindringen und eins mit dir werden.‹« (Sunadomari 1984, S. 260 f.) Die Gottheit Sarutahiko übernimmt in diesem Bericht die Rolle eines Begleiters und Wegweisers des Drachengottes. Damit wird auf die japanischen Mythen verwiesen, in denen Sarutahiko den Enkel der Sonnengöttin Amaterasu, Ninigi, auf die Erde begleitete. Der Drachengott, der im Shintōismus eigentlich eine nur untergeordnete Rolle spielt, wird bei Ueshiba zur Schutzgottheit des Aikidō.

Für den heutigen Aikidō-Praktizierenden ist diese (Selbst-) Darstellung des Begründers des Aikidō und die Vorstellung des Aikidō als Religion wahrscheinlich eher fremd und vielleicht sogar in höchstem Maß befremdlich. Um aber die Traditionen und die Entwicklung des Aikidō besser zu verstehen, die letztlich zu den verschiedenen heute praktizierten Formen geführt haben, ist es notwendig, einen Blick auf die Wurzeln dieser Kampfkunst zu werfen und diese vor dem historischen und kulturellen Kontext näher zu erläutern. Zu diesem Zweck soll einleitend das Verhältnis von Religion und Kampfkunst in Japan betrachtet werden.

Die Verbindung von Kampfkunst und Religion in Japan

Die Verbindung von Religion und Krieg bzw. Kampf ist seit jeher – ebenso wie die von Religion und Jagd – Teil der Menschheits- und Kulturgeschichte. In Japan finden sich Hinweise auf reglementierte Kampfspiele als Teil religiöser Rituale bereits in frühen Quellen. Die shintōistischen Mythen *Kojiki* und *Nihongi*, die im 8. Jahrhundert verfasst wurden, und die über die Entstehung der Welt, das Leben der Gottheiten und der Bevölkerung auf dem japanischen Insel-Archipel berichten, erzählen von Ringkämpfen (*chikara-kurabe*). Diese müssen als Vorläufer des heutigen *sumō* gesehen werden. In der Heian-Zeit (794-1185) erfreuen diese Ringkämpfer, aber auch Bogenschützen, die Gottheiten und Adeligen bei Schreinfesten. In den folgenden Jahrhunderten nutzen die Krieger Zeremonien, Rituale oder Praktiken des esoterischen Buddhismus und des Shintōismus als Kraft- und Ruhequelle, um gestärkt in den Kampf ziehen zu können. Zu diesen Praktiken zählen zum Beispiel rituelle Reinigungen oder das Anrufen bestimmter Gottheiten im Schrein des Kriegsgottes Hachiman. Dem »esoterischen« oder auch »geheimen« Buddhismus stehen die Lehren des exoterischen Buddhismus, wie etwa des Zen-Buddhismus, gegenüber. Der Begriff »esoterisch« bezieht sich zum einen auf die magischen Praktiken dieser Richtung, zum anderen aber auf den Umstand, dass die Lehren dem durchschnittlichen Gläubigen nicht vermittelt werden. Nur einem eingeweihten Kreis von Mönchen und Mönchsschülern werden die Texte im Rahmen verschiedener Initiationen zugänglich gemacht. Im Westen ist sicherlich die seit der Edo-Zeit (1603-1867) verstärkt zu beobachtende Übernahme zen-buddhististischer Meditationspraxis und Philosophie, besonders in die Schwertkampfkunst und in geringerem Maß in das Bogenschießen, am bekanntesten. Dies sind nur wenige Beispiele einer langen und vielfältigen Tradition.

Die Geschichte der japanischen Kampfkünste ist eng verwoben mit der jeweiligen politischen Entwicklung des Landes: So schloss sich Japan Anfang des 17. Jahrhunderts für nahezu 250 Jahre von der Außenwelt ab. Mit der Öffnung Japans in der zweiten Hälfte des 19. Jahrhunderts, die eine Neuorganisation des japanischen Staates, der Gesellschaft, des Erziehungs- und des Militärwesens etc. nach westlichen Vorbildern in Gang setzte, gerieten die alten japanische Künste zunächst in Vergessenheit. Die Vertreter der verschiedenen Kampfkünste bemühten sich darum, ihre Systeme auf wissenschaftlichen und pädagogischen Grundlagen neu zu fundieren, um ihnen so ein Überleben im modernen Japan zu sichern. Dies hatte zur Folge, dass die religiös-philosophische Ebene zunehmend verloren ging. Das beste Beispiel für diesen Abschnitt in der Geschichte der Kampfkünste ist das 1882 von Kanō Jigorō begründete *jūdō*, das deutlich als moderner Sport konzipiert ist. Auf die Phase der Übernahme westlicher Errungenschaften folgte jedoch recht bald eine Rückbesinnung auf die eigene Tradition. Die japanische Nation und die Frage nach dem Wesen dieser Nation rückten in den Mittelpunkt der Überlegungen. In dieser Zeit erstarkte besonders der Shintōismus in seiner Form als Staats-Shintōismus. Gleichzeitig entstand eine Reihe von so genannten »Neuen Religionen«, die den Verunsicherten und Orientierungslosen in eben diesen Fragen Halt versprachen.

Für das Fundament des weltanschaulich-religiösen Gerüstes des Aikidō ist die Religionsgemeinschaft *ōmoto-kyō* (Lehre des Großen Ursprungs) von zentraler Bedeutung. Diese auf dem Shintōismus fußende, letztlich aber verschiedene Vorstellungen vermischende Glaubensrichtung (Synkretismus), wurde Ende des 19. Jahrhunderts von der Bäuerin Nao Deguchi gestiftet. Sie glaubte sich von der Kalendergottheit Konjin bewohnt, die in der Ōmoto-kyō identisch ist mit der shintōistischen Gottheit Kuni no Tokotachi, welche wiederum zu den Schöpfungsgottheiten gerechnet werden kann. Nao verkündete als lebende Gottheit einen Umbruch der bestehenden Ordnung und die Errichtung eines Götterlandes, welches sich über die ganze Welt erstrecken sollte. Zu Beginn des 20. Jahrhunderts übernahm der charismatische Visionär Onisaburō Deguchi die Führung der Ōmoto-kyō. Unter ihm entwickelte sich die Gruppe von einer kleinen ländlichen und in passiver Heilserwartung verharrenden Glaubensgemeinschaft zu einer nationalen Massenbewegung mit imperialistisch-nationalistischen Zügen. Onisaburō stellte die Kritik an der japanischen Gesellschaft und am politischen System in das Zentrum seiner Lehre und forderte einen idealisierten Familienstaat mit dem Kaiser als oberster religiöser und politischer Instanz. Staat und Religion oder Politik und Kult bildeten in diesem Entwurf eine unzertrennbare Einheit.

Ueshibas Jugend, seine Begegnung mit Onisaburō und die Gründung des ersten Dōjō

Ueshiba wurde 1883 in der Provinzstadt Tanabe geboren. Seine schulische Laufbahn war kurz. Ueshiba brach die Mittelschule bereits im Alter von 14 Jahren ab und nahm, nach der Ausbildung in einer Abakus-Schule, eine Stellung bei der Steuerbehörde an. Als er sich jedoch an einer Protestaktion der Fischer in seiner Stadt beteiligte, verlor er seine Stelle. 1901 beschloss Ueshiba daher, sein Glück in der Hauptstadt zu versuchen. Hier begann, mit dem Training im *tenjin-shinyō-ryū jūjutsu*, seine eigentliche Ausbildung in den Kampfkünsten. Ueshiba hielt sich nur ein Jahr in Tōkyō auf und kehrte dann, vollkommen mittellos und krank, in seine Heimatstadt zurück. Kurze Zeit später trat er der Armee bei, wo er Bajonettkampf (*jūkenjutsu*) lernte und sich gleichzeitig dem Training im *yagyū shingan-ryū* widmete. Nach seinem Einsatz im russisch-japanischen Krieg 1904, wo er in der Mandschurei stationiert war, schied Ueshiba aus der Armee aus. In den folgenden Jahren widmete er sich intensiv dem Studium des Jūjutsu und des Jūdō. Ein neuer Abschnitt im Leben Ueshibas begann 1912. In diesem

Jahr ging er als Führer einer Gruppe Siedler nach Hokkaidō. Diese Hauptinsel im Norden des japanischen Archipels war zu Beginn des 20. Jahrhunderts noch weitgehend unerschlossen, und die japanische Regierung bemühte sich, die Besiedlung durch spezielle Förderprogramme voranzutreiben. Die Gruppe um Ueshiba gründete das Dorf Shirataki. Für die Entwicklung des Aikidō ist Ueshibas Zeit auf Hokkaidō von besonderem Interesse, da Ueshiba hier Takeda Sōkaku, dem großen Meister des *daitō-ryū*, begegnete. Dieser Stil beeinflusste die Entwicklung des Aikidō am deutlichsten.

Im Jahr 1919 erkrankte der Vater Ueshibas schwer, und Ueshiba entschloss sich, nach Tanabe zurückzukehren. Auf dem Rückweg stoppte er in Ayabe, dem religiösen Zentrum der Ōmoto-kyō und traf hier mit Onisaburō zusammen. Von dem Treffen war Ueshiba offensichtlich schwer bewegt, da er bereits ein Jahr später den Wohnsitz seiner Familie nach Ayabe verlegte. Im Auftrag Onisaburōs gründete Ueshiba dann bereits 1920 mit dem »Ueshiba Juku« sein erstes eigenes Dōjō. Hier unterrichtete er die Anhänger der schnell wachsenden Gruppe in seiner Kampfkunst. Dies ist ein wichtiger Punkt: Ueshiba unterrichtete zu Beginn seiner Tätigkeit als Trainer ausschließlich die Gläubigen der Ōmoto-kyō, denen die von ihm durchgeführten Meditationsübungen (siehe unten) als Teil ihres religiösen Alltags bekannt und vertraut waren. Ueshibas Wirkungskreis war dabei zwar zunächst auf Ayabe beschränkt, erstreckte sich in der Folge aber, die organisatorische Struktur der Ōmoto-kyō nutzend, über ganz Japan. Durch die Verbindungen Onisaburōs zum Militär unterrichtete Ueshiba dann zunehmend auch Mitglieder der Armee. Er verdingte sich außerdem als Leibwächter etwa für den Ultranationalisten Hashimoto Kingorō. Erst als die Ōmoto-kyō 1935 endgültig durch die Regierung verboten wurde, sagte sich Ueshiba von der Gruppe los. Diese Distanzierung war jedoch rein formeller Natur: Wenn Ueshiba sich im Jahr 1940 als lebende Gottheit bezeichnet, so stellt er sich damit aber eben doch wieder in die Traditionslinie der Neuen Religionen und in die Nao Deguchis sowie Onisaburō Deguchis. So müssen auch die oben angemerkten Berichte über die übernatürlichen Fähigkeiten und die Vergöttlichung Ueshibas als Hinweise darauf gelesen werden, dass

Ueshiba in einer ganz bestimmten religiösen und kulturellen Tradition steht.

Ab 1935 konnte sich Aikidō auch außerhalb der Ōmotokyō etablieren, und man kann davon ausgehen, dass Aikidō »als Religion« schon in dieser Zeit zunehmend an Bedeutung verlor, da dieser Ansatz stark an die Person und die Persönlichkeit Ueshibas gebunden war. Während in der Verbreitung des Aikidō die technische Seite in den Vordergrund rückte, wurde das Aikidō Ueshibas selbst zunehmend spiritueller. 1942 schließlich zog Ueshiba sich zurück und ließ sich bis zu seinem Tod im Jahr 1969 außerhalb Tōkyōs in Iwama nieder, wo er nicht nur ein Dōjō gründete, sondern auch den Aiki-Schrein errichten ließ. Noch heute »pilgern« Aikidōka im April eines jeden Jahres zu diesem Schrein, um an den Zeremonien anlässlich des Todestages Ueshibas teilzunehmen. In der Abgeschiedenheit dieses ländlichen Ortes versuchte Ueshiba seine Religion Aikidō konsequent zu leben und zu verwirklichen. Nach seiner Tätigkeit befragt, antwortete er in dieser Zeit: »Ich bin Bauer« (Sunadomari 1984, 204). Dies ist einerseits konkret zu verstehen, da er Gemüse und Getreide anbaute. Andererseits macht er damit in einem übertragenen Sinn deutlich, dass er sich in einem Zustand der All-Einheit befand und durch sein Aikidō kreativ-schöpferisch tätig war.

Ai-ki-dō

Im Folgenden möchte ich die religiöse Ebene des Aikidō näher vorstellen. Zu diesem Zweck werde ich vom Begriff selbst ausgehen, wobei sich der Blick zunächst auf das Wort *dō* (Weg) richten wird.

Im Jahr 1942 nennt Ueshiba seinen Stil endgültig Ai-ki-dō. Der Begriff des Weges findet sich bereits in der Heian-Zeit (794-1185 n. Chr.). Hier wird das Zeichen für »Weg« aber in erster Linie als *michi* gelesen, und die Bezeichnung *XXX-michi no hito* (Mensch des XXX-Weges) bezeichnet Experten und Fachleute verschiedenster Berufszweige sowie künstlerischer bzw. handwerklicher Tätigkeiten. In den folgenden Jahrhunderten erfolgt eine Vergeistigung des Begriffs des Weges, in dem sich nun zunehmend daoistische, (zen-)buddhistische, konfuzianische und sogar shintōistische Vorstellungen vermischen und vereinen. In den Schwertkampfstilen, besonders im *yagyū-ryū*, der in der Edo-Zeit lange den offiziellen Lehrer des Shōgun stellte, wird der »Weg« im zen-buddhistischen Sinn aufgefasst. Unter dem Einfluss des Zen-Mönchs Takuan Sōhō entstanden Schriften, die das Ziel der Schwertkünste darin sehen, in der Bewegung und der Meisterung der Kunst eine Loslösung, das heisst eine Befreiung des Ichs zu erreichen. Die Befreiung des Ichs bedeutet das Erreichen des befriedeten Geistes (*anjin*). Dieser befriedete Geist haftet nach Takuans Vorstellung nicht an den Dingen. Es gibt keine Unterscheidung und keine Grenzen. Takuan verwendet in diesem Kontext auch den Begriff des »ursprünglichen Geistes« (*honshin*), der im Gegensatz zum »Geist der Täuschung« (*mōshin*) steht. Wenn sich der Geist eines Schwertkämpfers auf den Gegner, auf dessen Schwert oder auch auf das eigene Ich richtet, behindert er sich selbst. Nur wenn der Schwertkämpfer den Zustand des Nicht-Haftens, des ursprünglichen Geistes, der Leere erreicht, kann er sich in »unbewusster Spontaneität« bewegen. Hier liegen die Parallelen von zen-buddhistischer und kämpferischer Übung. Später binden auch verschiedene Meister des Karate ihre Kampfkunst an die Philosophie des Zen. Auf der anderen Seite mischt sich, auch bei Takuan, in den Begriff des Weges eine moralisch-ethische Ebene, die sich aus einer konfuzianischen Tradition speist. Hier steht die Befolgung der fünf konfuzianischen Grundtugenden (Mitmenschlichkeit, Sittlichkeit, Wissen, Gerechtigkeit und Vertrauenswürdigkeit) und die Ausbildung von Loyalität gemäß der Ordnung der fünf Beziehungen (Herrscher – Untertan; Eltern – Kind; Mann – Frau; jüngere Geschwister – ältere Geschwister und Freund – Freund) im Zentrum des Trainings der Kampfkunst.

Diese beiden sich vermischenden Traditionen machen deutlich, dass es sich bei dem »Weg«-Begriff in Japan nicht um ein starres Konzept, sondern um eine fließende und formbare Anhäufung von Konzepten handelt, die abhängig von Zeit, Raum, Stil oder Meister unterschiedlich zusammengefügt oder interpretiert wurden und werden.

Heute wird gemeinhin eine deutliche Unterscheidung zwischen *dō* (Weg) und *jutsu* (Kunst) vorgenommen: In der einen

Form – *dō* – sieht man das Philosophisch-Religiöse, besonders in der Tradition des Zen-Buddhismus, betont, in der anderen – *jutsu* – das Technische. Diese Polarisierung hat in unserer Zeit sicherlich seine Berechtigung. Dies gilt jedoch nicht für die vormoderne Gesellschaft Japans. Noch bis in die Meiji-Zeit (1868-1912) hinein war die Bezeichnung *jutsu* die geläufige Bezeichnung für Kampf-Stile. Trotz der Bezeichnung *jutsu* wurden die Kampfkünste in der Edo-Zeit aber dennoch als Weg-Künste betrachtet.

Als Kanō Jigorō 1882 seinen Stil *jū-dō* (sanfter Weg) nannte, lag ihm nichts ferner, als eine religiöse oder meditative Eben anzudeuten. Er sieht *dō* ganz im konfuzianischen Sinn als Weg, der es dem Einzelnen ermöglicht, seinen Platz in der Gesellschaft einzunehmen und vor allem seiner Verpflichtung für die Gesellschaft nachzukommen. Seine Kampfkunst orientiert sich deutlich an den Vorgaben, die die westliche Medizin und die westlichen Erziehungswissenschaften an einen Sport stellten. Im Einklang mit der im Westen vorherrschenden Betonung von Logik und Ratio, verbannte Kanō alle religiösen und magischen Elemente aus seiner Kampfkunst. Ueshiba wandte sich im Gegensatz zu Kanō gegen die Tendenz der Rationalisierung, also der Trennung der Kampfkünste von religiösen Bezügen, und Verwissenschaftlichung der Kampfkünste. Seine Auffassung des »Weges« ist die eines religiösen Weges, doch verschmilzt auch sie ganz nach der Tradition des Suika- und Ise-Shintō mit konfuzianischen Moralvorstellungen. Ueshiba geht es jedoch nicht um eine Befreiung des Ichs in zen-buddhistischer Hinsicht. Ueshiba ist geprägt durch den Shintōismus und den esoterischen Buddhismus. In der Praxis beider Schulen geht es um die Erfahrung einer Einheit mit den Gottheiten und einem Gewahrwerden des Göttlichen. Im Umfeld Ueshibas ist die »Weg«-Idee zudem stark religiös-ideologisch geprägt: »Weg« bedeutete in der Zeit des japanischen Imperialismus und Faschismus für eine bestimmte Gruppe exklusiv den Weg des japanischen Kaiserhauses im Gegensatz zum ausländischen Weg.

Um seinen Ideen und seiner Philosophie Ausdruck zu verleihen, verfasste Ueshiba eine Reihe von so genannten Gedichten des Weges (*dōka* oder auch *budōka*). Auch wenn die literarische Qualität dieser Gedichte sicherlich nicht sehr hoch ist, zeigen sie deutlich, dass sich Ueshiba in der Tradition des *bunbu ryōdō* (zweifacher Weg von Kampfkunst und Literatur) stellt. Diese Maxime gehörte bereits seit der Kamakura-Zeit (1185-1333) zu den Bildungsidealen der Kriegerschicht, aber erst während der rund 250-jährigen Friedensperiode der Edo-Zeit konnte sich dieses Bildungsideal voll ausbilden.

Die in den Gedichten Ueshibas immer wieder zu findenden Verweise auf die japanischen Mythen und die häufige Nennung shintōistischer Gottheiten zeigen Ueshibas tiefe Verwurzelung in der shintōistischen Tradition. Doch letztlich sind die mythischen Gottheiten für Ueshiba nur »sichtbarer« Ausdruck einer tieferen und im wahrsten Sinn des Wortes universellen Wahrheit. Zu Beginn dieses Aufsatzes wurde Aikidō »Weg zur Harmonisierung des Fluidums« übersetzt. Ueshiba selber interpretiert den Begriff *ai*, den er normalerweise mit dem Schriftzeichen für Harmonie schreibt, als »Liebe«, indem er das entsprechende Schriftzeichen, das ebenfalls *ai* gelesen wird, einsetzt.

Der Begriff *ki* ist einer der zentralen Begriffe der ostasiatischen Naturphilosophie und Medizin und verdient im Folgenden größere Aufmerksamkeit. Eine Übersetzung dieses Ausdrucks ist nicht so ohne weiteres möglich, aber die folgenden Begriffe mögen einen Eindruck von seiner Bedeutungsvielfalt geben: Lebensatem, Ätherstoff, universale Energie, Lebenskraft, Fluidum. Im allgemeinen japanischen Sprachgebrauch taucht der Begriff *ki* häufig auf, um klimatische Umstände oder psychische Befindlichkeiten zu beschreiben: *ki wo ushinau* »ohnmächtig werden« oder *ki ga tsuyoi* »willensstark sein«. Wenn Ueshiba von Harmonisierung des *ki* spricht, meint er zwei verschiedene Formen des *ki*: Zum einen das Fluidum der wahrhaften Leere (*shinkū no ki*) und zum anderen das Fluidum der Leere (*kū no ki*). Das Fluidum der wahrhaften Leere bezeichnet den Urzustand des Universums, in dem es noch keine Trennung in die Phänomene gab. Ueshiba versteht das Fluidum der wahrhaften Leere als eine in ihrer Einheit absolute Urkraft. Demgegenüber ist das Fluidum der Leere erst entstanden aus einer dualistischen Spannung, einer Zweiheit, die die Erscheinungsform des Universums ist: Dem Harten steht das Weiche gegenüber, der Kälte die Wärme usw. Am Anfang des Universums steht für Ueshiba das Wort oder besser der Ton. Bei der Entstehung des Universums erklingt nach seiner Vorstellung der Ton *su*. Dieser Ton strömt aus einem Punkt, gleichsam wie aus einer Sprudelflasche. Aus *su* heraus entwickeln sich die Töne *u – yu – mu*, die sich spiralförmig um diesen ersten Ton ausbreiten. Das Kreisen um *su* ist dabei nicht nach außen gerichtet, sondern nach innen, also zentripetal zur Einheit strebend. Mit den Tönen *u* und *mu* beginnt die Welt der Phänomene. In der Folge entstehen die Vokale: *a* ist der Funke der materiellen Schöpfung, *o* die kosmische Ursuppe, *u* symbolisiert den halb festen, halb flüssigen Zustand, *e* ist das Keimen des biologischen Lebens und *i* die Zweigeschlechtigkeit. Insgesamt erklingen 75 Töne, wobei jedem einzelnen dieser Klänge in der Kosmogenese eine bestimmte Funktion zugewiesen wird. In einem von Ueshiba verfassten Gedicht heißt es zu den Klängen:

Omusubi no	Die Schöpfung,
nanasoitsutsu no	verknüpft durch
misugata wa	die fünfundsiebzig Klänge,
aiki to narite	wird Aiki
yo oba kiyometsu	und reinigt so die Welt.

Hinter der im obigen Gedicht skizzierten Kosmogenese steht die Vorstellung von der magischen Kraft der Worte, von einer Verbindung von Wort und bezeichnetem Objekt; ein Phänomen, das auch in den mystischen Traditionen unseres Kulturkreises nicht unbekannt ist. Im Japanischen bezeichnet man diese Vorstellung als *kotodama* (Wortseele). Die Entstehung des Universums aus den Tönen wird nun von Ueshiba mit den von ihm als real-historisch aufgefassten shintōistischen Mythen in Einklang gebracht. Jedem Ton wird eine Gottheit aus dem shintōistischen Pantheon zugewiesen. In einem weiteren Gedicht Ueshibas heißt es:

Ichirei no	Die Gestalt
moto no mioya no	der ursprünglichen Gottheit
misugata wa	des einen Bewusstseins
hibiki hikarite so	ist *kotodama*,
narishi kotodama	erklingend und leuchtend geboren.

Im *Kojiki* tritt zu Beginn der Kosmogenese eine Gottheit mit dem Namen Ame no Minaka Nushi in Erscheinung. Folglich wird die Gottheit mit dem Ton *su* assoziert, da dieser Ton als erster bei der Entstehung des Universums erklingt. Dass das Schriftzeichen für *nushi* auch *su* gelesen werden kann, verweist auf die wirkliche Natur der Gottheit. Ueshiba bezeichnet sie konsequenterweise in der Regel als Sushin (*shin* bedeutet Gottheit). Das erste geschlechtliche Götterpaar Izanami und Izanagi wird mit der Silbe *i* gleichgesetzt, die innerhalb der Kosmogenese für den Beginn der Zweigeschlechtigkeit steht. Diese Beispiele sollen hier genügen. Die Vorstellung von der Existenz einer »Wortseele«, wie sie in der Philosophie Ueshibas zu finden ist, war zur Zeit Ueshibas und gerade in seinem Umfeld weit verbreitet. Sie ist jedoch auch deutlich ideologisch besetzt. Gerade in den Dreißigerjahren des 20. Jahrhunderts diente die Idee des *kotodama* den Nationalisten dazu, ihre Theorie der Einzigartigkeit des japanischen Volkes und der japanischen Sprache zu untermauern. Sie wiesen daraufhin, dass nur die Silben des japanischen Silbenalphabets eine religiös-magische Ebene besäßen und sie folglich allen anderen Sprachen der Welt überlegen seien.

Das Training des Aikidō unter Ueshiba Morihei

Welche Bedeutung haben die hier dargestellten religiösen Grundlagen nun für das Training des Aikidō, wie es unter Ueshiba praktiziert wurde? Dieser Frage soll nun anhand des Trainingsablaufs nachgegangen werden. Mit dem Betreten des *dōjō* (Ort des Weges) vollziehen die Trainierenden einen Schritt vom profanen in den sakralen Raum, sakral in dem Sinn, als dass nur hier die Einheit mit den Gottheiten, das heißt die Existenz einer letzten Wahrheit, erlebt und erfahrbar werden kann. Der Begriff *dōjō* ist im Japanischen ursprünglich eindeutig religiös besetzt. Er leitet sich vom Sanskrit-Begriff Bodhimanda ab, der übersetzt werden könnte mit: Ort, an dem ein Buddha die Erleuchtung erlangt. Bereits in der Nara-Zeit (710-784 n. Chr.) wurden nicht-autorisierte Tempel und private religiöse Zusammenkünfte und in der Kamakura-Zeit (1185-1333 n. Chr.) dann die Gebetshallen der neu entstehenden buddhistischen Schulen als *dōjō* bezeichnet und schließlich auch die Trainingshallen der verschiedenen Kampfschulen. Obwohl die religiöse Ebene hier im Lauf der Geschichte zunehmend zurücktritt, finden sich in den Dōjō noch heute Belege für den religiösen Ursprung: etwa kleine shintōistische Hausschreine (*kamidana*) oder seltener auch buddhistische Hausschreine (*butsudan*). Das Dōjō ist stets viereckig, der innere Raum deutlich gekennzeichnet und abgegrenzt durch weiße Matten. Der Schrein befindet sich an der Stirnseite des Raumes. Wird das Dōjō als sakraler Raum aufgefasst, folgt daraus, dass zum Betreten dieses Raumes bestimmte Voraussetzungen erfüllt sein müssen, und auch, dass innerhalb dieses Raumes besondere Regeln gelten.

Wie beim Betreten von heiligen Bezirken üblich, unterziehen sich die Trainierenden des Aikidō vor dem Betreten des Dōjō verschiedenen Reinigungsritualen. Das wichtigste unter diesen ist das so genannte *misogi*, die kultische Reinigung mit Wasser. Auch die Wurzeln dieses Rituals finden sich in den Mythen des *Kojiki*. In einer dieser folgte die Gottheit Izanagi, es dem Orpheus gleichtuend, seiner verstorbenen Partnerin Izanami hinunter in die Unterwelt, um diese aus dem Totenreich zu befreien. Ein Versuch, der durch die Ungeduld Izanagis fehlschlägt. Knapp dem Totenreich entkommen, unterzieht sich Izanagi einer Reinigung, um den Schmutz der Unterwelt abzuwaschen. Durch die Waschung werden verschiedene Gottheiten geboren. Die Gläubigen folgen mit ihrem Reinigungsritual also dem Beispiel der Gottheit Izanagi:

Futomani to	Die Techniken der Reinigung,
kami narai yuku	die die Menschen von den Göttern
misogi waza	als Wahrsagung erlernt haben,
kami no tateru	werden zu Aiki,
aiki to narikeri	geschaffen durch die Götter.

Die Reinigung der Trainierenden vollzieht sich zum einen rein äußerlich, das heißt durch das Abwaschen des Alltagsschmutzes. Aber es soll auch eine innere Reinigung der sechs Sinne (Sehen, Hören, Geruch, Geschmack, Tasten und Intellekt) erfolgen, die als Zugangswege in das Innere betrachtet werden und für Verschmutzungen besonders anfällig sind. Auf der dritten Ebene wird eine Reinigung der Seele erreicht. Das Wasser fungiert als Vermittler, als Medium zwischen der Welt der Gottheiten und der Welt der Menschen; dies findet sich in den verschiedensten Religionen, und auch Goethe wusste zu schreiben: Des Menschen Seele / Gleicht dem Wasser: / Vom Himmel kommt es, / Zum Himmel steigt es, / Und wieder nieder / Zur Erde muss es, / Ewig wechselnd.

In dem zuvor zitierten Gedicht Ueshibas wird verdeutlicht, dass Aikidō selbst zur Reinigung wird und somit einen schöpferischen Aspekt enthält (denn aus der Waschung der Gottheit Izanagi entstanden weitere Gottheiten). Ueshiba fasst dies mit dem Begriff *takemusu aiki*, den ich übersetzen möchte mit: Schöpfende Kampfkunst Aiki. In einem Gedicht Ueshibas heißt es:

Takemusu wa	Die schöpfende Kampfkunst
mioya no iki ni	vereinigt sich
aikishite	im Ursprung von Feuer und Wasser.
sono itonami wa	Dieser Vorgang ist die göttliche Kunst
gimi no kamuwaza	von Izanami und Izanagi.

Die Aikidōka betreten das Dōjō in spezieller Kleidung. Diese erfüllt sicherlich einen praktischen Nutzen, muss aber auch als rituelle Kleidung für die kultische Handlung verstanden werden. Ein Betreten des Dōjō in gewöhnlicher Straßenkleidung war (und ist teilweise noch heute) ebenso untersagt wie Gespräche alltäglichen Inhalts. Vor dem Betreten des Mattenraums knien die Trainierenden in der formellen Sitzposition nieder und verbeugen sich in Richtung des Schreins. Innerhalb des Dōjō werden nun verschiedene Rituale vollzogen, um die Gottheiten herabzurufen. Es sei angemerkt, dass diese tatsächlich erst herbeigerufen werden müssen, denn nach shintōistischer Vorstellung weilt die Gottheit, anders als etwa bei buddhistischen Statuen oder Figuren, in denen das Göttliche nach der Weihung (Augenöffnungszeremonie) stets präsent ist, immer nur temporär im Schrein. Eine besondere Rolle kommt hierbei dem »Trainer« zu: Er wird zur Kontaktperson mit den Gottheiten. Er ruft die Gottheiten herbei, und durch ihn sprechen die Gottheiten schließlich. Zu den vom »Trainer« vorgenommenen Ritualen gehört unter anderem die Durchführung des *kaguramai*, ein Tanz zur Freude der Götter. Dieser Tanz kann zurückgeführt werden auf den Tanz der Göttin Uzume: Den Mythen nach verbarg sich die Sonnengöttin Amaterasu, nachdem ihr von ihrem Bruder Susano'o übel mitgespielt worden war, schmollend in einer Felsenhöhle. Daraufhin verfiel die Welt in Dunkelheit. Um die Göttin aus der Höhle zu locken, bot nun die Göttin Uzume einen erotischen Tanz dar, der schließlich dazu führte, dass Amaterasu einen neugierigen Blick aus der Höhle warf, und es den anwesenden Gottheiten gelang, diese ins Freie zu ziehen. Ueshiba dichtet hierzu:

Sanzenkai	Durch die Pflaumenblüte,
ichido ni hiraku	die sich in dreitausend Welten
ume no hana	einmal öffnet,
nido no iwato wa	wird die Felsenwohnung
hirakare nikeri	ein zweites Mal geöffnet werden.

Heute noch werden *kaguramai*, wenn auch nicht mehr unbedingt erotisch, zur Kontaktaufnahme mit der spirituellen Welt an Schreinen oder geheiligten Orten aufgeführt. Ueshiba benutzte für seinen Tanz – *misogi no jō* – den auch im heutigen Aikidō noch verwendeten Stock (*jō*), den er senkrecht vor sich hielt. Sich im Kreise drehend, stieß er dabei die kosmischen Urtöne *a-un* aus. Diese Form des Tanzes weist auf eine Variante der Mythe, wie sie im *Nihongi* geschildert wird, bei der die Göttin Uzume einen Speer verwendet. Der Stock dient hier eindeutig als schamanistisches Hilfsmittel.

Die Trainierenden selber werden ebenfalls aktiv und versuchen sich durch verschiedene Handlungen in einen Zustand der geistigen und körperlichen Bereitschaft zur Vereinigung mit den Gottheiten zu versetzen. Von zentraler Bedeutung ist hier das *chinkon-kishin* (Vereinigung mit der Gottheit durch Besänftigung der Seele). Diese Übung gehörte zum religiösen Fundus der Ōmoto-kyō, wo sie zur Heilung von Krankheiten und als meditatives Ritual eingesetzt wurde, findet sich aber auch heute noch in einigen der Neuen Religionen Japans. Das Rezitieren bestimmter Silben soll im Aikidō dazu führen, dass sich die jeweils angesprochene Gottheit in das Dōjō hinabbegibt, um sich mit den Trainierenden zu vereinen und ihnen Kraft zu spenden (eine Praxis, die sich übrigens heute noch im Aikidō des Hikitsuchi Michio findet). In den Aikidō-Bewegungen, die sich an universellen Grundgesetzen orientieren, und die Ueshiba von den Gottheiten offenbart wurden, können die Trainierenden die Überwindung des Dualismus vollziehen und zur angestrebten Einheit mit den Gottheiten gelangen. Neben verschiedenen Atemwürfen (*kokyūhō*) kommt der Drehbewegung (*tenkan*), die das charakteristischste Element des Aikidō ist, die größte Bedeutung zu. Durch die *tenkan*-Bewegung wird der Angriff eines Gegners neutralisiert, indem man die Kraft des Angriffs nicht bricht, sondern die Energie aufnimmt und diese in eine Kreisbahn bringt. Der Ausführende befindet sich im Zentrum, um das der Angreifer kreist. Damit erreicht der Ausführende nach Ueshibas Vorstellung einen Zustand der Einheit mit den Prinzipien des Universums. Während der Aikidō-Bewegungen wurden darüber hinaus verschiedene *kotodama* ausgerufen. Diese waren fest vorgeschrieben, da das Äußern der *kotodama* physische und psychologische Auswirkungen auf den Gegner und die eigene Person hat.

Am Ende dieses Abschnitts möchte ich die Frage aufwerfen, ob es zwischen dem Streben nach einem friedlichen Himmelreich und dem Trainieren einer Kampfkunst, die doch Assoziationen wie Gewalt, Destruktion und ähnliches ins Gedächtnis ruft, nicht einen Widerspruch gibt, beziehungsweise wie Ueshiba mit diesem möglichen Widerspruch verfährt: Innerhalb des Aikidō werden Kampf und auch Krieg positiv umgedeutet. Zunächst gibt es eine etymologische, also eine wortgeschichtliche Deutung, die auch in anderen Kampfkünsten zum Tragen kommt, und die ihren Weg aus konfuzianischen Werken Chinas nach Japan findet: Das Zeichen für Kampf / Krieg, das *bu* oder auch *take* ausgesprochen wird, besteht aus zwei Bestandteilen, so genannten Radikalen. Löst man diese Radikale aus ihrem Nebeneinander, können sie als *hoko wo todomuru* gelesen werden, was zu übersetzen ist mit: Den Speeren Einhalt gebieten. Den Kampfkünsten wird so die ethische Aufgabe der Friedenssicherung und Friedensbewahrung übertragen. Diesen Ansatz kennt man auch aus den zen-buddhistisch beeinflussten Schwertkampfkünsten, wo man vom lebensspendenden Schwert (*katsunintō*) spricht. Ein zweiter Deutungsansatz ermöglicht es Ueshiba, über eine mythologische Anbindung, Kampf als kreativ-schöpferisch zu interpretieren. Unter Rückgriff auf die Etymologie wird der Speer nun als ein Instrument der Schöpfung gedeutet. Damit greift Ueshiba zurück auf die Mythe um die Schaffung der Welt durch das Götterpaar Izanami und Izanagi, wie sie im *Kojiki* und *Nihongi* erzählt wird. Die beiden Gottheiten tauchten einen Speer in die große, alles bedeckende Salzflut. Die von der Spitze dieses Speers fallenden Tropfen bildeten schließlich das erste feste Land.

Die Entwicklung des Aikidō unter Ueshiba Kisshōmaru

Meine Ausführungen haben gezeigt, dass das Aikidō Ueshibas Ausdruck einer ganz bestimmten Zeit und Kultur war und sich nicht so einfach auf die heutige Zeit und gewiss nicht auf andere kulturelle Kontexte übertragen lässt. Dennoch hat sich Aikidō heute über die ganze Welt verbreitet und durchlief auf seiner Reise eine Reihe von notwendigen Veränderungen, die ich hier nun aufzeigen möchte:

Nachdem sich Ueshiba nach Iwama zurückgezogen hatte, übernahm sein Sohn Kisshōmaru die Leitung des *honbu dōjō* (Haupt-Dōjō) in Tōkyō. Morihei war eine charismatische, intuitive und kreative Führerpersönlichkeit gewesen, der sein Aikidō ständig weiterentwickelt hatte. So sehr diese Charaktermerkmale zum Erfolg des Aikidō beigetragen haben, so sehr verhinderten sie aber auch eine Globalisierung. Unter Kisshōmaru setzte besonders seit 1948, nachdem das Verbot des Aikidō und anderer Kampfkünste durch die amerikanischen Besatzer aufgehoben worden war, eine Versportlichung und Systematisierung des Aikidō ein. Unter der Dachorganisation des Aikikai, mit dem Zentrum in Tōkyō, wurden ein festes technisches Repertoire sowie ein verbindliches Prüfungssystem vorgegeben. Das Aikikai war damit bereits zu Lebzeiten Ueshibas Verwalter seines Erbes. Das technische Repertoire des Aikidō als solches und die Bezeichnung der einzelnen Techniken ist bis heute weitgehend identisch geblieben. Allerdings finden sich mitunter starke Abweichungen in der konkreten Umsetzung der Techniken. Die unterschiedliche Ausübung einer einzelnen Technik innerhalb eines Stils ist zum einen bedingt durch die physiognomischen Voraussetzungen des Einzelnen, zum anderen aber auch durch die Intention, mit der Aikidō betrieben wird. Wird Aikidō in erster Linie als Selbstverteidigung geübt, hat dies kürzere und härtere Techniken zur Folge, während das Aikidō etwa als meditative Bewegungsform zu längeren und harmonischen Bewegungen führt. Die Unterschiede bewegen sich jedoch in einem vorgegebenen Rahmen und stellen, beispielsweise im Aikikai, die Existenz einer »korrekten Prüfungstechnik« als Referenzsystem in Rechnung.

Im Prozess der Kodifizierung kam es zu einigen Abspaltungen von der Hauptlinie des Aikikai. 1955 gründete Shioda Gōzō seinen Yōshinkan-Stil, der das Element der Kata (Form) betont und eine »harte« Richtung darstellt. Tomiki Kenji gründete in den Fünfzigerjahren seinen Tomiki-Aikidō genannten Stil, der stark durch das Jūdō beeinflusst ist und, im Gegensatz zu den anderen Aikidō-Richtungen, auch den sportlichen Wettkampf kennt. Das Shin-Shin-Tōitsu-Aikidō, von Tōhei Kōichi 1974 gegründet, ist sowohl in einer pragmatisch-effektivitätsbetonten als auch in einer eher meditativ-therapeutischen Ausprägung zu finden. Das Iwama-ryū (Iwama-Stil) wiederum, dessen Oberhaupt der im Februar 2002 verstorbene Saitō Morihiro war, verschreibt sich einem Aikidō, wie es von Ueshiba zwischen 1946 und 1955 betrieben wurde, und betont das Training mit Stock (*jō*) und Schwert. Die hier erwähnten Stile oder Schulen wurden von direkten Schülern Ueshibas gegründet und berufen sich zumeist auf ein Aikidō, welches Ueshiba in einer ganz bestimmten Phase seines Lebens gelehrt hat. Die von Kisshōmaru eingeleitete Festschreibung konnte die einzelnen Stufen in der Entwicklung zwangsläufig nicht mit aufnehmen.

Um die Globalisierung des Aikidō voranzutreiben und zu unterstützen, entsandte das Aikikai Trainer in verschiedene Länder, in denen sie nationale Organisationen aufbauten, die wiederum dem Aikikai in Tōkyō angebunden und weisungsgebunden waren. In Japan und auch im Ausland entstanden in der Folgezeit zahlreiche Abspaltungen in unterschiedliche Stile und Verbände. Sie unterscheiden sich von der Hauptlinie nicht nur in der Ausführung der Techniken, sondern grenzen sich in unterschiedlichem Ausmaß auch durch ihre philosophischen und religiösen Inhalte ab. Zeitgleich mit der technischen Festschreibung im Aikikai findet sich eine Säkularisierung des Aikidō. Die religiös-nationalistischen Elemente der Lehre Ueshibas wurden weitgehend aus dem System ausgeklammert. Hervorgehoben wurde die ideologisch und weltanschaulich unproblematische Vorstellung von der Existenz eines alles durchdringenden Fluidums und der Gedanke der Harmonisierung mit der Natur in einer All-Einheit. Diese Ideen machten den eigentlichen und vor allem auch zeitlosen Kern der Lehre Ueshiba Moriheis aus. Damit war der Schritt vom Aikidō als Religion zum Aikidō als (Lebens-)Philosophie vollzogen. Die »neue« Philosophie des Aikidō konnte auf eine lange ostasiatische Tradition zurückblicken und war dem japanischen Trainierenden vertraut und in gewissem Sinn selbstverständlich. Die Idee einer alles durchdringenden Urkraft und die Einheit von Mensch und Natur sprach darüber hinaus die von östlicher Esoterik begeisterten, sinnsuchenden Europäer und Amerikaner in besonderem Maß an und stellte eine wichtige Bedingung für die weltweite Verbreitung dar. In diesem Kontext ist der Exotismus sicherlich ein wesentlicher Motivationsfaktor für den Beginn des Aikidō-Trainings.

In Europa und den USA wird Aikidō heute im allgemeinen Verständnis mit Zen gleichgesetzt. Diese Verschmelzung von zwei, wie meine Ausführungen gezeigt haben sollten, unterschiedlichen Traditionslinien liegt zum einen begründet in der angeblichen Gewissheit, Zen und japanische Kampfkünste seien eins; eine Interpretation, die im Wesentlichen auf Eugen Herrigel und D. T. Suzuki zurückgeht. Letzterer prägte den Satz: »Aikidō ist Zen in Bewegung.« Die Verbindung von Zen und Aikidō ist weder historisch noch durch das Schaffen Ueshibas gerechtfertigt. Ueshiba war sicherlich nicht durch den Zen-Buddhismus beeinflusst. Er setzte sein Vertrauen auf die Kraft, die ihm von Außen durch die Gottheiten gegeben wurde, während im Zen-Buddhismus die Kraft im Menschen selbst wohnt. Dennoch gibt es einige Parallelen zwischen dem Aikidō-Training und der Zen-Meditation, die eine Verbindung beider sinnvoll erscheinen lassen und sicherlich eine fruchtbare Bereicherung des Aikidō darstellen. Ohne hier tiefer auf die religiösen und philosophischen Grundlagen des Zen-Buddhismus eingehen zu können, ist es schon oberflächlich betrachtet so, dass beide eine Einheit von Körper und Geist anstreben, eine Einheit, die einen psychischen Zustand des absoluten Bewusstseins bedingt.

Aikidō wird heute in Deutschland aus unterschiedlichen Gründen betrieben: Diese reichen von Selbstverteidigung, Meditation, Freizeitgestaltung und schulischer Leibeserziehung bis hin zur Körpertherapie, zur Schaffung von Körpergefühl und Körperbewusstsein, zur psychologischen Therapieform und der Resozialisierung Strafgefangener. Wird Aikidō unter den letztgenannten Aspekten vermittelt, stellt sich oft die Frage nach dem Sinn und der Notwendigkeit, bestimmte, aus dem japanischen Kulturkreis übernommene Normen weiterzuführen, so dass etwa die traditionelle Kleidung, das sonst übliche Verbeugen und das Meister Schüler Verhältnis ausgeklammert werden. Diesen extremen Formen, bei denen die Frage gestattet sein muss, ob es sich hierbei überhaupt noch um Aikidō handelt, steht eine Renaissance des Aikidō als Kult gegenüber. Durch die Esoterikwelle und das Interesse an der mystischen Seite der Kampfkünste beginnt heute auch das Aikidō als Religion wieder stärker Anhänger zu finden. Deutlich in der Tradition des kultischen Aikidō Ueshibas steht vor allem Hikitsuchi Michio. In seinen Schulen, deren Zentrum das *kumano kuku dōjō* ist, wird weiterhin *chinkon-kishin* praktiziert, und die Trainierenden rezitieren, auch in den ausländischen Niederlassungen, die Namen japanischer Gottheiten. Ueshiba wird als Gottheit verehrt und vor Beginn des Trainings mit einem viermaligen Klatschen in die Hände in das Dōjō hinabgerufen.

Geographie des Schweigens – Die Einheit von Aikidō und Zen

Gerhard Walter

Berlin, Kreuzberg, ein typischer Hinterhof. Ein kahles Treppenhaus führt in den dritten Stock. Hier betreibt Gerhard Walter sein Dōjō für Aikidō-Zen. Am Eingang grüßt ein hölzerner Buddha. Gerhard Walter sagt von sich: »Ich lebe auf der Matte.« Das ist wörtlich zu verstehen: Seine Wohnung liegt direkt über dem Dōjō. Gerhard Walter ist einer der erfahrensten Aikidō-Lehrer Deutschlands. Wie begann sein Weg? Ein Blick 40 Jahre zurück: Der Japaner Asai Katsuaki macht Aikidō in Deutschland bekannt. Gerhard Walter wird sein Schüler. Er gehört zu den ersten Deutschen, die bei Asai eine Dan-Prüfung ablegen. Walter ist erst Anfang zwanzig und sein Lehrer nicht viel älter. Jahrelang sind sie die einzigen Aikidō-Meister, die regelmäßig in Deutschland Lehrgänge anbieten. Zusammen mit Asai besucht Walter dessen Lehrer, die in Europa große Schulen aufgebaut haben. Die wichtigsten Erfahrungen macht er bei Noro Masamichi in Paris und Tada Hiroshi in Rom. Die Bewegungen des Aikidō stellen für Gerhard Walter bald keine Herausforderung mehr dar, ihn interessieren die geistigen Hintergründe. Da stößt er bei seinen Lehrern an eine Grenze. Asai kann keine Erklärungen geben und Tada deutet sie mit wenigen Worten nur an. Noro erzählt viele Geschichten und entwirft utopische Ziele in der Ferne, die sich nur durch ständiges Üben erreichen lassen. Das genügt Gerhard Walter nicht. Heute erinnert er sich: »Ich fühlte mich wie ein Esel, dem eine Karotte vorgehalten wird, damit er immer weiter trottet.« Er erkennt: Üben ist erst sinnvoll, wenn grundlegende Fragen geklärt sind. »Ich wollte wissen, worum es in den Kampfkünsten wirklich geht.« Antworten bekommt er bei Aufenthalten in Japan. Er übt Zazen bei Meister Nagaya und besucht Lehrgänge über Ki bei Tōhei Kōichi. Im Honbu Dōjō des Aikidō in Tōkyō lernt er bei Yamaguchi Saigo, wie sich Bewegungen aus dem Alltag mit Aikidō verknüpfen lassen. Gerhard Walter sieht: Ein Meister auf der Matte zu sein, genügt nicht, man muss die Meisterschaft mit in den Alltag nehmen. Bei Musikern und Sportlern sieht man oft, dass sie im Augenblick höchster Konzentration ganz mit sich und ihrem Tun eins sind. Sobald aber

Vorführung und Anspannung beendet sind, fällt die Einheit von ihnen ab. Gerhard Walters Ziel ist es, die Einheit mit seinem Tun in keiner Lebenslage mehr zu verlieren, immer und überall eins mit sich selbst zu sein. Er bezeichnet diesen Zustand als Integrität. *Wir sagen: »Ich habe einen Körper« genauso wie: »Ich habe ein Auto«, als sei unser Körper ein Ding, getrennt von uns. Gerhard Walter lehrt: Durch unseren Sprachgebrauch verlernen wir, dass wir von Natur aus eins sind. Er widerspricht seinem Lehrer Noro: Integrität ist kein utopisches Ziel in der Ferne, sie liegt immer schon in uns, wir müssen sie nur wieder entdecken.*

»Ich bin ohne Alter«, erzählte mir Yamaguchi Saigo während meines letzten Aufenthalts im Honbu Dōjō des Aikidō. Lachend konnte ich ihm antworten: »Ich auch.« Einige Monate später starb Yamaguchi Sensei. Ohne Alter zu sein, heißt, unsere unverlierbare Integrität zu realisieren. Tatsächlich ist jeder Augenblick ohne Anfang und ohne Ende. Unser Alltag findet inmitten der Unendlichkeit statt. Wir leben unser Leben in der einzigen Zeit, die wirklich existiert, der Zeit des augenblicklichen Seins. Zen-Meister Dōgen nennt sie Sein-Zeit: Diese Zeit ist nicht vom Verschwinden bedroht, sie existiert ohne Anfang und Ende. Die meisten Menschen aber denken, dass die Zeit vergeht, und sie erkennen nicht, dass es etwas gibt, was nicht vergeht. Dies zu erkennen, heißt, das Sein zu verstehen.

Ich hatte gerade angefangen, Aikidō und Zen zu praktizieren, da erklärte mir ein japanischer Lehrer meine Unfähigkeit, mich aus einem Griff zu befreien, mit den Worten: »Sie können gut denken, aber ihr Denken ist nur im Kopf. Wenn ihr Geist ihre Fingerspitzen erreicht, kann niemand sie festhalten.« Genau dies bedeuten die Silben *Ai-ki*, nämlich das natürliche Handeln aus absoluter Präsenz heraus. Natürlichkeit steht hier für Einssein mit sich selbst und seinem Tun. Wir können kaum noch eine Zeitschrift aufschlagen, ohne dass uns Wellness- oder Fitnessratschläge erteilt werden. In diesem Zusammenhang ist es inzwischen normal, die Einheit von Geist, Körper und Seele einzufordern. Es ist ein gutes Zeichen, dass Integrität oder auch Ganzheit sich zu bestimmenden Idealen unserer Zeit entwickeln. Wer aber von Geist und Körper als zwei verschiedenen

Dingen spricht, stellt bereits jene Gegensätzlichkeit fest, der wir zu entkommen versuchen. Integrität ist gleichbedeutend mit einem Bewusstsein, das die sinnliche Wirklichkeit nicht ausgrenzt. Wir können dann von einem Bewusstsein des Ganzen sprechen. Das Ausgrenzen der Emotionen, des Sinnlichen, des Fühlens ist aktives Tun, das Nichtausgrenzen dagegen ein Nichttun. Das Ausgrenzen findet statt, weil wir Stille nicht mehr zulassen. Doch ohne Stille können wir Integrität nicht empfinden. Wir vereiteln Stille, indem wir uns fortwährend in Gedankeninhalte flüchten. Diese sind allesamt abstrakt und bilden durch ständige Anwesenheit ein Bewusstsein, dem jegliche Lebendigkeit fehlt. Aber nicht nur die Asiaten sprechen von der Möglichkeit, die Mitte wiederzuerlangen, es gibt auch bei uns zahllose Hinweise. So schrieb der Dichter Hölderlin von einer »geheiligten Mitte«, womit er die Möglichkeit meinte, vollkommen eins mit sich zu sein. Wir können die Mitte jedoch nicht wieder herstellen. Ja, ein derartiger Versuch ist von Anfang an zum Scheitern verurteilt und hieße, die Wirklichkeit zu verkennen. Der Mensch fällt nicht in Einzelteile auseinander. Unser Bewusstsein ist bereits sinnlich, so wie das Denken sinnlich ist. Wir bemerken es nur nicht, weil wir uns nicht mehr im Denken finden, sondern nur noch im Gedachten. Dummerweise aber identifizieren wir uns irgendwann allein mit den Gedankeninhalten. Das Gedachte ist stets abstrakt und von vorübergehender Natur, das Denken dagegen ist sinnlich und real. Die Forderung ist simpel: Unser Denken sollte aufgehoben sein in der sinnlichen Wirklichkeit.

Immer wieder klagen Führungskräfte oder Therapeuten auf meinen Seminaren, dass sie nicht mehr abschalten können. Dabei sollten sie gar nicht erst angeschaltet sein. Stell dir vor, wir streben nur deshalb nach Effektivität, weil wir uns ständig selbst behindern. Tatsächlich wird der größte Teil unserer Energie darauf vergeudet, eine Schwäche auszugleichen, für die wir selbst verantwortlich sind. Leider bemerken das nur wenige. Die nötige Anstrengung wäre weitaus geringer oder gar überflüssig, wenn wir endlich aufhören würden, jene Zerrissenheit im Geist zu kreieren, die wir uns gleichzeitig bemühen, im Kampfkunst-Training aufzuheben. Das Schwimmen gegen den Strom sollte man praktizieren, um die Muskulatur zu stärken. Wenn es jedoch um das Ankommen geht, sollte man mit dem Strom schwimmen.

Im Budō geht es um nichts anderes als darum, seine Mitte zu finden. Dazu ist es notwendig, dem Schweigen – und damit sich selbst – auf den Grund zu gehen. Den Mut dazu bringen wir jedoch nur auf, wenn wir über so etwas wie eine Geographie des Schweigens verfügen. Ansonsten ist unser Schweigen wie ein Irren durch dichten Nebel, wir wissen nicht, wo wir ankommen, oder wir laufen im Kreis herum. Wenn es schon in Alltagssituationen wichtig ist, die Mitte zu finden, um wie viel mehr muss das für die Kampfkunst gelten, die schließlich absolute Präsenz und Effektivität von uns fordert. Budō-Lehrer sollten also Experten in ganzheitlichem Bewusstsein sein, was leider selten zutrifft. Es sollte nicht so sein, dass Analytiker, Philosophen und Neurowissenschaftler von Ganzheit sprechen, während die Praktiker fröhlich in jener Dualität stecken bleiben, die die Sprache vorgibt.

Einfach stehen, einfach gehen

Wie in vielen Sportarten gibt es auch in den meisten Kampfkünsten nationale und internationale Meisterschaften. Dennoch hält sich hartnäckig das Gerücht, dass eine andere Meisterschaft das eigentliche Ziel fernöstlicher Kampfkunst sei. Immer wieder liest und hört man von einem ganzheitlichen Schulungsansatz. Schaut man jedoch genauer hin, bleibt dieser Anspruch zumeist in ein paar Formulierungen stecken. Jeder Amateur weiß heute, dass selbst der längste Weg mit dem ersten Schritt beginnt, und dass das Weiche das Harte besiegt – doch was besagt das? Wir treiben Sport, weil es gesund ist, sich zu bewegen, weil es Spaß macht, weil es uns fit hält, weil Sport in den Schulen auf dem Lehrplan steht. Der Schüler aber, der einmal pro Woche im Rahmen des Schulsports auf dem Fußballplatz steht, zielt in der Regel nicht darauf ab, in der Nationalmannschaft zu spielen. Das Mädchen, das am Reck hängt oder über einen Bock springt, wird nicht unbedingt von Olympia träumen. Ebenso wird derjenige, der Budō übt, nicht unbedingt an Erleuchtung denken. Sollten die zahllosen Kung-Fu-Filme etwas anderes vermuten lassen, bleibt dies für die meisten Budōka auf der Ebene mystischer Träumerei.

Vor etlichen Jahren sah ich einen Kung-Fu-Film, in dem der jugendliche Held in eine scheinbar ausweglose Falle geraten war. Da hatte er plötzlich eine Vision von seinem alten Meister, in der dieser ihn erinnerte: »Das Geheimnis des Kung-Fu besteht im richtigen Stehen, richtigen Gehen, richtigen Atmen.« Ich muss nicht erwähnen, dass diese Ermahnung den Schüler beflügelte. Nicht schlecht, dachte ich damals. Aber wie funktioniert das mit dem richtigen Stehen, muss man es üben? Tatsächlich ist es verrückt, stehen zu üben; besser ist es, einfach zu stehen. Derartige Einfachheit ist uns aber abhanden gekommen. Wie steht man einfach? »Ist dir schon einmal aufgefallen, dass die Menschen nicht einmal mehr stehen können, sondern nur gerade nicht umfallen«, fragte mich Karlfried Graf Dürckheim, als ich vor beinahe dreißig Jahren in Todtmoos-Rütte Aikidō-Zen lehrte. Tatsächlich ist es so, dass die Menschen derart uneins mit sich sind, dass ihnen die Leichtigkeit des Seins abhanden gekommen ist. Natürlich müssen wir üben, aber wir müssen uns auch selbst vergessen im Üben. Das meint der alte Zen-Meister Ejō, wenn er sagt: »Wir haben beides, Übung und Erleuchtung; es ist jedoch schwer, sie in Einklang zu bringen. Wir dürfen Buddhas Weg deshalb nicht falsch verstehen; wenn die Übung nicht im Einklang mit der Erleuchtung ist, geht man in die Irre.« Das klingt etwas hochtrabend, bedeutet aber etwas ganz Einfaches: das Einssein mit sich selbst, was wiederum nichts anderes bedeutet als ein Bewusstsein des Ganzen. Das Uneinssein mit seinem Tun, die alltägliche Gedankenverlorenheit, ist jeden Augenblick sichtbar. Hier müssen im Training die Korrekturen ansetzen – das ist von zentraler Bedeutung. Ueshiba Morihei, einer der ganz großen Meister in der jüngeren Geschichte des Budō, schreibt, dass natürliche Bewegung das Geheimnis der Effektivität in den Kampfkünsten darstellt. Wer einen ganzheitlichen Anspruch an Budō hat, muss verstehen, wie die einfachen Bewegungen im Alltag natürlich werden.

Der Flow

Unsere Naturwissenschaftler entwickeln großen Ehrgeiz, eine Weltformel zu finden. Der Physiker Stephen Hawking ahnt, dass am Ende vielleicht einzig das Wort »Sein« stehen könnte.

Einig sind sich alle darin, dass eine derartige Formel einfach und schön sein muss. Die »Universalformel« für den Menschen ist ein »offener und fließender Geist«, so die Bezeichnung des Zen-Meisters Dōgen-Zenji (1200-1253). Der offene und fließende Geist steht für ein Bewusstsein, das sich nicht auf Gedankeninhalte beschränkt, sondern seinen sinnlichen Kern wieder findet. Wenn Dōgen an anderer Stelle schreibt, dass der Alltagsgeist der *Weg* (*dō*) ist, dann weist er darauf hin, dass es möglich ist, Integrität in den Alltag zu holen.

Der bei uns zunehmend verwendete Begriff des Flow wurde zuerst von Leistungs- und Extremsportlern als Beschreibung der Momente benutzt, in denen sie sich in ihren sportlichen Aktivitäten als eins mit sich und ihrem Tun erleben. Das Gleiche gilt für den Musiker, der eins ist mit seinem Spiel, den Handwerker, der in vollkommener Selbstvergessenheit eins ist mit seinem Tun, das Kind, das selbstvergessen spielt, den Jogger, der solange läuft, bis das Vegetative über das Gedachte dominiert, das Liebespaar, das in der Ewigkeit des Augenblicks aufgeht. Sie alle realisieren den Flow und das heißt, sie verwirklichen für

einige Momente sich selbst. Immer mehr Menschen suchen nur deshalb die unwirtlichsten Plätze unseres Planeten auf, um sich selbst zu finden. Sie suchen die Grenzüberschreitung in der Außenwelt, stürzen sich in äußere Abgründe, um die inneren Gräben zu überwinden. In der Sehnsucht nach Unmittelbarkeit gehen sie unkalkulierbare Risiken ein. Man beachte das Wort »Sucht« in dem schönen Wort Sehnsucht. Das unstillbare Begehren ist das Begehren des Menschen nach sich selbst. Ist es nicht erstaunlich, dass ein intelligenter älterer Herr wie Heiner Geißler beim Drachenfliegen abstürzt, sich einen Wirbel bricht und trotz lebensgefährlicher Verletzung sofort ankündigt, er werde diese Flugmanöver wiederholen, wenn Familie und Amt es zulassen? Ein weiteres Beispiel ist der abgestürzte Postflieger und Schriftsteller Antoine de Saint-Exupéry. Er schrieb: »Ich suche ja nicht die Gefahr, ich suche das Leben.« Tun wir das nicht alle?

Seit einiger Zeit weisen Psychologen vehement darauf hin, dass der Flow identisch ist mit dem Erleben von Glück. Integrität zeigt sich also als Bedingung sowohl für Effektivität und Präsenz als auch für Glück. Der Zustand des Flow erlaubt unmittelbares und intuitives Handeln, was nichts anderes bedeutet, als dass der Mensch eins ist mit seinem Tun. »Ich bin, was ich tue«, kann der Extremkletterer Reinhold Messner deshalb schreiben. Er schreibt auch: »Klettern und Denken bilden eine Einheit.« Das, was wir als Flow bezeichnen, ist ein kurzzeitiges Aufleuchten des Ganzen. Experten gelingt es, ihr sportliches und künstlerisches Können bis zu dieser optimalen Erfahrung zu entwickeln. Sie kennen als Bedingung die konsequente Hingabe an ihr Tun und die Selbstvergessenheit, die damit einhergeht. Aber auch sie verbannen den Flow unaufhörlich aus dem Alltag. Doch was ist das für ein Selbst, das wir vergessen müssen?

Ein Musiker ist vielleicht eins mit seiner Musik, ein Sportler mit seinem Spiel, wer aber eins ist mit sich, der ist automatisch eins mit all seinem Tun. »Ich treibe die Zeit, aber euch treibt die Zeit«, belehrt deshalb Zen-Meister Dōgen seine Mönche. Im Budō geht es darum, die Zeit zu treiben. Wer den Flow auch im Alltag nicht mehr verliert, hat sich selbst gemeistert und befindet sich im Zentrum seines Seins, inmitten jedes Augenblicks.

Kunst oder Kunsthonig?

Jeder hat das Recht, sein Tun als Kunst zu bezeichnen, ganz so, wie jeder das Recht hat, den anderen den Sport zu überlassen. Tatsächlich aber ist es vollkommen unbedeutend, wie wir darüber denken. Schließlich gibt es zwar Eiskunstlauf oder Kunstturnen, aber ein Kunstturner steht nicht besser da als ein Fußballspieler, eine Eiskunstläuferin nicht besser als eine Schwimmerin. Die Diskussion »Kunst oder Sport?« im Budō beruft sich auf einen tiefer begründeten Unterschied. Sie ist von Überheblichkeit und Ignoranz geprägt. Weshalb sich aus dem einen Tun eine wie auch immer geartete Adelung ableiten soll, aus dem anderen nicht, ist mir nicht klar. Sind Kick-Boxen oder Karate tatsächlich ästhetischer als Boxen? Reicht die Silbe *dō* schon aus, um aus einem Sport einen *Weg* zu machen? Reicht schon die Behauptung, dass man es ernst meint mit dem Dō? Ich kenne deutsche Meister, Europameister, Silbermedaillengewinner des Jūdō. Sie managen mehr oder weniger erfolgreich ihre Fitnessstudios, von Erleuchtung keine Spur.

Der Begriff des *dō* geht zurück auf *butsu-dō*, den Weg der Erleuchtung. Das Ziel des *Weges* ist der ganze Mensch. Um ihn zu gehen, reicht es nicht, das eigene Tun in ein ganzheitliches Vokabular einzukleiden – das wäre bloße Illusion. »Solange du einen Körper hast, solange leidest du«, schreibt Bodhidharma, der als Begründer des Zen genannt wird und dem eine Nähe zum Budō zugeschrieben wird. Für Budōka heißt das: Solange du einen Körper hast, solange verfehlst du den *Weg*. Da helfen keine ganzheitlichen Floskeln. Solange du glaubst, einen Körper zu haben, solange lebst du in Vorstellungen und Gedankeninhalten. Man muss nicht jahrelang in einem Kloster leben, um dem Anspruch gerecht zu werden, den *dō* einfordert. Romantische Verklärung des eigenen Tuns ist eher ein Hindernis.

Mein Lehrer Noro Masamichi sagte einst über mich, alles, was ich mache, sei richtig, und ich sei seine Hoffnung für das Aikidō in Deutschland, aber ich lebe noch immer wie in einem Gewächshaus. Das war, nachdem ich circa fünfzehn Jahre Aikidō praktiziert hatte. Ich hatte schon ein Dōjō mit zweihundert Schülern, die auf Lehrgängen die Atmosphäre seines Dōjō dominierten. Meister Noro lehrt, dass seine Schulung in der

Kampfkunst Geist und Körper vereine. Tatsache ist, dass keine Übung der Welt Geist und Körper vereinen kann, weil weder Geist noch Körper existieren. Spricht man aber dennoch von Geist und Körper, dann muss man wissen, dass Geist und Körper untrennbar eins sind und die verdinglichende Sprache die Wirklichkeit des Ganzen nicht fasst. Die Übung vereint also nicht Geist und Körper, sondern führt zu jenem Realitätsgewinn, der uns von den Gedankeninhalten emanzipiert, indem er den gegensätzlichen Charakter der Beschreibung des Wirklichen als bloßen Gedankeninhalt aufzeigt. Es geht um das Wiederfinden unserer Identität im Sinnlichen durch die Übung. Nicht *mehr* Sinnlichkeit ist gefragt, sondern ein Bewusstsein, dass seinen sinnlichen Charakter realisiert. Ich sage also: Meister Noro lässt seine Schüler noch immer gegen den Strom schwimmen. Das war der Grund, warum ich ihn vor über zwanzig Jahren verließ.

Gleich nach dem zweiten Weltkrieg gab es einen Honigersatz, den so genannten Kunsthonig. In Zeiten des Mangels mag man sich mit dem Ersatz begnügen, und seinen Sport als Kunst bezeichnen. Dieser Mangel aber ist stets auch ein Mangel an Klarheit.

Effektive Bewegung

»Geht es nicht einfach darum, sich effektiv zu bewegen?«, werden Sie fragen. Darum geht es auch. Aber vollendete Effektivität ist nur zu erreichen, wenn man aufhört, sich selbst im Weg zu stehen. Der bekannte Karate-Meister Kanazawa schrieb, dass er schon mehrfacher japanischer Meister und Weltmeister war, aber noch immer nicht verstanden hatte, worum es im Budō eigentlich geht. Erst nachdem er seine Übungspraxis um meditative Elemente bereichert hatte, begann er die geistigen Aspekte des Budō zu verstehen. Es gibt Effektivität ohne echte Meisterschaft, aber keine echte Meisterschaft ohne Effektivität. Ein Hund hat vier Beine, aber nicht alles, was vier Beine hat, ist ein Hund. In der Regel stellt Meisterschaft immer auch Expertentum dar und stets finden wir in diesem Zusammenhang kurzfristiges Einssein mit unserem Tun. Meisterschaft im Budō aber muss über die Matte hinausreichen. Ist dies gelungen, ist der

Gedanke an Effektivität nahezu bedeutungslos. Trotz großer Fähigkeiten war Ueshiba Morihei viele Jahre lang unzufrieden mit seinem Können, stets kam es ihm belanglos vor. Er hatte ein absolutes Budō gesucht. Als er es schließlich fand, fand er es nicht im Budō, sondern in sich selbst. Ähnliches wird von Gautama Buddha erzählt. Er soll bereits ein großer Experte in zahlreichen Meditations- und Yogatechniken gewesen sein, ohne dass er diese spezifischen Meisterschaften als befriedigend empfunden hätte. Was er suchte, war mehr als eine gekünstelte Technik. Auch er fand die Lösung in sich selbst. Seine Erkenntnis »Ich und alle Dinge sind eins« zeigt die allumfassende Dimension, die mit *dō* verbunden werden muss. Was ist, wenn du wirklich den Tod vor Augen hast? Denkst du, dass du dich dann noch frei bewegen kannst? Wenn du ein Meister bist, dann sind Fragen der Selbstverteidigung unwichtig geworden. Der Weg zur Meisterschaft ist ein Weg der Selbstmeisterung. Wenn du nur ein Meister auf der Matte bleibst, dann ist das nicht viel. Du musst ein Meister im Alltag werden. Dann darf deine Meisterschaft für dich keine Rolle mehr spielen, du musst sie vergessen. Nur so kannst du dich natürlich bewegen. Für die Tatsache, dass natürliche Bewegung äußerst effektiv ist, finden wir in der Natur viele Beispiele. In der Technik mag es zwar nötig sein, Hebelkräfte zu studieren, um sie richtig einsetzen zu können, wir Menschen aber sind Lebewesen. Wie schafft es ein kleiner Vogel, von Sibirien nach Afrika zu fliegen und wieder zurück? Wenn ein Vogel so verrückt wäre wie wir Menschen, würde er auf seinen Flügeln stehend versuchen zu fliegen oder die Flügel abwechselnd bewegen und dazu auf einem steifem Hals mit dem Kopf wackeln oder die Beine an den Körper ziehen, bevor er ganz abgehoben hat – von den Muskelverspannungen und der Höhenangst ganz zu schweigen. Ueshiba Morihei sonnte sich nicht in elitärer Meisterschaft, sondern sah vollkommene Bewegung als natürlich an, als das ganz normale Potenzial eines Menschen, der sich nicht selbst im Weg steht. Diese Forderung nach natürlicher Bewegung ergibt allerdings nur einen Sinn, wenn denaturierte Bewegung die Regel ist. Tatsächlich vergleichen Physiologen das Gehen der Menschen mit dem deprimierenden Vorwärtsholpern eines Würfels, bei dem viel Energie im Boden versackt. Normalerweise, so zeigen Untersuchungen, sind wir nur fähig, maximal fünfundsechzig Prozent der aufgewendeten Energie in Vorwärtsbewegung umzusetzen. Diese ärmliche Ergonomie des Homo sapiens kennt – laut Aussage von Physiologen – nur eine frappierende Ausnahme: afrikanische Frauen. Diese tragen schwere Lasten elegant und leichtfüßig über große Distanzen und verfügen dabei über eine Effektivität, die der natürlichen Bewegung von Tieren gleichkommt. In vergleichenden Studien ließen sie selbst US-amerikanische Ledernacken alt aussehen, zumindest was den Energieverbrauch angeht. Achtzig Prozent der aufgewendeten Energie können diese Frauen trotz der Last auf dem Kopf in Vorwärtsbewegung umsetzen. Das heißt, sie benötigen kaum Energie für das Tragen ihrer Lasten, weil sie sich äußerst effektiv bewegen. Grundlage für ihre Effektivität soll eine kaum zu erlernende Technik sein, die von Generation zu Generation weitergegeben wird. Sie ist gekennzeichnet durch minimale Hüftbewegungen und leicht verzögerte Gewichtsverlagerungen. Die kopflastigen Physiologen aber irren sich, Afrikas Frauen haben keinen einzigartigen Gang erfunden. Jeder Mensch, der von Kindheit an Gewichte auf dem Kopf trägt, wird dieselbe optimale Bewegungsform finden. Was umgesetzt wird, ist die in jedem Lebewesen angelegte Bewegungsökonomie, die in mehr als hundert Millionen Jahren Evolution entstanden ist, aber zumeist einen Dornröschenschlaf in uns führt. Diese schlummernde Begabung steht den Menschen nicht nur für das Gehen zur Verfügung, sondern für jegliche Bewegung. Die Bewegungseffektivität, die den Frauen Afrikas erlaubt, scheinbar mühelos zwanzig Prozent ihres Eigengewichtes auf dem Kopf zu tragen, ist dieselbe, die den brasilianischen Fußball an die Weltspritze bringt und Meister der asiatischen Kampfkünste dazu befähigt, physisch überlegene Angreifer mit Leichtigkeit zu besiegen. Da besagte afrikanische Frauen über die dargestellte Effektivität hinaus keine Rückenprobleme kennen, sei angemerkt, dass es sich eben nicht um eine Technik handelt, sondern um eine intelligentere oder natürlichere Bewegung. Bemerkenswert ist, dass wir effektive Bewegung immer auch als ästhetisch erleben. Im Alltag fällt gar nicht auf, wie mangelhaft unsere Bewegungen sind, denn für uns sind sie normal. Das von Physiologen festgestellte holpernde Gehen ist Ausgangspunkt für Normalsportler, aber auch für Spitzenathleten. Je mehr unsere Effektivität zunimmt, desto mehr überwinden wir das Holpern und nähern uns einer Effektivität, die in der Tierwelt vollkommen normal ist. Lange schon hat die Evolutionstheorie den Menschen als höchst entwickeltes Tier enttarnt. Einzigartig ist aber allein die Komplexität unseres Bewusstseins.

Die Silbe *ki* in Aikidō steht einfach nur für Energie. *Aiki* aber bedeutet das energetische Potenzial, das ein Mensch ausschöpft, der sich nicht selbst im Weg steht. Harada-Rōshi, der Abt meines Klosters, fragte mich einmal, was ich als Aikidō-Lehrer von Ki halte, ob es Ki überhaupt gäbe. Ich antwortete ihm, dass es keine Energie gibt, die wir *ki* oder *qi* nennen können, es sei denn, wir bezeichnen alles Sein als Energie oder Ki. Ebenso existiert kein Mittelpunkt. Ein Mittelpunkt ist immer ein gedachter oder angenommener Mittelpunkt. In der chinesischen Medizin spricht man davon, dass der Fluss des Ki blockiert sein kann. Solche Umschreibungen mögen nützlich sein, und es steht mir nicht zu, darüber zu urteilen, wie in der Medizin von Energie gesprochen wird. Doch wenn das Ki blockiert ist, dann ist es das Ki, das das Ki blockiert. Wer Ki als Sache oder Objekt sieht, der sieht sich selbst als Subjekt getrennt von Ki. Diese Trennung ist Ausdruck einer Störung und bewirkt, dass wir uns selbst im Weg stehen. Es existiert keine losgelöste Energie. Das Leben, wir selbst sind pure Energie.

Die Frage der Effektivität muss jeden Budōka interessieren, wobei ich nicht unbedingt jene ansprechen will, die ausschließlich durch sie motiviert sind. Es gibt keine Trennung von Subjekt und Objekt. Das ist eine entscheidende Angelegenheit, scheint es im Budō doch um das unmittelbare Reagieren auf einen Angreifer zu gehen. Im Budō sagt man, du sollst eins sein mit dem Gegner – nicht aus ethischen Gründen, sondern aus der pragmatischen Erkenntnis, dass eine Reaktion immer zu spät kommt. Dein Gegenüber kann dich mit einer bloß angedeuteten Bewegung zu einer falschen Reaktion verleiten, die im Kampf auf Leben und Tod deinen Tod bedeuten könnte. Das Einssein mit dem Angreifer gilt vielen als ein Ideal, das nur von Meistern verwirklicht wird. Was aber genau gemeint ist, können nur wenige erklären. Das Verwirklichen von Integrität wird in der Regel als ein in der Zukunft angesiedeltes Ziel verstanden, das nur durch intensives Training zu erreichen ist. Das ist jedoch falsch, du kannst nicht eins werden mit dem Gegner, du bist es bereits. Aus dem gleichen Grund kannst du nicht Harmonie mit dem Universum herstellen oder Geist und Körper in Einklang bringen. Wenn du diese Tatsache nicht erkennen kannst, ist das ein Ausdruck für Blindheit und Ineffektivität. Du schwächst dich mit einem Bewusstsein, das sich auf Gedankeninhalte reduziert. Wenn wir die vermeintlich objektive Realität sehen, entsteht automatisch ein Subjekt. Dieses Subjekt erlebt sich als innen und uneins mit dem Äußeren. Diese Sicht ist ein Symptom unserer Entfremdung. Tatsächlich aber ist unser Bewusstsein ein Bewusstsein des Ganzen, das – sich in Gegensätzlichkeit verstrickend – einen Realitätsverlust erleidet. Wenn ihr eure Hände nehmt – ich hoffe, die Schwertkünstler haben noch beide – und sie in einem Abstand von 30 bis 40 Zentimeter einander gegenüber haltet und dabei in der einen Hand den Angreifer seht, in der anderen den Verteidiger, dann habt ihr die Möglichkeit diesen Konflikt der Gegensätze anzuschauen. Da ihr beide Hände seid, könnt ihr sie ohne Schwierigkeiten gleichzeitig bewegen, und keiner Hand wird es möglich sein, die andere zu überraschen, egal, wie schnell ihr sie bewegt. Das ist so, weil ein Geist beide Hände natürlich lenkt. Jetzt stellt künstlich einen Reaktionsabstand zwischen der Bewegung der beiden Hände her. Im Kampf auf Leben und Tod ist dieser Abstand verantwortlich für den Tod der zögernden Hand. In diesem Spiel erzeugt ihr den Abstand zwischen Aktion und Reaktion künstlich, das heißt, ihr seht eure Verantwortung dafür. Der nicht ins Gegensätzliche verstrickte Geist ist genauso eins mit dem Ganzen, wie du eins bist mit beiden Händen. Auch im Kampf auf Leben und Tod bist du verantwortlich für den Abstand von Aktion und Reaktion. Dort liegt der so genannte geistige Aspekt des Budō. Heinrich von Kleist schildert in seiner Erzählung *Über das Marionettentheater* den Kampf zwischen einem Fechtmeister und einem Bären. Diese kurze Novelle ist sicher einer der brillantesten Texte über die Kampfkunst und sollte eine Pflichtlektüre sein für alle Budōka.

Wie kann man eins sein mit einem Angreifer, wie kann man ohne Verzögerung handeln? Eine der wichtigsten Schwertschulen Japans überlieferte eine streng gehütete Geheimlehre, die der jeweilige Leiter dieser Schule an seinen Nachfolger weitergab. Heutzutage hat man keinen Respekt mehr vor derartigen Geheimnissen und so konnte es nicht ausbleiben, dass die Lehre veröffentlicht wurde. Da die Schwertschule sogar Mitglieder des Kaiserhauses ausgebildet hatte, war das Interesse der Experten groß. Die Überraschung war außerordentlich, als sich herausstellte, dass die Geheimlehre aus einem *haiku*, einem dreizeiligen Gedicht, bestand. Es handelt vom Spiegelbild des Mondes in einem stillen Wasser. Die runden Gesichter wurden lang. Was für eine Geheimlehre! Tatsächlich aber ist in diesem kurzen Gedicht das Geheimnis jeglicher Kampfkunst enthalten, wenn man es nur richtig versteht. Es besagt, dass der Mond sich im stillen Wasser spiegelt, was natürlich nicht nur für den Mond gilt, sondern gleichermaßen für den Himmel, die Wolken oder die Bäume. Schiebt sich eine Wolke vor den Mond, spiegelt sich dieses Geschehen ohne jede Verzögerung im Wasser. Das ist einleuchtend, verstehen wir jedoch Wolken, Mond und Wasser als eine ungetrennte Wirklichkeit, ja, dann wäre es geradezu absurd, einen Abstand für möglich zu halten. Sich selbst aber halten die Menschen für getrennt von der äußeren Wirklichkeit, das finden sie nicht absurd. Wenn wir nun die Vorstellung dieser Trennung überwinden, die nur in unserem Bewusstsein existiert, dann reagieren wir genauso unmittelbar wie das Bildnis des Mondes im Wasser. Das Haiku weist darauf hin, dass die Trennung von Subjekt und Objekt in Wahrheit nicht existiert. Es kann also nicht darum gehen, einen Abstand zu verkleinern, denn er existiert nicht: Alles ist eins. Nichts ist derart getrennt, wie es Sprache und das in Sprache verstrickte Denken beschreiben. Wir leiden also nicht an der Gegensätzlichkeit, die sich innerhalb unseres Denkens auftut, sondern daran, dass wir sie in den Rang von Wirklichkeit erheben. Doch wie wird man so still wie das Wasser, das das Haiku beschreibt? »Setz dich still hin und lass dich, das ist dein Allerbestes«, lautet die Anleitung des alten christlichen Mystikers Meister Eckehart. Wenn da niemand mehr ist, der sieht oder fühlt, wenn du Sehen und Fühlen bist, wenn da niemand mehr ist, der denkt oder wahrnimmt, wenn du Denken und Wahrnehmung bist, dann existiert in dir kein Abstand mehr. Diese ungeteilte Wahrnehmung ist gleichbedeutend mit Effektivität. Natürlichkeit kannst du nicht gewinnen, du kannst sie nur zulassen, denn in all deinen Gegensätzen kannst du eines nicht verlieren: dass du natürlich und gegenwärtig bist. Natürlichkeit kann auch ein Gefühl von Zerrissenheit umfassen. Wer hektisch und nervös zur Meditation kommt, sollte sich nicht krampfhaft zur Ruhe zwingen, sondern seinen Gemütszustand akzeptieren. Ruhe stellt sich von allein ein. Auch beim Budō können wir so erfahren, dass wir bereits eins sind mit dem Ganzen.

Unsere Fähigkeit, jeden Augenblick unmittelbar zu erfassen, muss auf einem neuronalen Rüstzeug basieren. Und tatsächlich beflügelt dessen wahrscheinliche Entdeckung derzeit die Wissenschaften. Neurophysiologen hatten die Hirnaktivitäten eines Affen gemessen, der gerade eine Frucht geöffnet hatte und diese aß. Ein zweites Tier, schon für eine zweite Versuchsreihe verdrahtet und an Messgeräte angeschlossen, beobachtete das essende Tier. Als Sensation aus neurophysiologischer Sicht gilt die Tatsache, dass die Hirnaktivitäten des beobachtenden Affen identisch waren mit denen des Affen, der tatsächlich die Frucht aß. Die so genannten Spiegelneuronen waren entdeckt. Inzwischen sind diese auch beim Menschen nachgewiesen. Diese Hirnfunktion erlaubt es uns, die Realität unmittelbar zu spiegeln. Diese Fähigkeit scheint allerdings überlagert zu werden, wenn wir uns im Denken verlieren. Vielleicht lässt sich das Thema realer Integrität in einigen Jahren aus neurophysiologischer Sicht so darstellen, dass der Neokortex, der angenommene Sitz des Bewussten, durchlässig bleibt für die Leistungen des limbischen Systems, das für Emotionen zuständig ist. Der Hirnforscher Gerhard Roth weist in diese Richtung, wenn er schreibt, dass wir uns stets dann wohlfühlen, wenn Bewusstes und Unbewusstes sich in Einklang befinden. Der italienische Neurowissenschaftler Antonio R. Damasio verwendet nicht mehr die Begriffe »Bewusstsein« und »Unbewusstes«, weil mit ihnen die Vorstellung von Undurchlässigkeit verbunden wird. Alle psychotherapeutischen Methoden zielen auf eine partielle Durchlässigkeit – und damit auf einen Realitätsgewinn. Begründet ist das darin, dass psychische Erkrankungen oder Störungen auf Realitätsverlust basieren. Wenn Wissenschaftler weiterhin auf Gegensätzlichkeit beharren, so wie es die Begriffe »Bewusstsein« und »Unbewusstes« suggerieren, kann das als ein Absichern der eigenen Profession verstanden werden. Damasios Umdenken ist neurowissenschaftlich sehr wohl begründet. Er hält den Zugang zu dem Teil des Bewusstseins für möglich, in dem Emotionen, das Sinnliche, das Fühlen und das, was wir den Körper nennen, repräsentiert werden. Die Zen-Leute sprechen von einem »torlosen Tor«.

Technik

Welche Rolle spielen die erlernten Bewegungstechniken, von denen die meisten Kampfsportler so viel erwarten? Wieder ein Beispiel: Wenn ihr – so ganz natürlich – geht, dann ist der rechte Arm vorn, wenn der linke Fuß vorn ist und umgekehrt, das ist die Technik des Gehens. Solange ihr aber diese Bewegung gewollt macht, wird euer Gehen unnatürlich aussehen. In natürlicher Bewegung ist kein Platz für Technik. Macht jemand eine Bewegung zum ersten Mal, sieht man die Technik und solange man die Technik sieht, ist man ein Anfänger. Natürliche Bewegung und Technik müssen zu einer Einheit verschmelzen. Das Wesen dieser Technik ist Nichttechnik oder das Einssein mit der Technik. Das ist das Geheimnis der Effektivität. Durch fleißiges Training kann man zwar auch eine begrenzte Effektivität erreichen, nie aber wird sie die Trainingsdisziplin überschreiten und den Alltag verwandeln. Eine Geschichte, die von dem Zen-Meister Nansen erzählt wird, mag das erklären. Nansen sieht im Garten des Klosters einen Mönch Zazen üben. Nansen fragt: »Was machst du da?« Mönch: »Ich meditiere.« Nansen: »Wozu meditierst du?« Mönch: »Um ein Buddha zu werden.« Nansen setzt sich ebenfalls in den Garten, nimmt einen heruntergefallenen Dachziegel und fängt an, ihn mit einem Stein zu schleifen. Der meditierende Mönch fragt nach einiger Zeit irritiert: »Was machst du da mit dem Ziegel?« – »Ich schleife ihn.« Mönch: »Warum schleifst du einen Ziegel?« Nansen: »Um einen Spiegel daraus zu machen.« Mönch: »Wie kannst du durch Schleifen aus einem Ziegel einen Spiegel machen?« Nansen: »Wie kannst du durch Meditation ein Buddha werden?« Nansen weist hier darauf hin, dass durch Übung allein nur Unbedeutendes zu erreichen ist. Zuerst musst du die Verständnisfragen klären.

Natürliche Bewegung

Zen-Meister Dōgen-Zenjis Hinweis, dass der Alltagsgeist der *Weg* ist, ist eine deutliche Absage an ein Expertentum. Das gilt für Meditation ebenso wie für Kampfkunst. Dementsprechend sollten die Budōka ihrer Alltagsbewegung mehr Beachtung schenken, die normalerweise fern jeglicher Großartigkeit ist. Wer weise ist, trainiert mit ganzem Herzen, ohne sich unerreichbare Ziele zu setzen. Präsenz kann unmöglich eine Angelegenheit der Zukunft sein. Natürliche Bewegung, das Einssein mit unserem Tun, können wir nicht herstellen, sondern nur zulassen. Was aber charakterisiert natürliche Bewegung? Wenn zum Beispiel beim Tragen eines Gewichtes auf dem Kopf nicht der Mensch, sondern der Boden das Gewicht trägt. Was heißt das? Wenn wir uns auf eine Waage stellen, zeigt diese nicht nur unser Gewicht an, sondern auch das Gewicht der von uns getragenen Last. Dabei ist es der Waage vollkommen egal, ob wir uns dabei anstrengen und verspannen, oder ob wir uns physisch so organisieren, dass wir die Last mit minimalem Kraftaufwand tragen können. Wenn wir uns an eine Wand stellen, kann niemand uns umschieben, solange er uns in Richtung der Wand drückt. Nicht wir halten stand, sondern die Wand. Nicht wir müssen die Kraft des Schiebens auffangen, sondern die Wand. Der Druck, den der Schiebende erzeugt, geht einfach durch uns hindurch. Ein gutes Beispiel ist das Bogenschießen. Ein guter Schütze spannt den Bogen nicht mit den Armen oder den Schultern. Vollkommen entspannt nutzt er die Durchlässigkeit aus, die in uns angelegt ist. Die Hand, in der Bogensehne und Pfeil liegen, bezieht ihre Kraft aus der Verbindung zum gegenüberliegenden Fuß. Die eine Seite schiebt, die andere zieht. Das entspricht exakt dem Bewegungsablauf beim Gehen. Mit einer feinen Drehung verlagern wir beim Gehen unseren Schwerpunkt über einen Fuß. Dabei geht eine Schulter nach hinten, die andere nach vorn. Diese Bewegung können wir in ein Ziehen oder Schneiden beziehungsweise in ein Stoßen oder Schieben umsetzen. Wir müssen nichts koordinieren oder kontrollieren, mit einer Drehung, die auf einer Gewichtsverlagerung beruht, heben wir das Schwert, stoßen die Faust nach vorn. Wie Kleist im *Marionettentheater* schreibt, muss nur das

Zentrum regiert werden. Bei der Marionette wird diese Bewegung von außen gesteuert, beim Menschen aber ist die Kontrolle von außen zum Scheitern verurteilt. Ist der Körper erst einmal entäußert, bleiben dem normalen Menschen die Füße nur noch, um darüber zu stolpern. Trifft er nur einigermaßen geschickt einen Ball, so ist er sogleich ein Star und kann damit viel Geld verdienen. Sind wir nicht eins mit unserem Tun, fallen wir auseinander in Arme, Beine, Kopf und Rumpf. Das ist eine Verrücktheit, denn dann haben wir die Last, alle Einzelteile koordinieren zu müssen, und das gelingt so gut wie nie vollkommen. In Folge dieser Verrücktheit treffen wir überall auf die Forderung nach mehr Sinnlichkeit, mehr Körperlichkeit und mehr Gefühl, um einer angeblichen Dominanz des Rationalen entgegenzuwirken. Die ganze Körper- oder Leiborientiertheit kommt jedoch hinkend einher. Einerseits grenzen wir das Sinnliche aus und beharren darauf, einen Körper zu haben, andererseits streben wir nach mehr Sinnlichkeit. Wer aber glaubt, einen Körper zu besitzen, der identifiziert sich mit dem Unsinnlichen. Dem Sportler ist eben dieser Körper im Weg, ihn glaubt er, in mühsamer Arbeit koordinieren oder beherrschen zu müssen. Wenn er nach jahrelangem Training endlich gelernt hat sich effektiv zu bewegen, dann liegt das nicht an seiner gesteigerten Körperbeherrschung, sondern daran, dass er während des intensiven Trainings jenen Abstand vergisst, den er in seiner Kopflastigkeit fortwährend errichtet. Dem hundert Jahre alten Rat Nietzsches zu folgen – »...Sich dem Leib zuwenden, er ist das reichere Phänomen...« – führt zwar zur Stärkung des Sinnlichen, nicht aber dazu, dass wir aufhören den Körper als Ding getrennt von uns zu sehen. So wie die antiautoritäre Erziehung nicht eine Befreiung von der autoritären Erziehung darstellte, sondern bloß eine Gegenbewegung, so ist die Körperorientiertheit kein Entkommen aus der Falle der Selbstentfremdung. Das Streben nach Sinnlichkeit führt nur zum Ziel, wenn wir lernen, die Verstrickung in die Gegensätzlichkeit aufzuheben, die das Sinnliche überlagert.

Stelle dich seitwärts vor eine Wand und lehne dich mit dem Arm dagegen. Sich Abzustützen ist eine alltägliche Handlung. Sobald du dich gegen die Wand lehnst, zeigt sich die Verbindung der Hand zum gegenüberliegenden Fuß. Sobald du nur einen Muskel unnötig anspannst, ist die Durchlässigkeit gestört und die Mitte verloren. Jetzt müssen Muskeln Leistungen vollbringen, für die sie überhaupt nicht geeignet sind. Schwäche und unnötige Anstrengung gehören zusammen. Jede Bewegung können wir so ausführen, dass die Durchlässigkeit unbehindert bleibt. Behauptete Laozi nicht, dass das Weiche das Harte besiegt? Das Weiche steht für die Durchlässigkeit und die nötige Entspanntheit. Entspanntheit aber ist nicht ein Tun, sondern ein Nichttun, ein Sich-nicht-Verspannen. Durchlässigkeit können wir auf zwei Wegen realisieren: Wir können uns eine nahezu vollkommene Bewegungsökonomie durch endloses Üben und gegen den Widerstand unseres trennenden Bewusstseins antrainieren oder wir können aufhören, Durchlässigkeit zu behindern, indem wir die in uns liegende Ganzheit realisieren. Nur der erste Weg ist bei uns bekannt. Wir gehen von der Trennung von Geist und Körper aus und glauben deshalb, dass wir uns Effektivität erst aneignen müssen. Tatsächlich aber realisieren wir durch intensives Training lediglich unsere unverlierbare Integrität. Wer glaubt einen Körper zu haben, ist unkörperlich. Ideal ist es, intensiv zu trainieren und eins zu sein mit dem Augenblick; das meint Ejō mit dem Einklang von Übung und Erleuchtung.

Im Sport können wir eine Leistungspyramide beobachten: unten die Masse, oben ein paar Spitzensportler. An der Spitze sind nur wenige, weil Integrität normalerweise gegen ein Bewusstsein erarbeitet werden muss, das alles Physische verdinglicht und ausgrenzt. Deshalb ist eine miserable Bewegungsökonomie weit verbreitet. Wer einen Körper hat, vergeudet den überwiegenden Teil seiner Energie darauf, selbst verschuldete Ineffektivität zu bekämpfen. Die restliche Energie ist nötig, um die ungewohnten Bewegungsabläufe zu studieren, die Kondition und die Muskulatur zu trainieren. Natürliche Bewegung und Effektivität kennen wir nur von einigen wenigen Experten des Spitzensports oder der Akrobatik – und natürlich von Tieren. Immer wieder spricht man im Spitzensport davon, dass jemand seine Leistungen nicht abrufen kann, was heißt, dass der Sportler uneins ist mit seinem Tun. Unser Tun folgt unserem Verständnis. Wer glaubt, etwas koordinieren zu müssen, handelt anders als jemand, der weiß, dass die Gegensätzlichkeit von

Körper und Geist nicht existiert, dass es also gar nichts zu koordinieren gibt. Macht man sich darüber aber keine Gedanken, bleibt man in jenen Gegensätzen stecken, die wir üblicherweise für real halten. Wir haben aus den Augen verloren, dass wir vom Ursprung her offen, selbstbewusst, weich, sinnlich, effektiv, kreativ und gegenwärtig sind. Ein verspannter Mensch ist ein entspannter Mensch, der sich verspannt. Ein ineffektiver Mensch ist ein effektiver Mensch, der sich selbst im Weg steht. Ein nicht präsenter Mensch ist ein präsenter Mensch, der seine Präsenz verhindert. Wir müssen uns also nicht öffnen, sondern nur damit aufhören, uns zu verschließen. Es ist unsinnig, Stärke anzustreben, wenn wir nicht gleichzeitig aufhören, uns selbst zu schwächen – sonst ist unser Handeln wie Schwimmen gegen den Strom. Es wäre intelligenter, sich nicht mit positivem Denken zu quälen, sondern den negativen Zustand zu erkennen und aufzulösen, der positives Denken erst nötig erscheinen lässt. Derartige Widersprüche fallen uns kaum auf, weil sie als normal gelten.

Natürliche Bewegung finden wir überall in der Natur. Jeder Floh, jede Katze, jeder Vogel bewegt sich derart vollkommen, dass es uns begeistern sollte. Aber auch ein Blatt, das vom Baum fällt, zeigt uns – eins mit dem Wind und der Anziehungskraft der Erde – einen vollkommenen Tanz. Viele harte Budō-Experten halten Aikidō für eine Art Ballett von hohem ästhetischem Wert, aber auf keinen Fall für eine effektive Verteidigungskunst. Wer Aikidō zum ersten Mal sieht, könnte leicht verabredete Bewegungen darin vermuten. Tatsächlich aber muss effektive Bewegung aussehen wie verabredete Bewegung. Vor einigen Jahren beobachtete ich den Kampf zwischen einem Bussard und einer Dohle. Es war natürlich kein wirklicher Kampf, weil die Chance der Dohle allein in der Flucht lag. Es sah aus, als hätte ein großartiger Ballettmeister die Choreographie ausgearbeitet, ein Auf und Ab, mal näher zusammen, mal mit größerem Abstand, ein Tanz auf Leben und Tod, pure Präsenz. Einmal berührte der Bussard die Dohle und eine kleine schwarze Feder fiel zur Erde. Das ganze Spiel dauerte mehrere Minuten, bis es der Dohle gelang, in die engen Äste eines Baumes hineinzufliehen. Bussard und Dohle waren eins. Diese Abstandslosigkeit kennt jeder von uns aus dem Alltag. Es fällt etwas vom Tisch und wir fangen es auf, ohne auch nur eine Sekunde darüber nachgedacht zu haben. Die Entscheidung zu fangen ist in solchen Fällen eher eine Nichtentscheidung. Für eine bewusste Entscheidung wäre die Zeit nicht vorhanden.

Tod

Ein zentrales Thema im Budō wie im Zen ist der Tod. Auf ihn findet unser Verstand keine Antwort. Wie die Antwort auf die Frage nach dem Sinn des Lebens, liegt sie allein in unserem ungeteilten Sein, das ohne Anfang und ohne Ende ist. Wir reagieren so angstvoll auf die Mauern, die wir jeden Augenblick vor dem Tod errichten, und merken nicht, dass wir damit nicht den Tod ausgrenzen, sondern uns selbst eingrenzen. Nicht der reale Tod flößt uns so viel Angst ein, sondern der Abgrund, den wir mit dem Tod verbinden. Aber der scheinbar absolute und endgültige Gegensatz zum Leben existiert nur in unserem Denken. Menschen, die dem realen Tod begegnet sind, berichten, wie grundlos unsere Ängste sind. Wer in der Gegensätzlichkeit von Leben und Tod lebt, lebt in einer Welt der Vorstellungen und grenzt das Leben aus. Leben und Tod bilden eine ungetrennte Wirklichkeit, jeder Augenblick ist jenseits von Leben und Tod.

Ich war überrascht, als Tada-Sensei, einer meiner frühen Lehrer, in einem Interview sagte, dass er sich nicht um Krankheit kümmere. »Er kümmert sich nicht um Krankheit, weil er gesund ist«, dachte ich damals. Später erkannte ich, dass er vielleicht gesund ist, weil er sich nicht um Krankheit kümmert. Tatsächlich aber wusste ich gar nichts über seinen Gesundheitszustand. Yamaguchi Saigo erklärte eine Technik des Aikidō mit den Worten: »Den Tod wählen, um das Leben zu gewinnen.« Dies beinhaltet ebenfalls ein Sich-nicht-Kümmern beziehungsweise eine sehr weise Art sich zu kümmern. Dieses Kümmern, ohne sich zu kümmern, ist ein Ziel des Budō, das aber will verstanden sein. Wie kann es weise sein, sich nicht um Leben und Tod oder um Gesundheit und Krankheit zu kümmern? Wenn aus Kümmern Bekümmerung wird, beginnt das Festhalten am Leben uns zu behindern. Sich nicht um Krankheit kümmern heißt nicht, dass man trainieren soll, wenn man krank ist. Es bedeutet vielmehr ein Nichtanhaften weder an Leben oder Tod noch an Gesundheit oder Krankheit. Was wir gemeinhin als Bewusstsein bezeichnen, ist überwiegend angefüllt mit Bekümmerung, die sich daraus speist, dass wir uns nicht genügen und fortwährend anders sein wollen, als wir gerade sind. Dabei werden Ursache und Wirkung verkannt.

Der scheinbare Gegensatz von Leben und Tod ist ein Beispiel dafür, wie sehr wir in die Gegensätzlichkeit der Sprache verstrickt sind. Sprache strukturiert unser Denken und, wie wir die Welt wahrnehmen. Wir sind derart angefüllt mit Wissen, dass man heute klar sagen kann: Nicht Wissen stellt Macht dar, sondern der offene und kreative Umgang mit Wissen. Wir selbst existieren vor dem Wissen. Wissen ist beliebig, unsere Existenz nicht. Wir können uns mit unserem Wissen identifizieren, sollten aber nicht so weit gehen, unsere Identität allein in Gedankeninhalten und nicht mehr in der sinnlichen Wirklichkeit zu suchen. Wer eins mit sich ist, verliert sich nicht mehr in der Gegensätzlichkeit des Denkens. Wer eins ist mit sich, der ist jenseits von Leben und Tod, er ist nicht verstrickt in die Abgründe einer isolierten Gedankenwelt. Die Ängste, die mit dem Tod verbunden werden, sind stets Ausdruck eines übermäßigen Anhaftens am Leben. Ein Beispiel für Nichtanhaften ist meine Katze. Sie schläft im vierten Stock auf dem warmen Fensterblech in der Sonne und fällt auch deshalb nicht herunter, weil sie sich nicht darum kümmert – obwohl Katzen durchaus herunterfallen können. Der Geist, der nicht anhaftet, ist gegenwärtig. Dafür müssen wir nicht das Denken aufgeben, sondern das Denken seinen gebührenden Platz einnehmen lassen. Zen-Meister Bankei gibt ein gutes Beispiel für Nicht-Kümmern: »Wenn ihr eine Straße entlanggeht und euch aus der anderen Richtung eine Gruppe von Menschen entgegenkommt, so verschwendet niemand einen Gedanken daran, auf welche Weise man einander nun auszuweichen hat, und doch gibt es keinen Zusammenprall. Niemand wird umgestoßen und niedergetrampelt. Ihr findet euren Weg durch die Menschenmenge, indem ihr hierhin und dahin ausweicht, ohne diese Haken jeweils bewusst zu planen, und kommt dabei unbehindert voran. Und genauso entspricht der ungeborene Buddha-Geist in seinem wunderbaren Erleuchtungszustand allen Umständen auf vollkommene Weise.« Was für eine wundervolle Anweisung für die Kampfkunst.

Verständnisfragen

»Viele Wege führen zum Dao, doch streng genommen sind es nur zwei, Vernunft und Praxis«, schrieb bereits vor 1.500 Jahren der indische Mönch Bodhidharma, der den erstarrten Buddhismus in China auf seine Kernaussagen und eine authentische Praxis zurückführte. Vernunft bedeutet, sich mit den Verständnisfragen zu der unverlierbaren Integrität des Menschen zu beschäftigen. Da es verwirrend sein mag, dass wir etwas suchen, was gar nicht verloren ist, will ich einen Vergleich dafür nennen. Ein Freund von mir benötigt eine Lesebrille, die er oft an einem dünnen Lederband um den Hals trägt. Wenn er sie nicht benötigt, hängt sie an diesem Band vor seiner Brust. Einmal hatte er sie beim Waschen des Gesichtes auf den Rücken geschoben und dort vergessen. Als er lesen wollte, suchte er seine Brille, obwohl er sie die ganze Zeit mit sich herumtrug. Wir müssen wissen, wo und wie wir suchen müssen. Die im Zen aufgezeigte Klärung der Verständnisfragen gilt uneingeschränkt auch für die Praxis der Kampfkünste. Deshalb wird Bodhidharma immer wieder mit Budō in Verbindung gebracht.

Mit den Verständnisfragen liegt es im Argen. Tada-Sensei lehrte, dass es Zeitverschwendung sei, mit Aikidō anzufangen, wenn nicht zuvor die Verständnisfragen geklärt seien. Auf der Matte aber blieb er recht einsilbig. Alle meine japanischen Lehrer waren überwiegend sprachlos, was sie nur anfänglich mit Sprachproblemen entschuldigen konnten. Ihre Sprachlosigkeit hat sich weitgehend auf ihre Schüler übertragen. »Aikidō ist Praxis und keine Philosophie«, belehrt deshalb ein führender französischer Aikidō-Lehrer seine Schüler. Natürlich ist Aikidō Praxis, aber Sackhüpfen ist auch Praxis, worin liegt der Unterschied? Budō muss im Einklang sein mit dem Verständnis realer Integrität. Es ist bereits ein Fehler, einen Gegensatz zwischen Praxis und der Klärung von Verständnisfragen herzustellen. Die spirituellen Texte des Aikidō-Begründers Ueshiba Morihei werden immer wieder zitiert, trotzdem beschränkt sich Aikidō im Westen vor allem auf Praxis. Der ganzheitliche Anspruch wird allein als das mystifizierte Ziel einer nicht endenden Praxis verstanden und immer wieder aus alten Texten abgeleitet. Damit nimmt die Mehrzahl der Budōka unbemerkt die Rolle von Eseln ein, die geduldig einer Mohrrübe hinterherlaufen. Ausdruck dieser Eselei ist, dass sie die Praxisorientiertheit verbissen verteidigen, wähnen sie sich doch in der authentischen Tradition asiatischer Lehrer, die immer wieder darauf hinweisen, wie wichtig Praxis für Budō ist. Aber die japanischen Lehrer benötigen die Klärung der Verständnisfragen nicht, weil ein ganzheitliches Denken ihre ganze Kultur prägt. Ein Japaner, der Fortschritte im Budō macht, wird automatisch mit den geistigen Hintergründen seines Tuns konfrontiert. Das ist im Westen anders, die Grundlage unseres Denkens ist eine abgründige Dualität. Gerade übersetzte einer meiner Schüler einen Text von Harada-Rōshi. Dort heißt es, dass richtiges Zen drei Voraussetzungen hat: Hören, Verstehen, Praxis – das gilt uneingeschränkt auch für Budō. Die Anfänger kommen steif in den Unterricht. Wenn sie hart und ausdauernd trainieren, bleibt es nicht aus, dass sie beweglicher werden und die Technik je nach Begabung nach und nach meistern. In einigen Momenten des Trainings mögen sie – sich selbst vergessend – sogar eins sein mit ihrem Tun. Verlassen sie jedoch die Matte, ist alles wieder wie vorher. Sind sie erst einmal vierzig, setzt langsam die Steifheit ein, die ihren Ursprung weder im Physischen noch im Geistigen hat, sondern in der anhaltenden Empfindung von Gegensätzlichkeit. »Meine alten Schüler werden immer fester«, kritisierte ein japanischer Aikidō-Lehrer in Deutschland jüngst sich und seine Methode zu lehren. Er selbst bewegt sich trotz seines hohen Alters leicht und entspannt. Er nennt als Grund für die Steifheit seiner Schüler die harte Fallschule des fortgeschrittenen Aikidō. Dabei übersieht er, dass auch er durch diese Schule hindurchgegangen ist, aber ohne steif zu werden. Er hat schlicht versäumt, mit seinen Schülern Verständnisfragen zu klären. Viele Schüler haben durch ihn gelernt, dass es um mehr geht als bloß um die Praxis, aber sie konnten nicht wirklich teilhaben am Prozess des Lehrers, an dessen Auseinandersetzung mit anderen japanischen Lehrern und mit dem ganzheitlichen Wissen seiner Kultur. Er hat entweder nicht mitbekommen, dass seine Schüler in einer anderen Kultur leben als er, oder er war nicht fähig, das ganzheitliche Wissen seiner Kultur in unser Denken zu übertragen. »Erst mal bewegen«, hat er immer gerufen, womit er seinen

Schülern keinen Ausweg aus der Sportkarriere aufzeigen konnte.

Während eines *sesshin* führen die Mönche Einzelgespräche mit ihrem Zen-Lehrer. Solche Gespräche sind auch im Budō notwendig. Anfänger werden Budō sicher als ein Mittel ansehen, stärker zu werden. Dagegen ist nichts zu sagen, wäre dieser Wunsch nicht Ausdruck dafür, dass sie ewig uneins sind mit sich selbst. Dem Schüler muss klar sein, dass es unsinnig ist, nach Stärke zu streben, wenn er darüber hinaus nicht lernt, wie man damit aufhört, sich selbst zu schwächen. Kein Wunder, dass es mit den Verständnisfragen im Budō nicht weit her ist, wenn man sieht, welche falschen Mythen geschaffen werden. Oft hatte mein Aikidō-Lehrer in seiner angenehmen Bescheidenheit erklärt, dass er mit seinen Fähigkeiten gerade einmal die große Zehe des alten Ueshiba erreiche. Vergeblich bat ich ihn, nicht mehr solchen Unsinn zu erzählen. »Wenn das stimmen würde, was Sie sagen, dann hätte ich als ihr höchster Schüler gerade einmal die Hornhaut unter den Füßen Ueshiba Moriheis erreicht, meine eigenen Schüler aber würden nichts anderes sein als der Schweiß auf der Matte. Dann müsste ich sofort mit dem Aikidō aufhören und erst recht alle meine Schüler«, antwortete ich ihm und erklärte, dass ein derartiges Verständnis falsch sei und die Menschen behindere. Ueshiba hatte, wie alle anderen Meister auch, die imaginäre Leiter des Fortschritts verlassen. Er war eins mit sich und dem Ganzen, das ist alles. Ob er drei, fünf oder zehn Meter weit sprang, war vollkommen nebensächlich.

Sprache

Während es Galilei gelang, das alte christliche Weltbild zu widerlegen, dass die Erde der Mittelpunkt des Kosmos sei, ist es der Wissenschaft bis heute nicht gelungen, das nicht weniger naive Bild vom Menschen zu korrigieren. Der Philosoph René Descartes proklamierte die Trennung von Geist und Körper und Sigmund Freud glaubte einen Gegensatz von Bewusstem und Unbewusstem zu erkennen. Doch tatsächlich konnte niemand Materie und Geist als getrennt voneinander aufzeigen und die Neurophysiologen sprechen zunehmend vom ganzen

Menschen. Untersuchungen zeigen, dass unsere angeblich bewussten Entscheidungen bereits eine halbe Sekunde vorher unbewusst gefällt werden. Der reale, das heißt der ganze Mensch aber wartet seit seiner Vertreibung aus dem Paradies auf seine Wiederentdeckung. Dazu müssen wir uns von der verdinglichenden Beschreibung des Menschen emanzipieren. Sobald sich bei Kindern das Bewusstsein mit Sprache vermischt, behaupten sie, einen Körper zu besitzen. Sie verhalten sich wie Papageien, die einfach nur nachplappern, was Erwachsene sagen. Sie können nicht ahnen, dass auch ihre Eltern einfach nur nachplappern. Noch nie ist dir beim Einkaufsbummel ein Körper entgegengekommen, niemals hast du beim Blick in den Spiegel einen Körper gesehen. Wer glaubt, er sähe seinen Körper, der wirft sich selbst in den Abgrund der Gegensätze. Er erfasst nicht die Wirklichkeit, sondern verstrickt sich in Gedankeninhalte. So ist es kein Wunder, dass genau in dem Alter, in dem die Sprache immer wichtiger wird, Kinder von Albträumen geplagt werden, in denen sie buchstäblich in einzelne Glieder auseinander fallen. Zum Glück sind sie noch nicht völlig dem Bann der Sprache erlegen und nehmen es nicht allzu wörtlich, wenn die Mutter sie liebevoll auffordert, den Kopf in ihren Arm zu legen. Die Empfindung von Getrenntheit resultiert – wie der Philosoph Ludwig Wittgenstein es ausdrückte – aus der »Verhexung unseres Geistes durch die Mittel der Sprache. Die Probleme, die durch dieses Missdeuten unserer Sprachformen entstehen, haben den Charakter der Tiefe. Es sind tiefe Beunruhigungen; sie wurzeln so tief in uns wie die Formen unserer Sprache, und ihre Bedeutung ist so groß wie die Wichtigkeit unserer Sprache.« Aber erst wenn wir die Kinderjahre hinter uns gelassen haben und verstrickt sind in Sprache, bestimmt der Charakter der Sprache die Tiefe unserer Entfremdung. Erst dann vermischen sich Vergangenheit, Gegenwart und Zukunft zu bloßen Gedankeninhalten. Die Wirklichkeit jedes sinnlichen Augenblicks aber bleibt außen vor. Doch nur die sinnliche Wirklichkeit ist fähig, alle Gedankeninhalte zu relativieren – nicht die Sinnlichkeit, die wir zu haben glauben, sondern jene, die wir sind.

Man sagt im Zen, dass man zuletzt von dem sprechen kann, worum es geht. Das wird verständlich, wenn man die Funktion der Sprache versteht. »Sprache«, so schreibt der Neurophysiologe und Verhaltensforscher Gerhard Roth, »ist ein sozial vermitteltes Vermögen und dient nicht in erster Linie dem Austausch von Wissen und dem Vermitteln von Einsicht, sondern der Legitimation des überwiegend unbewusst gesteuerten Verhaltens vor uns selbst und vor anderen.« In ständigen Selbstgesprächen kleiden wir unsere Empfindungen in Sprache. Dadurch ist uns Stille fremd geworden, wir sind uns selbst fremd geworden. Es ist ein Teufelskreis: Wir finden uns nicht mehr im Ganzen, deshalb reflektieren wir permanent Emotions- und Gefühlsreste, permanent reflektierend aber verlieren wir unsere Identität mit den Emotionen und Gefühlen und grenzen sie aus. Wir verhalten uns so, als könnte man mit einem Sieb Wasser schöpfen, oder wie ein Gewichtheber, der versucht, sich selbst hochzuheben. Weil wir uns nur noch mit Gedankeninhalten identifizieren, geben wir unsere Kompetenz auf für das Fühlen, die Wahrnehmung, für das Unmittelbare. Wer aber die Kompetenz für die sinnliche Wirklichkeit aufgibt, gibt die Kompetenz für sich selbst auf.

Es ist schwer, andere Menschen zu erreichen. Deshalb wird die Verständigung mit anderen Menschen zur Kunst hochstilisiert, zur außerordentlichen Begabung. Emotionale Intelligenz gilt als Schlüsselkompetenz und prädestiniert zur großen Karriere. Wir reden fortwährend aneinander vorbei, weil wir nur noch durch die Brille des Verstandes auf die Welt schauen. Das ist der Grund, warum wir vehement darauf beharren, Recht zu haben, denn Rechthaben ist die Währung des Verstandes. Das macht deutlich, warum es im Budō um eine Kompetenz geht, die den ganzen Menschen umfasst. Es gibt nur wenige klassische Texte über Budō. Stets haben sie das »richtige Schauen« zum Thema und stets geht es darum, das Ganze wahrzunehmen, um ein Bewusstsein also, das nicht in der Verdinglichung der Sprache gefangen ist. Wer schon länger trainiert, kann beobachten, wie die Aufmerksamkeit der Anfänger von einer Hand, von einem Schritt, von einem Greifen aufgesogen wird, wie schwer es ihnen fällt, das Ganze zu sehen. Der Geist, der nirgendwo festhält oder stoppt, ist das zentrale Thema im Budō.

Meine Ausführungen erreichen dich nur, wenn sie dich jenseits des Denkens in deiner Erfahrung berühren. Mein Text enthält kein objektives Wissen und ich spreche nur von meinen eigenen Erfahrungen. Dennoch, es gibt keinen Grund, nicht zu schreiben, man wirft ein Netz nicht fort, weil man mit ihm kein Wasser schöpfen kann. Mit einem Netz fängt man Fische. Du wirst durch diesen Text nicht anders empfinden, aber vielleicht kannst du anders denken, deine Erfahrungen anders einordnen. Vielleicht kannst du damit aufhören, die kurzen Pausen zwischen den einzelnen Gedanken nur als Lücken zu verstehen in einem endlosen Reigen aus Gedanken, Vorstellungen oder Bildern. Lerne, dich auch in den Pausen heimisch zu fühlen, dann werden sie sich ausdehnen und du wirst dich im Denken nicht mehr als abgeschnitten von der sinnlichen Wirklichkeit erleben. Um Meditation zu erklären, werden Gedanken mit Wolken und das Nichtdenken mit dem blauen Himmel verglichen. Manchmal gibt es Zeiten, in denen der Himmel derart durchgängig bewölkt ist, dass wir den Himmel vergessen. Denken und sinnliche Wirklichkeit sind ein und dasselbe. Vergiss nicht, dass du älter bist als dein Denken, denn zuerst warst du Nichtdenken und Nichtwissen. Wer sich vom Denken befreit, befreit gleichzeitig das Denken. Studiere das, dann wirst du nach und nach ein Bewusstsein des Ganzen wieder finden. Es ist eine spannende Aufgabe, Ganzheit denkbar zu machen. Der ganze Mensch ist denkbar geworden und das nicht nur durch eine ganzheitliche Praxis, sondern auch dadurch, dass die Absurdität sichtbar wird, die darin steckt, die Beschreibung des Menschen schon für die Wirklichkeit zu halten. Die Grammatik sollte die Sprache strukturieren, nicht aber unser Bewusstsein. Diese uralten Einsichten muss sich anscheinend jede Generation aufs Neue erarbeiten. Claude Lévi-Strauss schrieb in den Sechzigerjahren: »Vor einiger Zeit war ich noch versucht, den Gegensatz Natur – Kultur als in der Ordnung der Dinge begründet zu sehen, der damit eine Eigenschaft der Wirklichkeit zum Ausdruck brächte. (...) Es scheint mir heute, dass dieser Gegensatz weniger eine Eigenschaft des Wirklichen widerspiegelt als vielmehr eine Antinomie des menschlichen Geistes.« Wenn schon Philosophen Schwierigkeiten haben, sollten Sportler entschuldigt sein, nicht aber Kampfkünstler, die mit erhabenen Worten vom *Weg* sprechen, geht es doch im Budō um mehr als um ein blaues Auge, nämlich um Leben und Tod.

Meditation

Wenn Kunst tatsächlich von Können herzuleiten ist, dann ist jede großartige Bewegung eine Kunst, und zwar allein deshalb, weil die normalen Menschen sich eben nicht großartig bewegen, sondern im Gegenteil ganz jämmerlich. Jemand, der eins ist mit seinem Tun, ist sehr begabt, ein Star und fast immer erfolgreich. Nicht jeder aber, der in eine Flöte bläst, ist schon ein Künstler. Was hat ein großartiger Kampfkünstler einem großartigen Fußballspieler oder Radfahrer voraus? Es gibt zwar Integrität ohne Meditation, aber ohne Meditation hören wir nicht auf, jene Gegensätzlichkeit zu schaffen, die wir durch anstrengende Übungen versuchen hinter uns zu lassen. Wir sollten Meditation und Kampfkunst nicht als zwei getrennte Methoden verstehen. Als ich vor fast dreißig Jahren das erste Mal in Japan war, um Aikidō zu praktizieren, wohnte ich in Kamakura. Da der damals in Deutschland und den USA recht bekannte Zen-Meister Yamada ebenfalls dort lebte, ging ich zu ihm, um unter seiner Anleitung zu sitzen. Er lud mich zum Tee ein und wir sprachen über meinen Wunsch. Hier eine Kurzfassung des Gesprächs. Yamada: »Ich freue mich, dass du zum Zen kommen willst, aber du bist schon so weit im Aikidō, du solltest nur eine Sache machen, Zen oder Aikidō.« Ich: »Ich denke, dass Aikidō und Zen sich gut ergänzen.« Yamada: »Ja, ja, aber trotzdem denke ich, du solltest nur einen *Weg* gehen, entweder den des Aikidō oder den des Zen.« Dieses Hin und Her zog sich durch das ganze Gespräch. Endlich sagte ich, die Teeschale anschauend: »Schauen Sie, jetzt trinke ich Tee, heute Morgen trank ich Kaffee. Wenn ich Tee trinke, trinke ich Tee, und wenn ich Kaffee trinke, dann trinke ich Kaffee. Ich werde nicht zu Tee, wenn ich Tee trinke, und nicht zu Kaffee, wenn ich Kaffee trinke. Ich bin ich, ob ich Tee trinke oder Kaffee. Wenn ich mich auf der Matte bewege, nenne ich es *aikidō*, wenn ich still vor der Wand sitze, nenne ich es *za-zen*, aber ich bin immer derselbe.« Yamada lachte: »Wenn du es so siehst, werden Aikidō und Zen sich wunderbar ergänzen.« Deshalb spreche ich bei dem, was ich lehre, nicht mehr von Aikidō, sondern von Aikidō-Zen. Es geht allein darum, der permanent vorhandenen Stille mehr Raum zu geben. Über das Verhältnis von Meditation und Budō zu reflektieren, ist deshalb eine typisch westliche Angelegenheit und führt zu nichts, es sei denn, der Irrtum wird aufgedeckt, der diesem Ansinnen zugrunde liegt. Wenn das Ziel der Meditation – die eigene Gegensätzlichkeit zu überwinden – erreicht ist und aus Meditation einfach Sitzen geworden ist, wenn Meisterschaft im Budō identisch mit natürlicher Bewegung ist, dann ist die Frage nach dem Verhältnis von Budō und Meditation so überflüssig wie die nach dem Verhältnis von Bewegung und Nichtbewegung. Irrtum existiert, solange diese Frage existiert. Solange man Meditation und Budō nicht versteht und von zwei Methoden oder *Wegen* ausgeht, nur solange ist diese Frage sinnvoll.

Meditation ist keine Technik, sondern ein Selbststudium. »Sich selbst erkennen heißt sich selbst vergessen, sich selbst vergessen heißt sich selbst wahrzunehmen in allen Dingen, das ist das Abfallen von Geist und Körper«, schreibt Dōgen-Zenji. Es hat sich die Meinung durchgesetzt, dass jeder seine eigene Wirklichkeit konstruiert und in seiner eigenen, vom Sinnlichen abgeschnittenen Welt lebt. Sobald wir aber still sind, öffnen sich die Tore dieses Gefängnisses. Wenn diese Momente der Stille, in denen wir unsere sinnliche Wirklichkeit wahrnehmen, einen Grenzwert überschreiten, realisieren wir unser unverlierbares Aufgehobensein im Ganzen. Dieses Sichtbarwerden des Ganzen gilt den einen als Resultat eines Prozesses, andere beharren auf dem Erlebnis eines urplötzlichen Aufbrechens dieser Isolation. Letzteres bezeichnet man im Zen als *kenshō* oder *satori*. Dōgen-Zenji, der die Lehre des Zen nach Japan brachte, antwortete auf die Frage, was er aus China mitbringe: »Nicht viel, außer einen offenen und fließenden Geist.« Bodhidharma antwortete dem Kaiser Wu-Shu auf dessen Frage nach dem innersten Wesen der höchsten Lehre: »Offene Weite, nichts von heilig.« Was ist nun diese »offene Weite« Bodhidharmas? Nichts anderes als Erleuchtung, und Erleuchtung ist wiederum nichts anderes als ein offener und fließender Geist. Die Praxis des Budō und des Zen ist im Westen weitaus verbreiteter als das dazugehörende Verständnis. Es zeigt sich auch hier, dass der vernunftorientierte Westen Schwierigkeiten hat, das Ganze zu erkennen. Doch was ist das für ein defizitärer Zustand, der uns nach Durchsetzungsvermögen, Glück, Selbstvertrauen, Kreativität, Weichheit, Stärke, Offenheit, Gesundheit, innerem Frieden und Emanzipation streben lässt, ohne dass wir jemals das Gefühl erlangen, endgültig angekommen zu sein? Wir sehen uns zwar permanent auf dem Weg der Annäherung, doch letztlich bleiben diese Ziele getrennt von diesem Augenblick. Im Gegenteil, »angekommen« oder »fertig« zu sein, kommt uns wie Anmaßung vor, und die Einsicht, dass es nichts zu tun gibt, ist schwer zu vermitteln. Denn die Diskussion darüber, ob wir einen Körper haben oder dieser sind, oder ob die Realität jenseits unserer Vorstellungen von Haben und Sein stattfindet, hat eben erst begonnen.

Literatur

Florian Markowetz und Uschi Schlosser-Nathusius,
Das Herz nicht bewegen – Die Geisteswelt der Kampfkünste

Bauer, Wolfgang: *Geschichte der chinesischen Philosophie: Konfuzianismus, Daoismus, Buddhismus.* München (Beck) 2001

Coulmas, Florian: *Die Kultur Japans – Tradition und Moderne.* München (Beck) 2003

Kühnen, Ulrich: *Denken auf Asiatisch.* Gehirn & Geist, Spektrum-Verlag, 3/2003

Schwentker, Wolfgang: *Die Samurai.* München (Beck) 2003

Hammitzsch, Horst: *Zum Begriff ›Weg‹ im Rahmen der japanischen Künste.* Nachr. d. Ges. f. Natur- u. Völkerkunde Ostasiens, Nr. 82 (1957), S. 5-14

Faure, Bernard: *Buddhismus.* Bergisch Gladbach (Domino BLT) 1998

Andreas Niehaus,
Die Öffnung der Felsenwohnung – Visionen des Ueshiba Morihei

Bittmann, Heiko: *Karatedō. Der Weg der leeren Hand. Meister der vier großen Schulungsrichtungen und ihre Lehre.* Ludwigsburg/Kanazawa 1999

Möller, Jörg (Hg.): *Geschichte der Kampfkünste.* Lüneburg 1996 [=Geist – Technik – Körper; Bd. 4]

Stevens, John: *The Essence of Aikidō. Spiritual Teachings of Ueshiba Morihei.* Tōkyō, New York, London (Kōdansha) 1993

Sunadomari, Kanemoto: *Bu no shinjin.* Tōkyō 1984

Ueshiba, Kisshōmaru (Hg.): *Aiki shinzui. Aikidō kaiso – Ueshiba Morihei goroku.* Tōkyō 1994

Thomas Schmidt-Herzog,
Die Kraft des Qi – die inneren Kampfkünste Chinas

Filipiak, Kai: *Die chinesische Kampfkunst. Spiegel und Element traditioneller chinesischer Kultur.* Leipziger Univ.verlag 2001

Frantzis, Kumar B.: *The Power of Internal Martial Arts. Combat Secrets of Ba Gua, Tai Chi, and Hsing-I.* Berkeley, CA (North Atlantic Books) 1998

Hallander, Jane: *The Complete Guide to Kung Fu Fighting Styles.* Unique Publications, 1985
Smith, Robert W.: *Chinese Boxing. Masters and Methods*. Berkeley, CA (North Atlantic Books) 1974
Song, Z. J.: *T'ai-chi ch'üan. Die Grundlagen*. München (Piper) 1991. Aus d. Chines. hrsg. und übers. v. Hermann G. Bohn
Song, Z. J.: *T'ai-chi ch'üan. Übungen für Fortgeschrittene*. München (Piper) 1994. Aus d. Chines. hrsg. und übers. v. Hermann G. Bohn

Gerhard Walter,
Geographie des Schweigens – Die Einheit von Aikidō und Zen

Graf Dürckheim, K.: *Hara. Die Erdmitte des Menschen*. O. W. Barth Verlag 2001
Kleist, H. v.: *Über das Marionettentheater*. In vielen Ausgaben erhältlich
Maturana, H. R.: *Biologie der Realität*. Suhrkamp 2000
Meister Bankei: *Die Zen-Lehre vom Ungeborenen*. O. W. Barth Verlag 1988
Messner, R.: *Berge versetzen. Das Credo eines Grenzgängers*. BLV 2001
Roth, G.: *Fühlen, Denken Handeln. Wie das Gehirn unser Verhalten steuert*. Suhrkamp 2003

Zum Weiterlesen

Chen, H.: *Daoismus erleben*. Osnabrück (Reise Know-How Verlag) 2001
Hierzenberger, G.: *Der Glaube der Chinesen und Japaner*. Kevelaer (Topos plus) 2003
Norris, C.: *Zen-Kampfkunst im täglichen Leben*. Heidelberg (Kristkeitz) 1999
Reid, H. und Croucher, M.: *Der Weg des Kriegers. Kampfsportarten – Tradition, Technik, Geist*. München (Hugendubel) 1994
Salzman, M.: *Eisen und Seide. Begegnungen mit China*. Droemer Knaur, 1990

Die Autoren und Herausgeber

Die Autoren der Beiträge

Rainer Jättkowski

7. Dan Kendō Kyōshi, 5. Dan Iaidō. Präsident des Deutschen Kendōbundes (DKenB). Nimmt seit 1976 an Europa- und Weltmeisterschaften als Wettkämpfer oder Kampfrichter teil. Lebt und lehrt in Berlin.
http://www.dkenb.de

Dr. Andreas Bernhard Niehaus

2. Dan Seiryūkai Aikijūjutsu, 1. Dan Shōtōkan Karate, studierte in Köln Japanologie, promovierte dort über die Sportphilosophie Kanō Jigorōs.

Fritz Nöpel

8. Dan Goju-yrū. Der »Vater des Goju-ryū in Deutschland« lebte 13 Jahre lang in Japan und brachte Goju-ryū mit nach Deutschland. Mitbegründer des Deutschen Karateverbandes. Lebt und lehrt in Kamen.
http://www.yuishinkan.com

Lothar Ratschke

6. Dan Shōtōkan-ryū Kase Ha, 5. Dan Shōtōkan im DKV, 1. Dan Okinawan Kobudō, 1. Dan Kukishin-ryū, 1. Dan Jū-Jutsu. Langjähriger Schüler von Shihan Kase und Gründer der Okinawan Kempō Interessensgemeinschaft, deren Ziel es ist, die traditionellen Kampfkünste zu bewahren.
http://www.hatamoto.de

Thomas Schmidt-Herzog

3. Toan Kwoon Do (Shaolin-Kempō), Lehrer für Zen-ryū Kempō und Eskrima. Regelmäßige Fortbildungsreisen nach China und Taiwan zu akademischen Studien und um die Kenntnisse in verschiedenen Kampfkünsten zu erweitern. Er studiert Sinolo-

gie an der Universität Heidelberg und schreibt seine Doktorarbeit über chinesische Kampfkünste.
http://mitglied.lycos.de/Kwoon_Do

Song Chuanyu

Taijiquan Wu-Stil, Schülerin und Linienhalterin von Meister Ma Yueliang. Sie lehrt Taijiquan, Qigong und die Heilmassage Tuina. Frau Song war Professorin für Philosophie an der Medizin-Universität (heute: Fudan-Universität) in Shanghai und studierte dort traditionelle chinesische Medizin. 1996 zog sie zu ihrer Tochter nach Mannheim, sie ist Gastdozentin an der Universität Heidelberg.

Gerhard Walter

7. Dan Aikidō, lehrt Aikidō-Zen in seinem Dōjō in Berlin-Kreuzberg. War höchster Schüler K. Asais in Deutschland und Meisterschüler bei M. Noro in Paris. Seit 1975 lebt er jährlich für einige Monate als Laienmönch in einem japanischen Zen-Kloster.
http://www.aikido-zen.de

Die Herausgeber

Florian Markowetz

2. Dan Shōtōkan Karatedō, studierte Philosophie und Mathematik, promoviert in Bioinformatik am Max-Planck-Institut für Molekulare Genetik in Berlin.
florian.markowetz@ssg-karate.de

Uschi Schlosser-Nathusius

3. Kyū Shōtōkan Karatedō, Fernseh-Journalistin und Publizistin, Trainerin für Selbstverteidigung und Selbstbehauptung (DKV). Sie lebt in Bensheim.
uschi.schlosser@ssg-karate.de

Danksagung und Bildnachweis

Thomas Schmidt-Herzog danken wir für seine Geduld. Er hat uns bereitwillig in vielen Fragen zur chinesischen Sprache und den philosophischen Grundlagen der chinesischen Kampfkünste beraten. Die Übersetzung des Interviews mit Song Chuanyu stammt von ihm.

Wir danken *Valerie Lang* für die unermüdliche Lektoratsarbeit und *Anja Peter* für die Hilfe beim Korrekturlesen.

Die meisten Bilder hat Kameramann *Uwe Süß* fotografiert (www.tiwi.de). Wir danken ihm für die viele Zeit, die er uns geopfert hat. Das Kendō-Bild (S. 94) stammt von *Jürgen P. Jättkowski*. Die Bilder auf S. 62 und S. 211 sind private Aufnahmen.

Besonderen Dank an *Frank Sielaff*, der alle Bilder dieses Buches bearbeitet und den Einband gestaltet hat.

Florian Markowetz
Uschi Schlosser-Nathusius